MERIAN *momente*

KRETA

KLAUS BÖTIG

Zeichenerklärung

- ♿ barrierefreie Unterkünfte
- 👫 familienfreundlich
- 🕐 Der ideale Zeitpunkt
- 🚩 Neu entdeckt
- ◎ Ziele in der Umgebung
- 🗺 Faltkarte

Preisklassen

Preise für ein Doppelzimmer mit Frühstück:

€€€€ ab 200 €   €€€ ab 140 €
  €€ ab 60 €   € bis 60 €

Preise für ein Hauptgericht ohne Getränke:

€€€€ ab 20 €   €€€ ab 15 €
  €€ ab 12 €   € bis 12 €

KRETA ENTDECKEN
Höhepunkte für eine unvergessliche Reise 4

Mein Kreta	6
MERIAN TopTen	10
MERIAN Momente	12
Neu entdeckt	16

KRETA ERLEBEN
Ausgesuchte Adressen und Empfehlungen 20

Übernachten	22
Essen und Trinken	30
Grüner reisen	34
Einkaufen	40
Sport und Strände	42
Feste feiern	50
Mit allen Sinnen	54

KRETA ERKUNDEN
Die Orte, die Regionen,
die Sehenswürdigkeiten 58

Die Inselhauptstadt Iráklio 60
Chaniá und der Westen 80
Réthimno und die Inselmitte 106
Ágios Nikólaos und der Osten 128

QUER DURCH KRETA
Touren und Ausflüge 156

Durch die Samariá-Schlucht 158
Ein langer Tag im Süden 160
An den Hängen des Psilorítis 162
Auf der Lassíthi-Hochebene 164

KRETA ERFASSEN
Zahlen, Fakten, Hintergründe 166

Kreta kompakt 168	Impressum 189
Geschichte 170	Kulinarisches Lexikon 190
Reiseinformationen 176	Kreta gestern & heute 192
Orts- und Sachregister................184	

IM FOKUS
Kleine Reportagen von Kreta

Kretische Gastfreundschaft 26	Deutsche Wehrmacht auf Kreta 102
Minos und Zeus 76	Kretas private Museen 152

KARTEN UND PLÄNE

Der Westen Kretas .... Klappe vorne	Chaniá 83
Der Osten Kretas .... Klappe hinten	Réthimno 109
Iráklio 63	Festós 123
Knossós 72–73	Ágios Nikólaos 131

Bálos Beach (▶ S. 48) im Nordwesten Kretas verzaubert mit seinen türkisfarbenen Fluten.

KRETA ENTDECKEN

MEIN KRETA

Kreta gleicht einem Hochgebirge mitten im Meer, umsäumt von prächtigen Stränden. Mit vielen Zeugnissen einer 3600 Jahre alten Hochkultur, mit Weinbergen, Orangen- und Olivenhainen. Und mit Menschen, die für unvergessliche Begegnungen sorgen.

Morgens um sechs öffnet die alte Bäuerin in einem kleinen Dorf auf der kartoffelreichen Lassíthi-Hochebene ihr einfaches Kaffeehaus, auf Griechisch »kafenío« genannt. Am späten Vormittag übernimmt dann ihr Sohn das Geschäft bis in den späten Abend hinein. Ich bin an diesem Tag ihr erster Gast, frage nach einem Kaffee. Die Bäuerin empfiehlt mir, draußen in der Morgenfrische an einem Tisch Platz zu nehmen. Dann folgt sie mir. Sie habe gehört, Ausländer tränken gern Instant-Kaffee. Den will ich. Sie bittet mich, ihr zu erklären, wie sie ihn zubereiten müsse. Sie macht sich an die Arbeit, kommt bald aber doch wieder an meinen Tisch. Sie habe auch gehört, Ausländer tränken Kaffee mit Milch. Ja, das wäre mir auch sehr genehm. Sie verschwindet hinterm Haus – und

◀ Beliebter Treffpunkt: das »kafenío« am
Bembo-Brunnen (▶ S. 62) in Iráklio.

kommt mit einem Topf noch körperwarmer, frisch gemolkener Ziegenmilch zurück.

Am Mittag bin ich müde von einer langen Autofahrt. Ich setze mich in ein anderes »kafenío« in einem Dorf an der Küste und nicke am Tisch ein wenig ein. Als ich nach einer halben Stunde aufwache, meint der freundliche Wirt, jetzt brauche ich wohl einen starken Kaffee. Das ist mein Kreta. Muße statt Hektik, Freundlichkeit statt purem Kommerzsinn, leben und leben lassen.

HIPPE LOUNGES

Kreta ist freilich nicht in der Vergangenheit stehen geblieben. Auch in einfachsten »kafenía« hängen riesige Fernseher mit Flachbildschirmen, auf denen entweder politische Diskussionen, Soaps oder Fußballübertragungen laufen. Die Kreter sind keineswegs sportbegeistert, aber leidenschaftliche Wetter. Selbst auf Ergebnisse von Spielen in der dritten deutschen Liga wird gesetzt. Darum verfolgt man sogar die Matches aus ferner Provinz.

In den Städten und Badeorten verdrängen zusehends hippe Lounge-Bars und -Cafés die traditionellen Kaffeehäuser. Hier trinkt man keinen Mokka mehr, sondern Freddocino und Frappé, aromatisierte heiße Schokolade und französischen Champagner. Auf der Terrasse über dem Meer chillen die Gäste in Hängematten, sitzen auf Sesseln aus Wasserhyazinthe. Oft hängt moderne Kunst an den Wänden, übertreffen die Farben der Kuschelkissen jede Farbpalette. Der kostenlose WLAN-Zugang ist in fast jeder Lounge eine Selbstverständlichkeit.

TATKRAFT IST TRUMPF

Auch Kreter haben Träume. Viele setzen sie um. An der Straße von Chersónissou auf die Lassíthi-Hochebene hat Giórgos sich beispielsweise ein Freilichtmuseum der Menschheitsgeschichte gebaut. Alles, was dort steht, hat er mit eigener Hände Kraft geschaffen, von der Steinzeithöhle über die kleine Kapelle bis hin zum Denkmal für die Opfer der Raumfahrtgeschichte. Wissenschaftler hat er nicht konsultiert: Schließlich will er seine eigene Interpretation anderen Menschen nahe bringen.

In Karés an der Straße von der Nordküste nach Chóra Sfakíon trug ein Bauer zusammen, was deutsche und alliierte Truppen nach dem Zweiten

Weltkrieg zurückließen und hat daraus sein privates »War Museum« kreiert. Und bei Chersónissou hat der kretische Augenarzt Prof. Dr. Yiórgos Markákis ein volkskundliches Museum realisiert. Tatkraft ist ein Charakterzug vieler Kreter, auch wenn sie bei ihren Tätigkeiten nie in Hektik verfallen.

NATUR IN REINFORM

Die Natur gewährt dem Inselbewohner ebenso wie dem Inselbesucher unendlich viel Freiraum und Variationen. Kilometerlange Sandstrände und verschwiegene Buchten, von Bergen umschlossene Hochtäler und weit über 2000 m hohe, zwischen November und April schneebedeckte Gebirge. Wilde Schluchten, die man durchwandern kann, und raue Weiden, auf die die Hirten ihre Ziegen und Schafe treiben. Orangenhaine und vor allem Olivenhaine, die manchmal fast Urwäldern gleichen. Gespickt ist all das mit Zutaten für eine perfekte Zeitenreise durch über 4000 Jahre Kultur- und Kunstgeschichte in Museen und vor allem in freier Natur. Oft bekommt man das Gefühl, dass vergangene Generationen im Altertum und Mittelalter ihre Städte und Bauten viel harmonischer in die sie umgebende Landschaft einfügten, als das heute leider häufig geschieht. Die traditionelle Gastfreundschaft der Kreter und die oft schmackhafte kretische Küche tragen ein Übriges zu einem gelungenen Urlaub bei.

KRETISCHE VIELFALT

Kreta ist groß: 260 km lang, 12 bis 60 km breit. Zum optimalen Gelingen des Urlaubs trägt darum auch bei, ob man die für sich richtige Zielregion gefunden hat. Generell gilt: Die Nordküste ist Kretas »Costa Turistica« mit vielen ausufernden Badeorten ohne besonderes Gesicht, aber auch mit langen Sandstränden und reizvollen Städten in der Nähe. Touristische Schwergewichte sind dabei die Küsten zwischen Iráklio und Mílatos, zwischen Ágios Nikólaos und Eloúnda, zwischen Kávos und Georgioúpolis sowie die Strandsiedlungen östlich von Réthimno und westlich von Chaniá. Weitaus ruhiger geht es an der Südküste zu, an der überwiegend Individualurlauber und Rucksackreisende ihre Ferien verbringen. Dort gibt es nur wenige Urlaubsorte mit vielen, fast immer kleinen Hotels: Paleóchora, Plakiás, Agía Galíni, Chóra Sfakíon, Frangokástello und Mátala. An der West- und Ostküste schließlich sind Unterkünfte rar und Pauschalurlauber überhaupt nicht zu finden. Die Strände dort sind eher Tagesausflugsziele: Elafónissos, Falássarna, Vái und Káto Zákros.

Wer Kretas ganze Vielfalt erleben will, unternimmt am besten eine Rundreise oder zumindest mehrere Tagesausflüge mit Übernachtungsoption. Warum nicht auch einmal eine Nacht in einem ganz stillen Bergdorf verbringen und eine andere in einer geschichtsträchtigen Stadt mit viel stilvollem Leben am Abend? Am besten führt man auch auf Tagesausflügen eine kleine Tasche mit dem Notwendigsten für eine ungeplante Übernachtung mit!

Zum besseren Verständnis Kretas gehört freilich auch die Beschäftigung mit seiner Geschichte. Schließlich erblühte hier ja vor über 3500 Jahren die erste Hochkultur auf europäischem Boden – die minoische Kultur. Ihr begegnet man besonders eindrucksvoll in den großen Palastzentren wie Knossós, Mália und Festós sowie in den Archäologischen Museen von Iráklio, Chaniá und Réthimno. Sie war aber auch eine ländliche Kultur, von der noch die Reste der Gutshöfe zeugen wie in Tilissós, Chamési oder Vathípetro. Die klassische Antike hinterließ ihre eindrucksvollsten Zeugnisse in Lató bei Ágios Nikólaos, die römische in Górtis, die byzantinische in zahllosen Kirchen und Klöstern. Venedig und das Osmanische Reich sind vor allem in Chaniá und Réthimno präsent, an den Zweiten Weltkrieg erinnern der deutsche Soldatenfriedhof von Máleme und zahlreiche Gedenkstätten für die kretischen Opfer sowie das Nautische Museum in Chaniá.

DAS PERFEKTE KRETA-PROGRAMM

Vollkommenheit ist kein kretischer Anspruch. Der perfekte Urlaub ist der, in dem man jeden Tag aufs Neue in sich hineinhört und tut, wonach einem gerade ist. In dem man schöne Dinge und Erlebnisse, vor allem aber auch Menschen auf sich zukommen lässt und gespannt darauf ist, was passiert. In dem man Wartezeiten als Mußestunden begreift und Tatenlosigkeit als Entspannung. In dem man selbst ein wenig zum Kreter wird …

Der Autor Der Bremer Reisejournalist **Klaus Bötig** bereist Kreta seit 1973 und entdeckt auch nach 44 Jahren immer noch Neues. Einheimische Freunde geben ihm immer wieder wertvolle Tipps, darunter der Fotograf Bastian Parschau, der mit seiner Familie bei Iráklio lebt. Aus Bötigs Feder stammen mehr als 130 Bücher, die meisten über griechische Inseln und Regionen auf dem Festland. Fast täglich bloggt er auf www.klaus-boetig.de Aktuelles aus Kreta und Griechenland.

MERIAN TopTen

Diese Höhepunkte sollten Sie sich bei Ihrem Besuch auf keinen Fall entgehen lassen: Ob der Palast von Knossós, Chaniá oder die Samariá-Schlucht – MERIAN präsentiert Ihnen hier die wichtigsten Sehenswürdigkeiten Kretas.

1 Strand von Elafónissos
Ein kilometerlanger Sandstrand lädt zum Baden ein, das Wasser schimmert traumhaft türkis (▶ S. 48).

2 Archäologisches Museum, Iráklio
Die Kostbarkeiten aus minoischer Zeit in Kretas größtem und wichtigstem Museum darf man keinesfalls versäumen (▶ S. 64).

3 Knossós
Aufwendig rekonstruiert, sodass man sich das Leben vor über 3500 Jahren gut vorstellen kann (▶ S. 61, 70, 77, 104).

4 Gramvoússa-Halbinsel
Ein Schiffsausflug führt erst zur venezianischen Festungsinsel und danach an eine südseehafte Badelagune (▶ S. 98, 173).

5 Réthimno
Von allen kretischen Städten hat das lebhafte Réthimno am deutlichsten seinen ursprünglichen Charakter bewahrt (▶ S. 13, 107).

6 Kloster Moní Arkádi
Das in den Bergen gelegene Kloster ist Kretas Nationalheiligtum und diente den Einwohnern während der Türkenherrschaft als Refugium (▶ S. 118).

7 Bucht von Mirabéllo
Die Schönheit dieser Bucht verleiht auch der an ihr gelegenen Kleinstadt Ágios Nikólaos ein ganz besonderes Flair (▶ S. 128).

8 Marienkirche Panagía i Kerá, Kritsá
Gut versteckt zwischen Bäumen beeindruckt das Marienkirchlein Panagía i Kerá im Bergdorf Kritsá mit seinen Wandmalereien aus byzantinischer Zeit (▶ S. 134).

9 Lassíthi-Hochebene
Morgens und nachmittags ist die fruchtbare Hochebene mit ihren ursprünglich gebliebenen Dörfern eine ländliche Oase voller Ruhe und Schönheit (▶ S. 14, 134, 164).

10 Samariá-Schlucht
Die Faszination der Bergwelt erlebt man bei einer Wanderung durch diese grandiose, 14 km lange Schlucht, die an der engsten Stelle nur 3 bis 4 m misst (▶ S. 158).

MERIAN Momente
Das kleine Glück auf Reisen

Oft sind es die kleinen Momente auf einer Reise, die am stärksten in Erinnerung bleiben – Momente, in denen Sie die leisen, feinen Seiten der Region kennenlernen. Hier geben wir Ihnen Tipps für kleine Auszeiten und neue Einblicke.

Sich minoisch fühlen in Tilissós   J 4

In den minoischen Gutshäusern von Tilissós lebten schon vor über 3500 Jahren Bauernfamilien. Wer sich in jene Zeit zurückträumt, wird dabei unter schattigen Pinien vom Gesang der Zikaden begleitet, im Frühjahr überwuchern weiß-blau blühende Kapernzweige das alte Gemäuer. Wieder einmal erstaunt die weit entwickelte Architektur der Minoer: Wasserleitungen führen in die Häuser, speisten einst Zisternen. Treppenstufen deuten an, dass die Gebäude mindestens zweistöckig waren. Reich verzierte, große Vorratsgefäße stehen teilweise fast unversehrt herum, als würden sie auf ihre nächste Füllung warten.
Tilissós

Chaniás Hafenmole als Laufsteg   ▶ S. 83, a/b 1–2

Die mittelalterliche Hafenmole der venezianischen Inselhauptstadt gleicht einem langen Laufsteg zwischen Ägäis und Weißen Bergen. Gesunde Salzluft füllt die Lungen, kein Autolärm dringt

an die Ohren, die große Altstadt wirkt wie die Kulisse eines Historienfilms, der Blick vom Dach eines winzigen Kastells schweift weit übers Meer. Auf den Kai zurückgekehrt, erwartet den Spaziergänger mit dem Lounge Café des Jachtclubs in einer alten venezianischen Schiffshalle sogleich eine der stimmungsvollsten Café-Bars der Stadt oder mit dem »To Stáchi« das einzige vegetarische Restaurant an der Nordküste Kretas.
Chaniá, Hafen

3 Der Zauber von Frangokástello 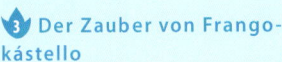 E 4

Mit ihren Bilderbuchzinnen wirkt die alte venezianische Burg fast direkt an der Libyschen See wie ein wahrhaftiges Spukschloss. Zauberhaft schön sind die Strände davor. Vor einer Windmühle und kleinen Fischerhäuschen fällt das feinsandige Ufer extrem flach ab, lädt zum Spielen und Plantschen ein; nur 10 Min. entfernt lockt das niedrige, dünenhafte Steilufer zu Rutschpartien wie in Kindheitstagen. Wer ein wenig im Sand gräbt, stößt auf Süßwasseradern. Wer dann vom Ungewöhnlichen noch nicht genug hat, fährt anschließend die Straße ins Bergdorf Kallikrátis hinauf, die fast nur aus Serpentinen zu bestehen scheint. Oben angekommen, lädt das urige Little Café zu hausgemachter Limonade und Bio-Kaffee ein.
Frangokástello

4 Réthimnos Multi-Kulti-Reize 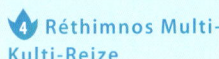 ▶ S. 109, b 2

Am frühen Abend ist ein Spaziergang durch die schmalen Gassen von Réthimno besonders stimmungsvoll. Mildes Lampenlicht geht schonend mit den alten Fassaden um, denen Blumen liebevoll viel Fröhlichkeit verleihen. Kinder spielen ungestört von Autos, Nachbarinnen unterhalten sich vor ihren Häusern, Glocken läuten zum Abendgebet. Hölzerne Erker erzählen von osmanischen Zeiten, die Minarette von Réthimnos Moscheen erinnern daran, dass hier einst Moslems und Christen zumeist friedlich nebeneinander lebten.
Altstadt von Réthimno

5 Dörfliche Idylle in Argiroúpolis   F 4

Das weitläufige Bergdorf im Hinterland der Urlaubsorte Réthimno und Georgioúpolis kümmert sich intensiv um

das Wohl seiner Besucher. Im winzigen »Stadttor« erhält jeder Gast die Kopie eines handgezeichneten »Stadtplans«, in dem die historischen Sehenswürdigkeiten des Dorfkerns von venezianischen Villen bis hin zum römischen Mosaikfußboden verzeichnet sind. Danach steht Shopping auf dem Programm: Avocado-Kosmetik und Johannisbrotprodukte, beide werden rund ums Dorf produziert. Ein kurzer Abstecher führt zu einer verwunschenen Kapelle und antiken Gräbern im Fels, bevor an Kretas wasserreichster Quelle mehrere Forellenzuchtstationen den frischen Fisch zum günstigen Preis unter hohen Platanen servieren.
Argiroúpolis

6 Die Klöster und Palmen von Préveli F4

Viel Schönes auf kleinstem Raum lässt sich rund um die Préveli-Klöster erleben. Beim ersten Kaffee oder einem Glas frisch gepressten Orangensaft im lauschigen Géfira schauen Gänse zu, die munter vor einer alten osmanischen Brücke schnattern. Ein paar Schritte entfernt fordert die Ruine des Klosters Káto Préveli zu Erkundungen auf. Im hoch über der Steilküste gelegenen Kloster Píso Préveli wird der Besucher dann auch mit deutsch-kretischer Vergangenheit konfrontiert, bevor er hinabsteigt zum Palmencanyon von Préveli mit seinem schönen Strand. Mutige waten den Fluss aufwärts, die anderen gehen an seinem Ufer entlang. Egal wie: Ein Picknick unter Palmen wird bestimmt zum Erlebnis!
Préveli

7 Die Lassíthi-Hochebene wie ein Bauer erleben L4

Zwischen 11 und 16 Uhr umkreisen Ausflugsbusse in Scharen die ringsum von hohen Bergen umschlossene Ebene und passieren die meisten ihrer mehr als 20 Dörfer. Wer die Straße verlässt und einfach nur über die vielen Feldwege spaziert, erblickt hingegen nur Hühner, Ziegen und Schafe, geht an Kartoffeläckern, Kohl- und Bohnenfeldern vorbei, sieht Tomaten und Äpfel, Birnen und Quitten, Walnüsse und Melonen gedeihen, erlebt – kurz gesagt – Bauernwirtschaft statt Agrarindustrie. Mittags und abends bringen Tavernen die regionalen Produkte erntefrisch auf den Tisch – und wer sich sogar eine Nacht hier oben gönnt, wird höchstwahrscheinlich noch echte griechische Gastfreundschaft erleben.
Dörfer der Lassíthi-Hochebene

8 Quirliges Treiben in Chersónissou L4

Auch wenn man via Reiseveranstalter in Liménas Chersónissou gelandet ist, dem bedeutendsten Touristenzentrum der Insel, kann man den Urlaubermassen dort leicht entgehen. Man muss sich nur zu Fuß, per Leihfahrrad, Mietwagen oder Taxi ins nahe Binnendorf

Chersónissou begeben, wo die Einheimischen leben. Sein winziger Dorfplatz gleicht einem einzigen Café-Restaurant, auf dem vom frühen Morgen bis in die Nacht hinein beschauliches Treiben herrscht. Fahrende Händler kommen vorbei und preisen ihre Waren an, zu Ouzo oder Bier werden auch schon morgens kleine Häppchen serviert. Und an jedem Montagabend zeigen hier traditionell gekleidete Kreter in einer von allen Lokalen gemeinsam veranstalteten »Cretan Night«, wie kraftvoll kretische Folklore sein kann.
Chersónissou

9 Durch den Oleanderwald nach Zákros P5

Im äußersten Osten Kretas führt ein schmaler Wanderpfad durch Oleanderwälder vor roten Felswänden, die mit antiken Grabhöhlen durchsetzt sind. Er quert dabei mehrmals auf wackligen Trittsteinen einen schmalen Bach. Nach 90 Min. ist ein minoischer Palast erreicht, in dem sich Sumpfschildkröten in der Sonne aufwärmen, kurz darauf lädt ein langer Kieselsteinstrand zum Baden ein. Der Linienbus bringt die Wanderer zurück zum Ausgangspunkt der Tour, die die ganze Familie gemeinsam unternehmen kann.
Zákros

10 Korfés – dem alten Kreta begegnen J4

Im Dorf Korfés nahe Iráklio ist man ganz im ländlichen Kreta angekommen. Vor der Kirche sitzen alte Männer, im »kafenío« gegenüber hat wahrscheinlich seit Monaten niemand mehr aufgeräumt. Das Brennholz für den nächsten Winter stapelt sich neben der Tür, der Bollerofen, der es verschlingen soll, ist auf den Balkon gebracht worden. Auf einem Tisch liegen die Stromrechnungen fürs Dorf, werden gerade von einem Alten sorgfältig studiert. Sein Hirtenstock fällt um, er stößt eine Hand mit gespreizten Fingern nach unten – genug der Reaktion. Soll der Stock doch liegen bleiben, bis ein Jüngerer ihn aufhebt …
Korfés

NEU ENTDECKT
Jetzt nicht verpassen

Jede Insel verändert sich – auch wenn vieles beim Alten bleibt. Durch neu eröffnete Museen, Hotels oder Restaurants gewinnen Orte und manchmal ganze Landstriche weiter an Attraktivität. Ebenso lässt sich die Insel mit neuen Freizeitangeboten vielfältiger erleben und vielleicht sogar mit anderen Augen sehen. Hier erfahren Sie alles über die jüngsten Entwicklungen.

◀ Kretische Spezialitäten gibt es im O Dipolo (▶ S. 18), halb Laden, halb »kafenío«.

MUSEEN UND GALERIEN
Archäologisches Museum Eléftherna ◢ G 3
Das jüngste, im Mai 2016 eröffnete Archäologische Museum der Insel präsentiert eine Auswahl der bisher über 15 000 im Gebiet der antiken Stadt Eléftherna gemachten Funde aus vier Jahrtausenden. Zu ihrer Erklärung werden modernste museumspädagogische Hilfsmittel eingesetzt.
Archéa Eleftherna, an der Straße zwischen Eléftherna und Archéa Eléftherna | Di–So 8–15 Uhr | Eintritt 3 €

ÜBERNACHTEN
Orgon Organic Farm ◢ K 4
Manólis Igoumenákis ist ein erfolgreicher Bio-Bauer, seine Frau Nópi Kindergärtnerin. 2015/16 hat das Ehepaar direkt neben seinem eigenen, am Dorfrand gelegenen Haus drei traditionelle Natursteinhäuser neu errichten lassen, dazu ein viertes mitten im Dorf. Alle strahlen ländliche Behaglichkeit aus, und sind dabei technisch auf dem neuesten Stand. Beim Bau wurde viel Holz verwendet, die Möbel hat Manólis zum Teil selbst gefertigt. Feriengästen zeigt er gern seine Gewächshäuser oder nimmt sie auf den Markt nach Iráklio mit, wo der Bio-Bauer mehrmals wöchentlich seinen Stand aufbaut. Für kleine Touren leihen die Wirtsleute auch kostenlos ihre Fahrräder aus. Moderne Heizungen ermöglichen die Nutzung auch im Winter, und das bei ausgesprochen günstigen Preisen.
Apóstoli | Tel. 69 73 79 65 04 | www.orgonfarm.gr | 4 Häuser | €

ESSEN UND TRINKEN
RESTAURANTS
Bohème ▶ S. 83, a 2
Das versteckt am Hof des Archäologischen Museums gelegene Restaurant pflegt eine kreative, junge kretische Küche und hat sich 2016 zum Feinschmeckertreff der Stadt gemausert. Das Salatnest aus frittiertem »graviéra« ist eine gesunde Versuchung, auch sonst stehen viele vegetarische und vegane Bio-Gerichte auf der Karte. Zudem ist es jetzt auch für Cocktail-Fans eine Top-Adresse. Hier steht Michális Botonákis hinterm Tresen, einer der renommiertesten Barkeeper Griechenlands. In seinen Regalen verführen u. a. auch 100 Whisky- und 80 Rum-Labels.
Chaniá, Odós Chalidón 26–28 | Tel. 28 21 09 59 55 | tgl. 9–3 Uhr | €€

L'Indien ▶ S. 131, c 3/4
Das im Sommer 2015 eröffnete Restaurant am kleinen Stadtstrand von Ágios Nikólaos ist wohl der beste Tipp für

Liebhaber kreativer indischer Küche auf Kreta. Inhaber und Koch Taimour, der mit seinen Ideen schon in Paris erfolgreich war, verfeinert traditionelle Rezepte nach französischer Art, seine

Pariser Partnerin Marie-Line dirigiert den Service mit viel Charme.
Ágios Nikólaos, Kitroplatía Beach | Tel. 28 41 30 08 76 | tgl. ab 12 Uhr

Pagogoieíon ▶ S. 63, b 2
Das edle Restaurant in einer ehemaligen Eislagerhalle hat sich quasi neu erfunden. Im Sommer kann man dort jetzt auf dem stimmungsvollen Dachgarten gleich gegenüber der Titus-Kirche sitzen und das ganze Jahr über kretische Tropfen im historischen Weinkeller genießen. Das Regime in der Küche hat Pétros Kosmadákis übernommen, der sich zuvor viele Lorbeeren im Herb's Garden auf dem Dach des Lató-Hotels erworben hatte. Er verwendet, wo immer es geht, nur frische kretische Produkte und kauft selbst jeden Morgen auf den Märkten von Iráklio ein.
Iráklio, Platía Agíou Títou/Odós Papagiamáli 1 | Tel. 28 10 22 12 94 | www.pagopoieion.gr | tgl. ab 9 Uhr | €€€

CAFÉS
O Dípolo ▶ S. 63, b 3
»Zweipolig« nennt sich das Geschäft, weil es Laden und »kafenío« zugleich ist. Kretisches steht sowohl am Tresen als auch auf den Tischen im Vordergrund. Hier gibt es die Zimtlimonade »kannelláda« auch heiß, dazu die Sauerkirschlimo »vissináda« und die Mandelmilch »soumáda«. Den Tresterschnaps Rakí finden Sie hier in interessanten Variationen: verfeinert mit Maulbeeren »Síva mournóraki«, mit Zitronatzitrone »kitróraki« oder mit Granatapfel »rodóraki«. Griechischer Kaffee wird noch ganz traditionell in heißem Sand zum Aufwallen gebracht.
Iráklio, Odós Odigitrías 18 | Tel. 28 10 28 28 18 | www.dipolo.eu | Mo–Sa 9–24 Uhr | €

EINKAUFEN
Blanc du Nil ▶ S. 131, b 3
Lust auf »Ganz in Weiß«? Dann ist die 2016 auf Kreta eröffnete erste Filiale des renommierten Labels eine Fund-

grube für Sie. All die schicken Textilien für Sie und Ihn sind aus bester Baumwolle gefertigt.
Ágios Nikólaos | Mihali Sfakianáki

Georgína Skalídi ▶ S. 83, b 2
Die Designerin aus Thessaloniki hat sich ganz auf Entwurf und Anfertigung schöner Taschen spezialisiert. Feines Leder, ungewöhnliche Farbkompositionen, eine Vorliebe für geometrische Formen und eine geniale Kombination von Klassik und Moderne machen sie auch in Hongkong, Italien und den USA erfolgreich – es wird Zeit, dass man Georgína auch im deutschsprachigen Raum wahrnimmt!
Chaniá, Odós Chatz. Daliání 58 | Tel. 28 21 50 17 05 | www.georginaskalidi.com | Mo–Sa 11–14, Di, Do, Fr auch 18–21 Uhr

AKTIVITÄTEN

Touren mit Dimítris Kornáros 🚩 J 4

Wer Lust hat, sich auf echt kretische Lebensweise und Abenteuer einzulassen, besucht den gut Deutsch sprechenden Dimítris in seinem »kafenío«. Da serviert er seinen Gästen nur Produkte aus einem Umkreis von 500 m, einzig das Olivenöl kommt von etwas weiter her. An Sommerabenden sitzt man zusammen auf der Terrasse und schaut sich einen guten Film an, den Dimítris auf die gegenüberliegende weiße Hauswand projiziert. Hat man sich kennengelernt und stimmt die Chemie, lädt Dimítris ausländische Gäste auch gern in sein Haus mit vielen Gästezimmern ein, unternimmt mit ihnen Wanderungen und Klettertouren, sammelt mit ihnen im Juli/August das Wunderkraut »díktamos« in Felswänden, nimmt die Fremden in seinem Land Rover mit auf Hochzeiten, Taufen und Kirchweihfeste. Jedes Programm wird spontan und individuell zusammengestellt und der Preis ist dann Verhandlungssache.

Profítis Ilías, am Zugang zur venezianischen Burg | Tel. 69 79 67 34 73

Adam's E-Bikes 🚩 J 4

Der perfekt Deutsch sprechende Adam und seine deutsche Frau Anita aus Dinslaken bieten seit 2016 geführte E-Bike-Touren in Kleinstgruppen durch weithin unbekannte mittelkretische Landschaften an – auf den Psilorítis oder den Berg Joúchtas beispielsweise oder nach Léndas an der Südküste Kretas. Die Teilnehmer werden von allen Hotels aus dem Großraum Iráklio-Chersónissos abgeholt, jede Tour beginnt mit einem kräftigen Frühstück in Adams Privathaus.

Síva bei Veneráto | Tel. 69 44 74 06 93 | www.adams-ebikes-crete.com | Tagestouren ab 100 €/Person inkl. Transfer

🚩 Weitere Neuentdeckungen sind durch dieses Symbol gekennzeichnet.

Mit einem E-Bike und in angenehmer Runde die Gegend abseits der üblichen Touristenrouten zu erkunden, machen Adam und sein E-Bike-Service (▶ S. 19) möglich.

KRETA ERLEBEN

Neue Ernte: Oliven und Nüsse in Hülle und Fülle auf dem Markt von Iráklio (▶ S. 68).

ÜBERNACHTEN

Damit Sie auf Ihrer Reise so unterkommen, wie Sie es sich vorstellen: Hier erfahren Sie alles, was Sie über die Hotels und weitere Übernachtungsmöglichkeiten auf Kreta wissen sollten. Im Anschluss finden Sie besonders empfehlenswerte Adressen.

Strandhotels schließen meist Ende Oktober und öffnen erst wieder im späten April. Dafür haben die Hotels in den Bergdörfern an Winterwochenenden Hauptsaison, wenn die kretischen Städter aufs Land drängen. Die Preisunterschiede in den verschiedenen Saisonzeiten sind enorm. Spitzenpreise werden zwischen dem 1. und 20. August verlangt, wenn die Griechen Urlaub machen. Im Mai, Juni, September und Oktober sind die Preise am niedrigsten, liegen bis zu 50 % unter denen der Hauptsaison. Hotels, kleine Pensionen und Apartments sind nicht nur an fast allen Stränden und in allen Städten Kretas zu finden, sondern auch in zahlreichen Bergdörfern. Ausgesprochene Luxushotels stehen allerdings nur an der Nordküste. Reservierungen kann man im Internet bei vielen Hotels direkt vornehmen. Ebenso günstig bucht man aber auch über große Hotelportale wie www.booking.com, www.hrs.de oder www.hotel.de.

◄ Ein Whirlpool lockt die Gäste aufs Dach des Avlí Lounge Hotel (▶ S. 23) in Réthimno.

Aus der großen Masse architektonisch relativ gesichtsloser Hotels und Pensionen ragen die meist als »Traditional Hotels and Guest Houses« eingestuften Häuser heraus. Sie zeichnen sich durch besonderes Flair aus und befinden sich in der Regel in alten oder auch im historischen Stil neu erbauten Stadt- und Herrenhäusern, Villen und anderen stattlichen Bauten. Besonders viele solcher Häuser findet man in Chaniá und Réthimno.

MEHR ALS BETT UND BROT

Ein griechischer Spezialist für Häuser mit Flair und ökotouristische Unterkünfte ist die Marketing-Gemeinschaft Guest Inn (www.guestinn.com). Deren Mitgliedsbetriebe bieten ihren Gästen fast immer mehr als Bett und Brot. Häufig veranstalten sie selbst Aktivitäten in der Region, ermöglichen die Teilnahme an bäuerlichen Aktivitäten, offerieren regionale Küche und eine sehr individuelle Gästebetreuung.

Frei stehende Ferienhäuser außerhalb von Ferienanlagen sind selten, kleine Studios und Apartments hingegen werden überall feilgeboten. Sie sind meist sehr viel preiswerter und geräumiger als Hotelzimmer. Studios, Apartments und Ferienhäuser sind küchenmäßig meist nur dürftig eingerichtet, dafür wird Bett-, Badezimmer- und Küchenwäsche immer kostenlos bereitgestellt. Anders als beispielsweise in Dänemark werden hier auch keine Gebühren für eine Endreinigung fällig. Studios und Apartments kann man direkt oder über die Hotelportale buchen; Ferienhäuser findet man z. B. bei www.jassu.de oder www.atraveo.de.

BESONDERE EMPFEHLUNGEN
HOTELS
Avlí Lounge Hotel ▶ S. 109, b 2
Natur im Trend – Geschmackvoller als in diesem kleinen Altstadthotel in Réthimno sind Zimmer wohl nirgends auf Kreta gestaltet. Natürliche Farben und Naturtextilien, Holz und Naturstein dominieren. Entspannung bietet der Whirlpool auf der Dachterrasse mit Blick über die Dächer der Stadt. Je nach Budget kann man seinen Zimmertyp wählen bis zum 39 m² großen Penthouse mit 20 m² großer Terrasse. Réthimno, Odós Xanthoudídou 22/Ecke Odós Radamánthous | Tel. 28 31 05 82 50 | 12 Zimmer und Suiten | www.avli.gr | €€€–€€€€

Corissia Princess E3
Optimal gelegen – Das viergeschossige, quer zum Strand erbaute Hotel in Georgioúpolis ist ideal für Unternehmungslustige, die trotzdem nicht auf

den langen Sandstrand vor der Haustür verzichten wollen. Der Dorfplatz mit seinen vielen Cafés ist nur vier Gehminuten entfernt, die Linienbushaltestelle nach Chaniá, Réthimno und Iráklio erreicht man in fünf Minuten. Die Hotelgästen vorbehaltene Bar auf dem Dach bietet einen weiten Rundumblick, das drei Minuten entfernte Hotelrestaurant und die große Poolanlage grenzen direkt an die Uferstraße. Ein Gästebetreuer beantwortet den ganzen Tag über alle aufkommenden Fragen, im Internet stellt das Hotel einen umfangreichen Reiseführer und eine Flugsuchmaschine für seine Gäste bereit. Bei Direktbuchung ist das Preis-Leistungs-Verhältnis optimal.
Georgioupolis, am Ostende der Uferstraße | Tel. 28 25 08 30 10 | www.corissia.com | 69 Zimmer | €€

Cretan Villa N5
In historischem Gemäuer – Wer im Urlaub nicht unbedingt die Nähe des Meeres sucht, sondern lieber in einem einheimischen Wohnviertel sein Quartier bezieht, ist in diesem kleinen, historischen Stadthaus bestens aufgehoben. Im 19. Jh. diente es einmal als erstes Hospital der Stadt. Inhaber Mános Dermitzákis mit seinem Lockenschopf, der gut Englisch spricht, betreibt es mit Leidenschaft und großem Engagement für seine Gäste. Die neun Zimmer auf zwei Etagen sind modern, aber rustikal ausgestattet und für den niedrigen Preis recht geräumig. In einem kleinen, von Wein überrankten Innenhof stehen drei kleine Tische mit Stühlen. Die Musik, die hier tagsüber gespielt wird, ist unaufdringlich und entspannend. Zum Hafen und zum nächsten Strand geht man etwa 4 Min., der Busbahnhof ist nur zwei Gehminuten entfernt. Das Haus besitzt viel Charme und eine heitere, freundliche Atmosphäre.
Ierápetra, Odós Oplárchou Lakérda 16 A | Tel. 28 42 02 85 22 | www.cretanvilla.com | 9 Zimmer | €–€€

Romantika Apartments G5
Herzliche Atmosphäre – Zwischen dem Strand und den nur fünf klimatisierten Zimmern und sechs Apartments der kleinen Anlage in Agía Galíni an der Südküste führt keine Straße hindurch. Palmen und Oleanderbäumchen stehen auf dem Rasen, ein Gartenschach, eine Minigolfanlage, Tischtennisplatten und Dart-Zielscheibe warten auf Spieler. Die Café-Bar nebenan hat einen großen Pool, der Tresen der zur Anlage gehörenden Beach Bar ist gesellig lang. Die Wirtsfamilie wohnt mit auf dem Gelände, spricht Deutsch und kümmert sich mit Herzlichkeit um alle Belange ihrer Gäste. Ins Ortszentrum gelangt man in 10 Min. zu Fuß über eine verkehrsfreie Uferpromenade. Das Frühstück ist reichlich (im Zimmerpreis enthalten). Und das Romantika-Beach-Restaurant serviert kretische Spezialitäten und mediterrane Küche wie Pasta und Pizza aus dem Holzofen.
Agía Galíni, am linken Ufer des Baches | Tel. 28 32 09 13 88 | http://romantika-kreta.gr | 5 Zimmer, 6 Apartments | €–€€

Sitia Bay Hotel Apartments O4
Mit Blick aufs Meer – Sitía hat sich den Charakter eines ruhigen kretischen Landstädtchens bewahrt, der

Wer sein müdes Haupt so edel wie möglich zur Ruhe betten möchte, liegt im historischen Gemäuer des Palazzino Di Corina (▶ S. 110) in Réthimno goldrichtig.

Tourismus spielt hier nur eine Nebenrolle. Die Hotels sind bis auf eins alle klein und werden familiär geführt. So auch das 2005 erbaute Sitia Bay mit seinen geräumigen und solide eingerichteten Apartments, Pool, Sauna und Fitnessraum. Von allen Zimmern hat man einen schönen Blick aufs Meer. Ein Strand liegt unmittelbar gegenüber, ins Stadtzentrum geht man nur 5 Min. Die Küchenzeile ist ausreichend, um sich frisches Gemüse vom Markt oder den beim Fischer erworbenen Fisch auch einmal selbst zuzubereiten. Alle Apartments verfügen über einen großen Balkon, Klimaanlage, luxuriöse Badezimmer, Satelliten-TV, Telefon und WiFi. Pool und Dachterrasse. Ausflugsziele und die Topstrände der Ostküste sind entweder per Mietwagen oder Linienbus bequem erreichbar.

Sitía, Odós 3is Septemvríou 8 | Tel. 28 43 02 48 00 | www.sitiabay.com | 19 Apartments | €€€

Weitere Adressen finden Sie im Kapitel **KRETA ERKUNDEN**.

Preise für ein Doppelzimmer mit Frühstück:

€€€€ ab 200 €   €€€ ab 140 €
 €€   ab 60 €   €   bis 60 €

Im Fokus
Kretische Gastfreundschaft

Das wahre Kreta-Feeling, das so viele Stammgäste in den Bann zieht, stellt sich meist nur noch abseits der Hauptverkehrsachsen in kleinen Dörfern und in wilden Schluchten ein. Jeder sammelt hier seine ganz eigenen Erfahrungen.

Es war kurz nach der Wende. Ich hatte drei junge Tramper aus den neuen Bundesländern in meinem Mietwagen mitgenommen. An ihrem eigentlichen Ziel nahe dem Préveli Beach wollten sie nicht mehr aussteigen, sondern weiter mit mir in die Berge fahren. Wir hangelten uns von Dorf-»kafenío« zu Dorf-»kafenío« und blieben abends schließlich bis weit nach Mitternacht in einer Taverne hängen, ohne vorher irgendwo in einer Pension ein Zimmer genommen zu haben. Aber die drei hatten ein Zelt dabei. Wir fuhren aus dem Dorf hinaus, bogen in einen Feldweg ein und schlugen unser Quartier in einem Olivenhain auf. Sie entzündeten ein kleines Lagerfeuer, holten eine Klampfe heraus und spielten ein paar Lieder. Dann wurden die Schlafsäcke ausgerollt. Erst am nächsten Morgen sah ich, dass wir das Zelt nur etwa 80 m von einem Bauernhaus entfernt aufgestellt hatten. Ich ging hinüber, um mich bei dem Eigentümer zu entschuldigen. Doch darauf legte er keinen Wert und fragte nur: »Habt ihr schon gefrühstückt? Kommt her, trinkt einen Kaffee und esst etwas!«

◂ Am Abend zeigt sich das Dorfleben von
seiner beschaulichen und geselligen Seite.

Noch ein paar Jahre früher war ich als Student mit zwei Kommilitonen im eigenen R4 auf Kreta unterwegs. Wir fuhren von Iráklio Richtung Mátala. Auch damals schon hatten verschiedene Kaffeehäuser in den Dörfern unsere Reise »entschleunigt«. Als die Dämmerung anbrach, fragten wir einen Jungen am Straßenrand, ob es in der Nähe eine Pension gäbe. Er bat uns, einen Moment zu warten. Wenig später brachte er uns ins Bauernhaus seiner Eltern. Sie richteten ein schlichtes Zimmer für uns her, gaben uns zu essen und zu trinken, kredenzten uns am nächsten Morgen Zwieback und frisch gemolkene, noch warme Ziegenmilch. Einen Obolus anzunehmen weigerten sie sich.

ZU GAST IM KLOSTER

Ins Haus von Privatleuten werden Sie heute sicherlich nicht mehr so einfach eingeladen. Inzwischen gibt es ja auch selbst in den entlegendsten Regionen kleine Hotels und Pensionen, die meist sehr typisch kretisches Flair verströmen. Kretische Gastfreundschaft aber können Sie vornehmlich außerhalb von Touristenzentren noch immer erleben, wenn Sie sich Zeit dafür nehmen und auch ungewöhnliche Wege gehen und befahren. So erlebten wir erst kürzlich an der Südküste unterhalb des Asteroússia-Gebirges, das wie Mondberge anmutet, eine äußerst angenehme Überraschung. Über nervenaufreibende Serpentinen waren mein Sohn und ich auf schmaler, rutschiger Piste zum Mönchskloster Koudoumá hintergefahren. An der modernen Pilgerherberge vorbei gingen wir langsam auf den Klostereingang zu. Da rief uns auch schon ein Mönch zu sich und forderte uns auf, in die erste Etage hinaufzugehen. Im kleinen Speiseraum dort stellte uns ein weltlicher Mitarbeiter sofort unser Mittagessen auf den Tisch, Wasser und Wein standen schon bereit. Zahlen duften wir nicht. Zum Ausgleich hinterließen wir einen Schein im Opferstock der Klosterkirche.

WURZELN DER GASTLICHKEIT

Die historischen Hintergründe dieser traditionellen kretischen Gastfreundschaft hatte mir einmal ein griechischer Philologe und Historiker erklärt. »Die Gastfreundschaft, auf Griechisch ›philoxenia‹ genannt, war nie ganz selbstlos«, sagte er, »wenn sie Manchem heute auch genetisch bedingt zu sein scheint. Ihre Wurzeln liegen schon in der Antike, ihre

Regeln aber waren bis in die osmanische Zeit hinein gültig. Wer reiste, war für Wohlwollen, Unterkunft, Bewirtung, Sicherheitsgefühl und neue Freunde dankbar. Man merkte sich die Namen von Gästen und Gastgebern, gab sie von Generation zu Generation weiter. So konnten sich selbst noch die Kinder und Enkel eines einstigen Gastgebers sicher sein, in der Stadt des damaligen Gastes willkommen zu sein. Deswegen war die Gastfreundschaft auch noch in den 1960er- und 1970er-Jahren überall in Griechenland riesengroß: Man zog den Rückschluss, die als Gastarbeiter in deutsche Lande ausgewanderten Freunde und Verwandten würden dort die gleiche Gastfreundschaft genießen können, wenn man selbst den immer häufiger kommenden Touristen gegenüber nur freundlich und freigiebig war. Das hat sich leider oft genug als Trugschluss erwiesen. Auch darum ist die ›philoxenia‹ heute nicht mehr so stark wie noch vor 40 oder 50 Jahren.« Wenn Sie doch einmal zu einem Kaffee, Rakí oder Ouzo eingeladen werden, dürfen Sie sich auf keinen Fall gleich revanchieren: Das Recht zur Einladung steht anfangs nur dem Einheimischen zu. Laden Sie also den nächsten Kreter zu Hause mal ein!

INTERESSE AM GAST

Zur traditionellen Gastfreundschaft gehört als wesentliches Element aber auch das Interesse am Gast. Und das ist in ländlichen Regionen noch immer vorhanden, auch wenn die Kreter aus den Medien heutzutage viel mehr über die Heimatländer der Gäste erfahren als früher. Die einstige Standardfrage nach der Trinkwasserqualität in Nordeuropa wird heute zwar kaum noch gestellt, doch die weit verbreiteten Vorstellungen vom deutschen Wetter sind immer noch korrekturbedürftig. Wenn ein alter Wirt erzählt, er habe in seiner Jugend einmal mit seiner Frau ein ganzes Jahr in Wuppertal verbracht und es habe an allen 365 Tagen geregnet, darf man ihm durchaus entgegnen, dass auch hierzulande manchmal die Sonne scheint …

INS GESPRÄCH KOMMEN

Wer Lust darauf hat, das Interesse Einheimischer zu erwecken, braucht vor allem eins: Zeit und gelegentlich ein Lächeln auf den Lippen! Der ideale Ort, ins Gespräch zu kommen, ist das Dorf-»kafenío«. Früher konnte man die politische Couleur der Stammgäste schon an der Farbe von Tür- und Fensterholz ablesen: Blau stand für die Konservativen, Grün für die Sozialdemokraten, Rot für die Kommunisten. Das ist heute fast nie mehr der Fall, obwohl die Frage nach dem Bezug der Farbe zur

Gesinnung immer noch ein guter Anknüpfungspunkt für ein Gespräch ist. Das kann man mit den zumeist älteren Kaffeehausgästen oft zumindest bruchstückhaft auch in Deutsch führen, während die Jugend eher Englisch spricht. Auch eine Anteilnahme an einem der vielen Fußballspiele, die in »kafenía« live oder als Wiederholung häufig über die Bildschirme flimmern, ist meist Kontakte fördernd. Vielleicht spielt ja gerade eine der beiden kretischen Spitzenmannschaften (Ergotélis Iráklio und Plataniás FC aus der Nähe von Chaniá). Dann sollte man natürlich nur deren Tore bejubeln. Schön sind manchmal die Halbzeitpausen: Da wird dann der Fernseher stumm geschaltet und ein kretischer Radiosender mit Lyra-Musik laut angestellt. Manchmal greifen auch Gäste zur Lyra und spielen kretische Klänge, bis der Schiedsrichter die zweite Halbzeit anpfeift.

Wenn Sie dann mit Kretern ins Gespräch gekommen sind, müssen Sie auf jeden Fall auf sehr direkte Fragen vorbereitet sein. Fast immer wird nach Alter, Familienstand und Kinderzahl gefragt, ebenso häufig nach dem Beruf und dem Einkommen. Deutsche werden von Älteren manchmal auf die jüngere Geschichte angesprochen – aber fast nie vorwurfsvoll, sondern nur als Reminiszenz. Viel wahrscheinlicher ist es, dass man Sie nach Ihrer Meinung über Angela Merkel fragt, die vielen Hellenen als alleinige Verursacherin ihrer gegenwärtigen Nöte gilt. Da sind Diskussionen zwecklos, man wechselt besser das Thema.

DIE STILLE SUCHEN

Wer der Gespräche überdrüssig ist und die Einsamkeit sucht, findet in Kretas über 100 Schluchten garantiert seine Ruhe – die Samariá-Schlucht einmal ausgenommen. Es gibt relativ einfache, auch mit Kindern leicht begehbare Alternativen wie die Ímbros- und die Agía-Iríni-Schlucht im Süden der Provinz Chaniá, und viele andere, für deren Durchquerung man sich besser einem versierten Führer anschließt. Dafür ist zum Beispiel Plakiás ein guter Ausgangspunkt. Ganz Verwegene planen ihre Schlucht-Abenteuer mithilfe von Google Earth und holen Erkundungen im »kafenío« des dem Einstiegspunkt nächstgelegenen Dorfes ein. Um vom Schluchtausgang am Meer wieder in einen Ort zurückzukommen, ist manchmal ein Taxi-Boot notwendig. Danach fragt man am besten vorab im nächstgelegenen Hafen: in Soúgia etwa oder in Chóra Sfakíon. Auf keinen Fall aber sollte man sich allein auf den Weg machen. Gesellschaft im »kafenío« ist angenehm – bei Schluchtenwanderungen kann sie mitunter überlebenswichtig sein.

ESSEN UND TRINKEN

Gehen Sie auf Kreta auf kulinarische Entdeckungsreise: Hier erfahren Sie alles, was Sie über die lokale Küche und Gastronomie wissen sollten. Im Anschluss finden Sie besonders empfehlenswerte Adressen aus diesem Band.

Lange schon geistert das Schlagwort von der »Kreta-Diät« durch internationale Medien und Kochbücher. Der gesunde Ruf der kretischen Küche basiert aber eher auf einer Fehlinterpretation. Wo Schmalhans lange Zeit Küchenmeister war, wurde man kaum dick, und wo Fleisch aus Kostengründen nur selten auf dem Tisch stand, hielt sich auch der Cholesterinwert in Grenzen. Heute haben sich auch auf Kreta Burger-Ketten und Gýros-Buden breit gemacht und sind aus Kostengründen in Zeiten der Krise besonders gut frequentiert.

Zu Hause stehen Gemüse und Hülsenfrüchte, Brot und Salat auf dem Speiseplans. Relativ viele Gerichte werden mit Hackfleisch zubereitet, aus dem Meer kommen vor allem kleine, preiswerte Fische in die Pfanne. Fleisch und große Fische oder gar Krustentiere gönnt man sich, wenn man mit Familie und Freunden essen geht. Das ist auch die Ursache da-

◂ Hochwertiges Olivenöl ist aus der griechischen Küche einfach nicht wegzudenken.

für, dass in vielen Restaurants und Tavernen Fleisch- und Fischgerichte lange Zeit die Speisekarte dominierten – Gemüse aßen die Gäste ja ohnehin schon zu viel zu Hause. Das gab es nur in einfachen Markttavernen in größerer Zahl, wo die Gäste mittags kamen, weil sie nicht nach Hause konnten. Dass das dort benutzte Olivenöl nicht immer von höchster Qualität war, versteht sich fast von selbst.

Inzwischen haben viele kretische Wirte aber umgedacht. Es gibt zwar erst ganz wenige vegetarische Restaurants, aber in vielen Lokalen schon ein umfangreiches Angebot an Salaten und Gemüse. Vor allem jüngere Köche zaubern wieder alte Rezepte hervor, kochen entweder ganz traditionell oder wandeln Althergebrachtes kreativ ab. Viele Chefs setzen dabei auf **erstklassiges Olivenöl** und frische Zutaten aus der Region, oft sogar schon in Bio-Qualität. Auch Feinschmecker können inzwischen auf Kreta glücklich werden.

DIE PARÉA ZÄHLT

Das Essen soll auf Kreta wie in ganz Griechenland aber nicht nur Gaumengenuss sein. Mindestens ebenso wichtig ist die gute »paréa«, die **Tischgemeinschaft**. Ein trautes Diner zu zweit ist eher die Ausnahme. Man speist lieber gesellig im möglichst großen Kreis von Freunden und Verwandten. In solch einer »paréa« bestellt nur selten jeder Einzelne ein Gericht für sich allein. Man ordert gemeinsam, was in die Mitte der Tafel gestellt werden soll, damit jeder von jedem Teller nehmen kann, was er mag und wie viel er mag. Lamm- und Schweinekoteletts (meist nach Gewicht bestellt), Souvlaki, Frikadellen, Fisch, Oktopus und Kalamares gesellen sich zu Pommes frites, Salaten und manchmal auch Gemüse; reichlich Brot gehört immer mit auf den Tisch. Eine festgelegte Reihenfolge gibt es nicht. Der Kellner serviert, was die Küche gerade fertig hat. In der Regel wird viel mehr bestellt, als die »paréa« bewältigen kann. Lauter leer gegessene Teller am Ende des Mahls wären eine Blamage, würden bedeuten, dass man knauserig war.

Die auf den Speisekarten genannten Preise sind Endpreise. Fast immer steht aber pro Person ein Fixbetrag fürs sogenannte Couvert auf der Rechnung, der zwischen 0,30 € und 4 € liegen kann. In vielen Tavernen gibt es zudem einen Warmhaltetresen, an dem man die Gerichte sehen und seine Bestellung aufgeben kann. Immer mehr in Mode kommen insbesondere in »mesedopolía« oder »rakádika« Blocks, auf denen alle Speisen aufgelistet sind. Der Gast schreibt vor oder hinter jedes gewünschte Gericht die gewünschte Anzahl der Portionen.

Normalerweise werden alle Bestellungen eines Tisches gemeinsam eingebont. Wer getrennt zahlen will, tut das dem Kellner besser schon am Anfang kund. Am Ende des Mahls wird in vielen Restaurants und Tavernen ein Dessert auf Kosten des Hauses serviert. Oft bekommt man dann auch noch eine kleine Karaffe **Rakí** dazu. Wenn der Kellner dann die Rechnung bringt, drückt man ihm das Trinkgeld nicht in die Hand, sondern lässt es beim Weggehen einfach auf dem Tisch liegen.

Kreta ist freilich auch eine Insel des Weins. Er kann offen oder als Flaschenwein bestellt werden. Der landestypische geharzte Weißwein **Retsína** wird auch auf Kreta produziert. Bier in Flaschen oder vom Fass ist weit verbreitet, sogar griechisches Weißbier gibt es inzwischen. Immer mehr in Mode kommen in Hellas kleine Privatbrauereien, von denen eine auch bei Réthimno auf Kreta steht. Frisch gepresste Säfte sind relativ teuer. Limonade gibt es nicht nur von den Weltmarktführern, sondern auch aus kleinen kretischen Fabriken.

BESONDERE EMPFEHLUNGEN
RESTAURANTS

Avlí ▶ S. 109, b 2
Spitzenklasse – Stilvoller und köstlicher kann man die kretische und mediterrane Küche nirgendwo in dieser Stadt genießen. Besonderer Wert wird auf die Verwendung von Bio-Produkten gelegt.
Réthimno, Odós Xanthoudídou 22 | tgl. ab 12 Uhr | www.avli.gr | €€€€

Knossós ▶ S. 109, b/c 1
Authentisch – Von allen Fischtavernen am Venezianischen Hafen von Réthimno ist diese die kleinste, die ursprünglichste und auch die einzige, die ohne lästige Aufreißer auskommt. Die charmante Wirtin María kümmert sich liebevoll um ihre Gäste, ihre alte Mutter steht in der Küche. Ihr Bruder unterhält die Gäste manchmal mit Scherzen und auch mit ein wenig Livemusik. Vor dem Kai schaukeln Fischerboote.
Réthimno, Enetiko Limani | Tel. 28 31 02 55 82 | tgl. ab 11 Uhr | €€€

Laréntzo ▶ S. 109, b 2
Romantisch gelegen – Einige Tische in der schmalen alten Gasse, schön gedeckte Tafeln in einem historischen Gewölbe und ein perfekt Englisch sprechender Wirt garantieren einen gelungenen Aufenthalt. Manólis Laréntzo und sein Sohn Aléxis verwöhnen ihre Gäste mit exzellenten Steaks und sorgfältig zubereiteten Spezialitäten der kretischen Küche wie »apáki« (eine Art Schweineschinken) oder »sínglino« (leicht geräuchertes Schweinefleisch ähnlich unserem Kassler, mariniert u. a. in Salbei).
Réthimno, Odós Radamanthíos 9 | Tel. 28 31 02 67 80 | tgl. ab 18 Uhr | €€€

Paralía ▶ S. 63, a/b 1

Direkt am Wasser – In der Taverne an der Uferstraße ganz nahe am Fischerhafen werden auch ausgefallenere kretische Gerichte wie Schnecken oder (im Frühjahr) »volví«, die Zwiebeln einer wild wachsenden Hyazinthenart, serviert. Man sitzt mit herrlicher Aussicht und trotzdem windgeschützt ganz nahe am Meer.
Iráklio, Odós Sof. Venizélou 5 | Tel. 28 10 28 24 75 | www.paraliacrete.gr | Di–So ab 12 Uhr | €€

Wollen Sie's wagen?

»Patsá« und »keffalákia« wird man Ihnen ganz gewiss nicht im Hotel servieren. Sie finden es eher in ganz einfachen Markttavernen. »Keffalákia« sind am Spieß gegrillte Lammköpfe, »patsá« ist eine kräftige Kuttelsuppe. Die löffeln Kreter am liebsten nach durchzechten Nächten.

Pélagos ▶ S. 131, a/b 2

Romantisch – Gepflegte Taverne in einem schönen klassizistischen Haus mit paradiesischem Garten, dem u. a. bunte Lampen einen leicht exotischen Hauch verleihen. Der frische Fisch wird fotogen auf einem kleinen, alten Fischerboot vor dem Haus ausgestellt.
Ágios Nikólaos, Odós Str. Koráka 10 | Tel. 28 41 02 57 37 | tgl. 12–24 Uhr | €€€

Weitere Adressen finden Sie im Kapitel
KRETA ERKUNDEN.
Preise für ein Hauptgericht ohne Getränke:
€€€€ ab 20 € €€€ ab 15 €
€€ ab 12 € € bis 12 €

KLEINE WARENKUNDE
Griechischer Kaffee

Die Griechen trinken viel Kaffee. Die Klassiker sind der griechische Mokka und der kalte Frappé, en vogue ist der Freddo Espresso.

In jeder kretischen Stadt strömt der Duft frisch gerösteten Kaffees aus kleinen Röstereien durch die Marktgassen. Man braucht ihn vor allem für den »kaffés ellinikós«. Der gemahlene Kaffee wird dabei zusammen mit der gewünschten Menge Zucker in die »bríka«, ein Messingkännchen mit Stiel, gegeben. Wenn das Gebräu über der offenen Gasflamme oder im heißen Sand aufzuwallen beginnt, wird es langsam in ein Tässchen gegossen. Man bestellt diesen »griechischen Kaffee« immer ohne Milch und gibt schon bei der Bestellung den gewünschten Süßegrad an: »skétto« (ohne Zucker), »métrio« (mit etwas Zucker) oder »glikó« (sehr süß). Fast genauso beliebt ist der Frappé: ein mit Wasser und Eiswürfeln angerührter und schaumig geschlagener Neskaffee. Man kann ihn mit Milch trinken.

Grüner reisen
Urlaub nachhaltig genießen

Wer zu Hause umweltbewusst lebt, möchte vielleicht auch im Urlaub Menschen unterstützen, denen ein verantwortungsvoller Umgang mit der Natur am Herzen liegt. Empfehlenswerte Projekte, mit denen Sie sich und der Umwelt einen Gefallen tun können, finden Sie hier.

Der starke Individualismus der Kreter und großzügige Fördermittel der EU haben dafür gesorgt, dass vor allem abseits der Küsten im hügeligen Hinterland und im Hochgebirge zahlreiche kleine Hotels, Pensionen und Feriendörfer entstanden, die sich dem nachhaltigen Tourismus verschrieben haben. Oft spielen zugewanderte Ausländer oder im Ausland aufgewachsene Kreter hier Vorreiterrollen.
Die Propagierung einer »Kreta-Diät« in den europäischen Medien sorgte dafür, dass sich viele Bauern auf den ökologischen Olivenanbau und die Produktion von Bio-Ölen umgestellt haben. In ihrem Gefolge wurde ökologischer Landbau auch in anderen Bereichen populär, brachte er doch gute Erträge. Bio-Produkte bis hin zu Bio-Kosmetika und ätherischen Ölen werden immer mehr auch in Tourismus-Zentren angeboten. Die Zahl vegetarischer Restaurants ist noch gering, aber immer mehr Tavernenwirte bauen ihr Veggie-Angebot auf der Karte aus. Auch Bio-Weine und hausgemachte Limonaden werden verstärkt offeriert.

◀ Eine Taverne, die Gaumen und Auge entzückt: Mariánna (▶ S. 36) in Mésa Potámi.

Traditionelles Handwerk ist auf der Insel immer noch reichlich vorhanden, aber auch umweltfreundliche neue Ideen wie die Glasherstellung ausschließlich aus recyceltem Glas wurden realisiert. Sogar bei den Behörden setzte ein Umdenken ein: Bereits 2007 wurden weite Teile der Innenstadt Iráklios für Kraftfahrzeuge gesperrt. In der Energieversorgung spielt die Windenergie schon länger eine große Rolle. Immer häufiger entstehen jetzt auch Photovoltaik-Anlagen, die den Verbrauch an billigem, aus Osteuropa importiertem und äußerst umweltfeindlichem Masut in den Kraftwerken eindämmen.

BESONDERE EMPFEHLUNGEN
ÜBERNACHTEN

Miliá Mountain Retreat   B3

Zu Pionieren des sanften Tourismus wurde eine Gruppe junger Einheimischer, die schon 1982 damit begann, ein verlassenes Dorf im äußersten Westen Kretas zu restaurieren und das dazugehörige, 120 ha große Land aufzuforsten. Heute bieten sie 16 Zimmer in Natursteinhäusern mit Holzelementen und rustikaler Möblierung. Strom wird mit Solar- und Windenergie gewonnen, geheizt wird mit offenen Kaminen und Holzöfen. Auf Wunsch kann man an Kochkursen teilnehmen oder im Gemüsegarten beim Ernten helfen. Im Restaurant sorgen nur Kerzen und Windlichter für Beleuchtung, die Küche nutzt strikt die Produkte der Saison aus eigenem ökologischen Anbau. Gekocht wird kreativ auf der Basis traditioneller Rezepte: Im Backofen gegartes Kaninchen mit Frischkäse aus Ziegen- und Schafsmilch ist eine Spezialität des Hauses. Gäste werden gebeten, kein Wasser in Plastikflaschen mitzubringen, da es frisches Quellwasser gibt, dafür aber Taschenlampen. Bei aller Bodenständigkeit steht für mitgebrachte Laptops WLAN zur Verfügung.
Vlátos-Miliá | Tel. 28 21 04 67 74 | www.milia.gr | 16 Zimmer | €€

Luisa und Gunnar Schuschnigg in Kapetanianá   J6

Die beiden Kärntner Luisa und Gunnar betreiben schon seit 1991 im weltabgeschiedenen Dorf Kapetanianá im wilden, teilweise asphaltstraßenlosen Asteroússia-Gebirge an der Südküste eine kleine Pension mit drei Doppel- und einem Vierbettzimmer, deren Bewohner sich ein geräumiges Bad teilen. Als Wanderer und Bergsteiger besitzen sie große Erfahrung, die sie für entsprechende Aktivitäten in ihrem Hausgebirge, aber auch anderswo auf Kreta an ihre Gäste gern weitergeben. Dabei auf Umweltverträglichkeit zu achten ist ihnen ein selbstverständliches Anliegen. Außerdem gibt das Paar kretische Kochkurse, für die ausschließlich Erzeugnisse aus der Region benutzt werden. Pensionsgäste können natürlich täglich bei ihnen essen.

Pension Kofínas: Asimí, Kapetanianá 28 | Tel. 28 93 04 14 40 | www.korifi.de | 4 Zimmer | €

Vámos Village E3
Anders als in Miliá ziehen sich Naturliebhaber und Öko-Bewusste in Vámos nicht in die Weltabgeschiedenheit zurück, sondern leben in einem ganz normalen, sogar recht geschäftigen Dorf mit 650 Einwohnern, mehreren Tavernen und »kafenía« und diversen Unterkunftsmöglichkeiten. Hier wurden zumeist Neubauten erstellt und sie mit eigenen Swimmingpools nach ihrem Verständnis aufgewertet.

Nur eine Organisation entzog sich diesem Denken. Mit der Vámos AE ergriff eine Gruppe junger Einheimischer 1995 die Initiative, kaufte oder mietete zwei Dutzend baufälliger historischer Häuser aus Naturstein und Holz, um sie zu erhalten und als Ferienhäuser zu offerieren. Auf Pools wurde bewusst verzichtet. Stattdessen schuf man ein Art Café, in dem die kretische Musik gepflegt wird, und mit dem Stérna tou Bloumosífis eine der besten traditionellen Tavernen der Insel, in der zumeist Bio-Produkte aus der Region verwendet werden. Die Küche ist auf der Basis traditioneller Rezepte sehr kreativ, serviert zum Beispiel in Weinblätter gewickelte, gebratene Sardinen. Wer in die Kunst der kretischen Küche eingeweiht werden möchte, ist bei Koula, der Autorin eines auf Englisch erschienenen Kochbuchs, bestens aufgehoben (4 Std. für 55 €). Der nächste gute Strand in Kalivés ist nur 5 km entfernt, sodass man bequem hinunterwandern und per Taxi oder Linienbus ins Dorf zurückkehren kann, wo man den Abend garantiert unter Einheimischen genießt.
Vámos | Tel. 28 25 02 21 90 | www.vamosvillage.gr | €€

ESSEN UND TRINKEN
Taverne Natural N5
Gegenüber der kleinen Kapelle des Ágios Pantelímonas, dort, wo eine Straße hinunter zum kleinen Küstenort Móchlos abzweigt, betreibt ein griechisches Ehepaar albanischer Herkunft eine einfache Gartentaverne, die ausschließlich Salate und Gemüse aus eigenem ökologischen Anbau und Fleisch aus der Region verwendet. Der Wirt hat in Italien Gartenbau studiert, seine Frau kocht mit Liebe und Leidenschaft. Der Wein stammt aus dem eigenen Rebgarten, der Rakí aus dem benachbarten Dorf.
An der Hauptstraße zwischen Kavoúsi und Lástros | Tel. 28 43 09 46 50 | tgl. 10–19 Uhr | €

Taverne Mariánna M4
So ähnlich wie die Terrasse dieser Taverne an der Strecke zwischen Ágios Nikólaos und der Lassíthi-Hochebene mag sich mancher das Paradies vorstellen. Unzählige Blumen blühen in großen Töpfen, Kürbisse und Melonen werden im Spätsommer dekorativ auf Tischen drapiert. In Naturschatten spendenden Bäumen hängen Tomaten, Paprika oder andere gerade geerntete Gemüse bündelweise und sehr fotogen an Ästen und Lampenkabeln. »Zum Nachsüßen«, wie die etwas Deutsch sprechende Wirtin versichert, deren Mann für Garten und Felder zuständig ist. Wenn er dort zu tun hat, nimmt er gern auch Restaurantgäste mit. Da

sehen sie dann, wie und wo das wächst, was sie als leckeren Salat oder Gemüse genießen. Alles schmeckt – bis auf den offenen Hauswein, den Gäste aus dem Ausland meist als sehr gewöhnungsbedürftig empfinden.

Mésa Potámi, an der Hauptstraße im Dorfzentrum | Tel. 28 44 02 24 97 | tgl. ab 9 Uhr | €

Taverne To Stachí ▶ S. 83, b/c 1

Das einzige vegetarische und vegane Restaurant an der kretischen Nordküste wird von einer Familie betrieben, die sich selbst schon seit über 30 Jahren rein vegetarisch ernährt. Wirt Stélios und seine Frau Zíta schwören auf Slowfood und organisch angebaute Produkte. Alles wird täglich – zumeist im Backofen – frisch zubereitet, auch im Sommer stehen mehrere Gemüsesuppen auf der Karte. Knoblauch findet bei fast allen Gerichten reichlich Verwendung und verleiht den Speisen eine für Griechenland ungewöhnliche Würze und sogar eine leichte Schärfe. Viele Gerichte sind äußerst originell: So das »stifádo« mit Edelkastanien, Gemüsezwiebeln und Pilzen oder das »pligoúri« (Weizenschrot) mit Auberginen. Zum Getränkeangebot gehören auch Bio-Weine und kretisches Bio-Bier.

Chaniá, Odós Defkalíonos 5 | Tel. 28 21 04 25 89 | tgl. ab 12 Uhr | €€

Restaurant The Third Eye   C 4

Im ältesten vegetarischen Restaurant Kretas sitzen die Gäste vorm Haus unter Maulbeerbäumen, hinterm Haus auf einer von Wein überrankten Kiesterrasse. Die Küche ist ausgesprochen vielseitig, die Speisekarte bietet griechische, paneuropäische, asiatische, arabische und nordafrikanische Gerichte. Alle Gerichte sind übrigens auch als halbe Portion erhältlich.

Die Musikuntermalung ist meist sanft und chillig, fernöstliche Klänge überwiegen.

Kerzenlicht, Wind- und Solarenergie sind die natürlichen Ressourcen, die in den Gästehäusern des Miliá Mountain Retreat (▶ S. 35) zum Einsatz kommen.

Paleóchora, etwa 20 m von der Verbindungsstraße zwischen Sandstrand und Hauptkreuzung entfernt, gut ausgeschildert | www.thethirdeye-paleochora.com | tgl. 8.30–15 und ab 18.30 Uhr | €

Restaurant Agreco G3
Níkos Daskalantonákis, der Gründer der renommierten Hotelkette Grecotel, war auch einer der Vorreiter im organischen Landbau auf der Insel. Auf seinem Landgut Agreco Farm werden Wein, Oliven, Salate und Gemüse angebaut und Tiere gehalten. Auch eine Käserei, eine alte Mühle zum Getreidemahlen und eine Bäckerei gehören zum Anwesen. Jeden Spätnachmittag (außer montags) können angemeldete Besucher die Farm besichtigen, an verschiedenen Aktivitäten teilnehmen und sich danach vor dem steinernen Gutshaus auf einer Terrasse mit prächtigem Blick auf die Küste und das Meer niederlassen, um etwa 30 saisonal unterschiedliche Leckereien aus Erzeugnissen der Farm samt eigenem Bio-Wein zu genießen.
Ádele bei Réthimno | Tel. 28 31 02 07 50 | Mai–Okt. Di–Sa ab 18, So ab 11 Uhr, Reservierung erforderlich | €€€

EINKAUFEN

Braoudákis Family Store E3
Familie Braoudákis erkannte als eine der Ersten, wie interessiert Urlauber an kretischen Naturprodukten und deren Einkauf direkt beim Produzenten sind. Deswegen gestalteten sie ihre kleine Produktionsstätte an der Straße zwischen dem Badeort Georgioúpolis und dem Binnendorf Vrísses schon in den 1990er-Jahren besucherfreundlich, schufen einen Laden für ihre Produkte und schlossen dem Ganzen ein kleines volkskundliches Museum an. Zu ihrem Sortiment gehören Honig und getrocknete Kräuter sowie die in Griechenland als Gesundheitstees für alle Zwecke hochgeschätzten Kräuterteesorten Díktamos und Malotíra. Sie vermarkten die organischen Olivenöle verschiedener kleiner Produzenten und die Weine von Winzern, die ausschließlich autochtone griechische Rebsorten anbauen. Ihr kretischer Tresterschnaps, Rakí oder auch Tsikoudiá genannt, ist frei von Methylalkohol, denn die Traubenmaische ist frei von Stielen. Als gesundes Modegetränk gibt es auch »rakómelo«, einen mit Honig und Zimt versetzten Tresterschnaps. Im Winter trinkt man ihn warm, im Sommer eisgekühlt.
An der Straße zwischen Vrísses und Georgioúpolis rechter Hand | Tel. 28 25 05 15 94 | www.braoudakis.gr | tgl. ca. 8–20 Uhr

Creta Natura K4
Im Herzen von Stalída, einem durch und durch touristischen Ort an der Nordküste, bietet dieses Geschäft im Ortszentrum eine große Auswahl an kretischen und griechischen Naturprodukten. Fast alles ist sehr attraktiv verpackt und in den verschiedensten Packungsgrößen erhältlich, sodass hier auch der Souvenir-Kauf lohnen kann. Ein besonderes Schwergewicht liegt auf kretischen Olivenölen und Honigsorten wie z. B. Orangenblüten-, Jasmin-, Eukalyptusblüten- oder Thymianhonig. Bonbonliebhaber können neue Aromen kennenlernen, so Karamell mit Ouzo-, Rosen-, Granatapfel- oder Feigengeschmack. Auch zahlrei-

che griechische Naturkosmetika für sie und ihn stehen zur Auswahl.
Stalída, Odós Ag. Ioánnou 143 | tgl. 10–22 Uhr

Glasbläserei Tzombanákis E3

In vielen kretischen Hotels und Cafés, in Privathäusern und guten Restaurants sind Lampenschirme und Vasen aus farbigem Glas zu sehen. Die Kreter schätzen sie nicht nur, weil sie schön und oft sehr fantasievoll sind, sondern auch, weil sie aus der einzigen Glasbläserei der Insel kommen. Die hat ausschließlich mit recyceltem Glas gearbeitet. Angesichts der Wirtschaftskrise hat sie zwar ihre Produktion vorübergehend eingestellt, doch die Verkaufsräume sind noch immer üppig mit Ware gefüllt. Vielleicht wird ab 2017 auch wieder Glas geblasen, wenn ein kleinerer, weniger Energie verbrauchender Schmelzofen lohnend erscheint. Auskunft darüber gibt es in der angeschlossenen Taverne.

Kókkino Chorió, am Ortsrand an der Straße nach Kalíves | Tel. 28 25 03 11 94 | www.artofliving.gr | tgl. ca. 9–18 Uhr

Láppa Avocado F4

Schon 1984 haben Ioánna und Stélios Manoussákas damit begonnen, im Hügelland südwestlich von Réthimno Avocadobäume zu pflanzen. Deren Zahl ist mittlerweile von anfangs 500 auf über 2000 gewachsen. 1988 brachten sie dann erste Kosmetika und Körperpflegemittel auf der Basis organisch angebauter Avocados auf den Markt. Das Sortiment umfasst inzwischen neben reinem Avocadoöl auch diverse Cremes, Shampoo, Duschgel, Reinigungsmilch, Seife und Sonnenschutzmittel. In ihrem netten Laden bieten sie außerdem Produkte eines Verwandten aus Johannisbrot an.
Argiroúpolis, im Tordurchgang zwischen Platía und historischem Ortskern | Tel. 28 31 08 12 64 | www.lappa-avocado.gr | tgl. ca. 10–18 Uhr

Avocados (▶ S. 39) schmecken nicht nur fein, als Kosmetika, in Form von Öl, Lotion, Reinigungsmilch oder Seife, sind sie auch für Haut und Haar eine Wohltat.

EINKAUFEN

Damit das Einkaufen Spaß macht und Sie wissen, wonach Sie Ausschau halten können: Hier sind Anregungen zu dem speziellen Angebot und zu individuellen Mitbringseln. Im Anschluss finden Sie besonders empfehlenswerte Adressen aus diesem Band.

Vor allem auf den Märkten findet man die sogenannten Hochzeitsbrote (»paradosiakó psomí«). Es sind Kringel oder Brote aus Salzteig, reich verziert mit Blüten und Blättern, manchmal auch mit Figuren, Kreuzen oder »kombolóia«. Groß ist das Angebot an Keramik und Töpferwaren aller Art. Die meisten Töpfereien gibt es im Bergdorf Margarítes in der Nähe von Réthimno.

KRETISCHES ALLERLEI

Ältere Männer sieht man auf Kreta oft noch mit »kombolóia« spielen, die zwar aussehen wie Rosenkränze, aber keinerlei religiöse Bedeutung haben. Sie sind ein landestypisches Souvenir. Kretas Kräuterduft wird jedem Urlauber in Erinnerung bleiben. Auf den Märkten bekommt man Kräuter auch handlich verpackt.

◄ Das Töpferdorf Margarítes (▶ S. 40) bietet
eine große Auswahl handgefertigter Objekte.

Handtaschen, Gürtel, Schuhe und Stiefel werden auf Kreta noch in vielen Kleinbetrieben hergestellt. Besonders groß ist das Angebot an handgefertigten Lederwaren in den Städten Réthimno und Chaniá. In Chaniá findet man auch noch eine gute Auswahl an auf Kreta handgearbeiteten Messern jeder Art – und sogar Sicheln. Die zahlreichen Juweliere und Goldschmiede auf der Insel leisten unterschiedlich gute Arbeit. Bei einigen erhält man auch Kopien antiker Schmuckstücke aus den Museen.

Besonders wertvolle Souvenirs sind neue handgemalte Ikonen. Man kann sie zwar auch bei vielen Juwelieren erstehen; schöner ist es aber, sie direkt im Atelier des Ikonenmalers oder in einem Kloster zu kaufen. Für alte Ikonen braucht man im Gegensatz zu neuen eine spezielle Ausfuhrgenehmigung, die in der Regel vom Verkäufer beschafft wird.

Wer an der griechischen oder an der recht orientalisch anmutenden kretischen Musik Gefallen findet, kann in allen Städten qualitativ gute CDs erstehen. Die Preise dafür entsprechen in etwa den bei uns üblichen.

ALLZEIT BEREIT

Souvenirläden, speziell in sehr touristischen Orten, halten sich nicht an bestimmte Öffnungszeiten und sind oft auch noch abends sowie an Sonn- und Feiertagen verkaufsbereit. Andere Läden sind dienstags, donnerstags und freitags von 8–13 und von 17–20 Uhr sowie montags, mittwochs und samstags von 8–14 Uhr geöffnet.

BESONDERE EMPFEHLUNGEN
IKONEN, KERAMIK, SCHMUCK

Acrovatis ▶ S. 109, b 2
Witzig, originell und erschwinglich ist der hier präsentierte Schmuck.
Réthimno, Odós Salamínos 2 | meist tgl. ca. 11–22 Uhr

Carmela ▶ S. 83, a 1
Schmuck und Keramik sind nicht nur ausnahmslos von den Inhabern selbst gefertigt, sondern auch besonders schön präsentiert.
Chaniá, Odós Ángelou 7 | meist tgl. ca. 11–22 Uhr

Dedálou ▶ S. 83, b 2
Wer sich für antiken Schmuck oder echte Ikonen interessiert, ist mit diesem Geschäft in der Fußgängerzone gut beraten.
Iráklio, Odós Dedálou 11 | Mo–Sa 10–20 Uhr

Weitere Geschäfte und Märkte finden Sie im Kapitel **KRETA ERKUNDEN**.

SPORT UND STRÄNDE

Genießen Sie Ihren Urlaub aktiv. Welche sportlichen Möglichkeiten Kreta bietet und was Sie in der Natur erleben können, erfahren Sie hier. Im Anschluss finden Sie besondere Empfehlungen.

Verlockende Strände haben alle Küsten Kretas zu bieten. An der Nordküste werden sie häufig von großen Hotels und ausgesprochenen Touristenorten gesäumt. Die Strände an der West- und Ostküste sind überwiegend Ausflugsziele und zum Teil noch recht einsam. Die Südküste ist weitgehend felsig und schwer zugänglich, dort gibt es nur wenige Orte und viele noch recht jungfräuliche Strände.

Wer Stadt- und Badeurlaub miteinander verbinden will, ist vor allem in Réthimno und Ierápetra gut aufgehoben, wo die Strände bereits direkt am Stadtzentrum beginnen.

Die Wassersportangebote sind vor allem an der Nord- und Ostküste zwischen Mai und September reichlich, viele Tauchschulen erschließen dem Gast die Unterwasserwelt und bieten auch Schnupperkurse für Kinder und Anfänger an. Nur Segler sind auf Kreta nicht so gut aufgehoben wie

◄ Lust auf eine Paddeltour? Dann sind Sie
an der Südküste am richtigen Fleck.

auf anderen ägäischen Inseln: Es gibt nur wenige gute Marinas, die See um Kreta ist oft rau, ausreichend Segelerfahrung ist ein Muss. Darüber hinaus aber ist Kreta vor allem eine Top-Destination für Outdoor-Aktivitäten. Zu Fuß wollen über 100 Schluchten ganz unterschiedlichen Schwierigkeitsgrads durchwandert werden.

DURCH SCHLUCHTEN UND ÜBER BERGE

Manche erfordern Mut, Improvisationstalent und bergsteigerische Qualitäten, andere werden durch Ausflugsprogramme der Reisebüros auch für Bequeme und für Familien erschlossen. Über die gesamte Länge der Insel zieht sich der Europäische Fernwanderweg E 4. Er führt durchs Hochgebirge mit seinen Schutzhütten ebenso wie entlang der Südküste zwischen Paleóchora und Chóra Sfakíon. Um die beiden höchsten Inselgipfel in den Weißen Bergen und im Ída-Gebirge zu erklimmen, braucht es etwas Erfahrung als Bergwanderer, aber keine alpinistischen Fähigkeiten. Und für den weniger ambitionierten Wanderer bieten sich Olivenwälder und liebliche Hügellandschaften in Küstennähe als Reviere an – oder einfach nur lange Strände.

AUF ZWEI RÄDERN UNTERWEGS

Auch Mountainbiker und Radsportler können auf Kreta glücklich werden. In den meisten Badeorten verleihen MTB-Stationen gute Bikes und bieten auch geführte Touren mit unterschiedlichem Schwierigkeitsgrad an. Bei den leichteren bringt ein Begleitbus Teilnehmer und Räder hoch in die Berge, sodass die anschließende Tour überwiegend abwärts führt. Für Extrem-Biker werden aber auch Inselquerungen von der Nord- an die Südküste organisiert.

Wer den ultimativen Adrenalin-Stoß sucht, lässt sich am Bungee-Seil 136 m tief in die Arádena-Schlucht an der Südküste fallen, wer erst einmal üben will, probiert den Bungee-Kran im Touristen-Mekka Liménas Chersónissou aus. Wer sein Glück auf dem Rücken der Pferde sucht, kann von mehreren Reitställen aus kurze geführte Familienausritte entlang der Küste oder durch die Olivenhaine unternehmen; ambitionierte Reiter finden aber auch einige Angebote für mehrtägige Trails.

Viele Hotels verfügen über Tennisplätze mit Flutlicht, bei Liménas Chersónissou steht ein 18-Loch-Platz allen Golfern offen. Auch wer Club-

Hotels mit großem Sportangebot sucht, ist in Kreta am richtigen Platz: Es gibt dort bei Móchlos an der Nordküste einen Club Aldiana (Aerobic, Bogenschießen, Wasserski), in Ammoudára bei Iráklio einen Club Magic Life (Tennis, Reiten, Volleyball) und bei Síssi an der Nordküste einen Robinson Club (Golf, Surfen, Segeln).

Wollen Sie's wagen?

Tiefer als von der Arádena Bridge bei Chóra Sfakíon kann man auf Kreta nicht kontrolliert fallen. Dort hängt an einer altertümlichen, einspurigen Stahlbrücke das zweitlängste Bungee-Seil Europas. Mutige stürzen sich hier 137 m tief in die Arádena-Schlucht, oft kreisen Geier in der Luft, die das Spektakel neugierig verfolgen.

Liquid Bungy: Arádena/Chóra Sfakíon, Arádena Bridge | Tel. 69 37 61 51 91 | www.bungy.gr | Juni–Aug. Sa/So ab 12 Uhr | Sprung 70 €, keine Tandem-Sprünge möglich

BESONDERE EMPFEHLUNGEN
GOLF

Crete Golf Club L 4
18-Loch-Platz, Driving Range, Golf-Akademie.
Liménas Chersónissou | Km 7 an der Straße nach Kastélli | Tel. 28 97 02 60 00 | www.crete-golf.gr | Green Fee (18 Löcher) 80 €, Tagespass 125 €

MOUNTAINBIKING

Wild Nature G 4
Geführte MTB-Touren bergab mit Transfer von den Hotels in und bei Réthimno aus.
Merónas/Amári | Tel. 28 33 02 28 88 | www.wildnature.gr

Crete Cycling G 5
Rennräder, MTB und Fitnessbikes, auch Trainingslager. Ein Zweitbüro hat dieser Anbieter im Club Aldiana in Móchlos an der Nordküste.
Agía Galíni, neben der Busstation | Tel. 28 92 05 32 26 | www.crete-cycling.com | Tagesmiete ab 25 €

Hellas Bike D 2
Geführte MTB-Touren, auch geführte Wanderungen und Training für Straßenrennen.
Agía Marína, Hauptstraße | Tel. 28 21 06 08 58 | www.hellasbike.net | MTB-Miete 13–22 €/1 Tag, 78–115 €/1 Woche

Martin Bike M 4
Vermietung von MTB und Rennrädern, auch geführte Touren und einwöchige Pauschalprogramme
Lénika bei Ágios Nikólaos, im Hotel Sunlight | Tel. 28 41 02 66 22 | www.martinbike.com | Rennrad 25 €/1 Tag, 136 €/Woche, MTB 30–40 €/1 Tag, 170–240 €/1 Woche; geführte Touren (40 km) mit Begleitbus 60–85 €

Olympic Bikes F 3
Geführte Touren von den Strandhotels von Réthimno aus. Auch E-Bikes, Trekking- und Citybikes kann man bei diesem Anbieter mieten.
Bei Réthimno, Adelianós Kámbos | Tel. 28 31 07 23 83 | www.olympicbike.com | fünf geführte Touren 249 €

Besondere Empfehlungen | 45

OUTDOOR ACTIVITIES

Cretan Adventures ▶ S. 63, b 3
Riesiges Angebot für ganz Kreta (Reiten, Wandern, Radfahren etc.).
Iráklio, Odós Evans 10 | Tel. 28 10 33 27 22 | www.cretanadventures.gr | tgl. 9–17 Uhr

Cretan Outdoor Adventures J 6
Klettern, Abseiling, Kanufahren und Trekking.
Léndas-Ditikós, im Café Relay an der Hauptstraße | Tel. 69 09 00 85 02 | www.cretan-outdoor-adventures.com | Besteigung des Psilorítis je nach Teilnehmerzahl 55–99 €

REITEN

Arion Stables L 4
Reitunterricht ohne Trense, geführte Ausritte, Kutschfahrten.
Chersónissou (westlicher Ortsrand) | Tel. 28 97 02 39 31 | www.arionstables.com

Melanoúri Horsefarm H 5
Reiterhof mit großem Angebot für erfahrene Reiter, aber auch für Kinder. Reiterwoche inkl. Übernachtung und Vollpension.
Pitsídia bei Mátala | Tel. 28 92 04 50 40 | www.melanouri.com | Strandritt (1 Std.) 20 €, Tagesritt 80 €

Odysseia Stables L 4
Kurze Ausritte, Trail Rides, auch Reiterwoche mit Unterkunft und Vollpension. Kurse für Anfänger und Fortgeschrittene.
Avdoú (westlicher Ortsrand) | Tel. 28 97 05 10 80 | www.horseriding.gr | Ausritt (4 Std.) 65 €, Reiterwoche inkl. Ü/F ab 939 €

Radrennfahrer, haben auf der bergigen Insel, wie hier bei Makrilia, reichlich Gelegenheit, ihrem schweißtreibenden Hobby zu frönen.

Eine beliebte Bergwanderung auf Kreta ist die anspruchsvolle Tour auf den 1980 m hohen Gingilos in den Weißen Bergen oberhalb der Samariá-Schlucht (▶ S. 158).

TAUCHEN

Creta Maris Diving L 4
Tauchkurse, zweimal tgl. geführte Tauchgänge.
Liménas Chersónissou | Anmeldg. im Hotel Creta Maris | Tel. 28 97 02 21 22 | www.dive-cretamaris.gr | tgl. 9–18 Uhr

Dive Together F 4
Niederländische Tauchschule an der Südküste.
Plakiás, an der Uferstraße | Tel. 28 32 03 23 13 | www.dive2gether.com | Schnorchelkurs (1/2 Tag) 61 €, Schnuppertauchen (1/2 Tag) 80 €

Notos Mare E 4
Tauchgänge im Libyschen Meer, südlichste Tauchschule Europas (auch Höhlen- und Klippentauchen).
Chóra Sfakíon, am Hafen | Tel. 69 47 27 01 06 | www.notosmare.com | Schnuppertauchen 65 €

Pelagos Diving Centre N 4
Tauchschule im Mínos Beach Art Hotel.
Ágios Nikólaos, Aktí Eliá Sotírchou | Tel. 28 41 02 43 76 | www.divecrete.com | sechs Tauchgänge mit vollem Equipment 275 €

WANDERN

ANSO Travel F 4
Schluchtenwanderungen (Samariá, Préveli), auch MTB-Vermietung, Vermietung von E-Bikes geplant.
Plakiás, an der Uferstraße | Tel. 28 32 03 17 12 | www.ansovillas.com | tgl. ca. 10–21 Uhr | Bikes 10–16 €/1 Tag, 42–84 €/1 Woche

Happy Walker ▶ S. 109, b 2
Verschiedene Tageswanderungen von 4–5 Std. Dauer
Réthimno, Odós Tombázi 56 | Tel. 28 31 05 29 20 | www.happywalker.com | April–Okt. 17.30–20.30 (ca. 1.7.–10.8. Sa/So geschl., ca. 20.–26.8. ganz geschl.) | Tageswanderung 32 €

Strata Tours B 2
Wanderungen im äußersten Westen der Insel, auch Minibus-Touren.
Kíssamos-Kastélli, Platía Tzanakáki | Tel. 28 22 02 43 36 | www.stratatours.com

WASSERSPORT

Freak Surf P 4
Der Treff für gute Starkwind-Surfer und Kite-Surfer an der Ostküste, auch Mountainbike-Verleih.
Palékastro, Kouremónos Beach | Tel. 69 79 25 38 61 | www.freak-surf.com | tgl. 10–18 Uhr | 7 Tage Surfen 265 €

Water Sports Crete J 3
Stadtnahes Zentrum bei Iráklio. Fallschirmgleiten, Jetski, Wasserski, Wakeboard, Kanu und Tretboot, Windsurfing und Mountainbikeverleih.
Amoudára, Odós Kálimnou | Tel. 69 44 36 73 44 | www.kretasurf.gr | Windsurfen 25 €/1 Std., 150 €/3 Tage, Surfunterricht (8 Std.) 200 €; Fallschirmsegeln 60 €, Tandem 75 €, Triple 90 €; Tretboot oder Zweier-Kanu 15 €/Std.

STRÄNDE

Kretas zahlreiche Strände sind allesamt frei zugänglich. Es gibt weder Privatstrände noch Kurtaxe. Eine regelmäßige Reinigung findet nur dort statt, wo Hoteliers oder Tavernenbesitzer ein Interesse daran haben. Die meisten Gemeinden können gerade einmal die Reinigung des Strandes von Seetang und anderen winterlichen Anspülungen finanzieren, die oft erst im Mai vorgenommen wird. Süßwasserduschen sind an den Stränden abseits von Hotels und Tavernen eine Seltenheit. Tavernen findet man hingegen auch an abgelegenen Strandabschnitten. Ein organisierter Strandrettungsdienst (»Baywatch«) ist auf Kreta nahezu unbekannt. Sonnenschirme und Liegestühle werden vor allen Hotels, vor vielen Tavernen und selbst an vielen fernab der Zivilisation abgelegenen Stränden vermietet; meist zahlt man für einen Schirm plus zwei Liegen 6–8 € am Tag.

Ágios Pávlos G 5
Direkt vor dem Weiler mit ein paar Pensionen und Tavernen erstreckt sich ein 200 m langer Grobsandstrand. Von ihm führen Stufen auf ein kahles Plateau. Auf dessen anderer Seite reicht Sand weit hinab bis direkt ans Meer.

Amnissós K 3
Wer einen Städteurlaub in Iráklio verbringt, kann es den Einheimischen gleich tun und zum Baden mit dem Linienbus zum Amnissós Beach fahren. Da gibt es sogar eine richtige Ba-

deanstalt mit Umkleidekabinen, Duschen und Cafeteria. Der Strand ist etwa 500 m lang, dicht über dem Wasser schweben die in Iráklio landenden Jets ein.

Bálos 🏖 B 2
Der Strand im äußersten Nordwesten der Insel ist am besten per Jeep plus halbstündiger Fußwanderung oder im Rahmen von Bootsausflügen von Kíssamos aus zu erreichen. Baden kann man anderswo besser, aber der Strand mit bizarren Felsen, flacher Lagune, in allen Türkis-, Grün- und Blautönen schimmerndem Wasser lohnt den Weg hierher.

⭐ Elafónissos 🏖 B 4
Kilometerlanger Strand aus Feinsand, Kies und zerriebenen Muscheln an der Westküste. Lagune mit extrem flachem Wasser, ideal für Kinder.

Falássarna 🏖 B 2
Kilometerlanger, stellenweise bis zu 200 m breiter Sandstrand an der Westküste mit hohen Dünen im Hintergrund, weitgehend menschenleer.

Gliká Nerá (Sweet Water Beach) 🏖 E 4
Etwa 300 m langer Sandstrand zwischen Chóra Sfakíon und Loutró an der Südküste: vor steiler Felswand, nur per Boot oder zu Fuß über den Fernwanderweg E 4 zu erreichen. Kaum Schatten, aber kleine natürliche Süßwasser-Pools zur Abkühlung.

Ítanos 🏖 P 4
Der ruhige Kiesstrand an der Ostküste verläuft zwischen glasklarem Wasser und antiken Ruinen. Er ist eine gute Alternative zum nahen, viel beworbenen und entsprechend vollen Vái. Auch hier gibt es einen kleinen Palmenstrand, aber keinen einzigen Ausflugsbus.

Kókkini Ámmos (Red Beach) 🏖 H 5
Der Strand ist etwa 30 Min. von Mátala entfernt und nur über einen Felspfad zu erreichen. Der etwa 200 m lange, nur etwa 10 m breite Streifen aus rotem Sand war früher ein viel frequentiertes Hippie-Ziel; auch heute noch wird hier teilweise nackt gebadet.

Kómo/Kalamáki 🏖 H 5
Kilometerlanger Sandstrand an der Südküste nahe Mátala. Im nördlichen Teil im Wasser viele Felsschollen.

Kourosménos 🏖 P 4
Kilometerlanger, teils steiniger, teils sandiger Strand an der Ostküste.

Léndas-Ditikí 🏖 J 6
An diesem keineswegs mehr einsamen Sandstrand an der Südküste wird überwiegend nackt gebadet.

Pláka 🏖 N 4
Wer Sand nicht mag, wird sich an diesem Kieselsteinstrand wohl fühlen. Die Festungsinsel Spinalonga liegt genau gegenüber, in Strandnähe gibt es viele Fischtavernen und direkt am Strand auch eine gute Wassersportstation.

Polírizos 🏖 F 5
Fernab von Rucksack- und Massentourismus lockt der winzige Weiler unterhalb von Áno Rodákino an der Südküste mit dem schattenlosen, etwa

400 m langen Sand-Kies-Strand Koráka Beach und dem feinsandigen Polírizos Beach.

Préveli F 4/5
Der einzigartige Grobsandstrand ist nur knapp 200 m lang, liegt aber bildschön vor dem Ausgang eines von Palmen bestandenen Canyons. Über den Strand schlängelt sich ein kalter Gebirgsbach ins Meer, auf dem man auch Tretboot fahren kann. Der Strand ist nur zu Fuß oder per Boot von Agía Galíni, Plakiás und Damnóni aus zu erreichen.

Thólos Beach N 4
Der etwa 400 m lange Kieselsteinstrand, zwischen Ágios Nikólaos und Sitía an der Nordküste gelegen, hat sehr sauberes Wasser und oft auch ein wenig Brandung, ist noch weitgehend unverbaut und wird wenig besucht. Alte Tamarisken bieten etwas Schatten, eine urige Taverne sorgt fürs leibliche Wohl. Wassersportangebote gibt es nicht, Parkmöglichkeiten dafür reichlich.

Vái P 4
Kretas vielleicht berühmtester Strand zieht sich an einem Palmenhain entlang, ist aber durch viele Tagesausflügler während der Saison völlig überlaufen. Am schönsten ist der Palmenstrand spätnachmittags, wenn die Ausflugsbusse auf dem Heimweg sind.

Xerókambos P 5
Kleine Buchten mit schneeweißem Sand im äußersten Südosten, Privatzimmer, einige Tavernen.

Unweit der gleichnamigen Klöster breitet sich in einer palmengesäumten Bucht der Préveli-Strand (▶ S. 49) aus. Einziger Wermutstropfen: Man erreicht ihn nur zu Fuß oder per Boot!

FESTE FEIERN

Wenn in den Dörfern abends Gewehrsalven die Luft erfüllen, ist das fast immer ein Zeichen ausgelassener Fröhlichkeit. Sie gehören vielerorts noch immer zu Kirchweihfesten und großen Familienfeiern wie Taufe, Verlobung und Hochzeit.

Man feiert entweder in einer der darauf vorbereiteten Großtavernen, die manchmal bis zu 3000 Plätze bieten, oder im Sommerhalbjahr auch gern im Freien auf dem Dorfplatz und den angrenzenden Gassen. Musik und Tanz gehören immer dazu – und meist auch Lamm und Zicklein vom Grill. Zufällig anwesende Fremde werden oft schnell hinzugebeten und mit bewirtet.

HOCHZEIT AUF KRETISCH

Wer gezielt eine typisch kretische Hochzeit sehen will, fährt freitags oder samstagsabends hinauf ins hauptstadtnahe Bergdorf Rogdiá. In dessen vielen Tavernen feiern die Großstädter im Sommerhalbjahr gern ihre Hochzeiten – zwar vornehmer als auf dem Dorf, aber gleich ausgelassen. Da kann man als Zaungast für ein Weilchen dabei sein.

◄ Bei Kirchweihfesten geben traditionelle
Musik, Tänze und Trachten den Ton an.

Die wichtigsten Feste sind auf Kreta wie in ganz Hellas die »panigíria«, die Kirchweihfeste. Fast jedes Dorf feiert sie mindestens einmal im Jahr. Das Datum bestimmt der Kirchenkalender: Termin ist jeweils der Patronatstag des Heiligen, dem die Dorfkirche geweiht ist. Gottesdienste gehören auf jeden Fall dazu, manchmal auch Prozessionen. Musiker werden engagiert, die auf der Platía überwiegend kretische Volksmusik, manchmal aber auch Pop für die Jugend spielen. Grillbuden werden aufgebaut, an denen tausende kleiner Fleischspießchen über Holzkohle garen; für Wein, Rakí und Whisky sorgen die umliegenden Kaffeehäuser und Tavernen. Darüber hinaus gibt es eine Reihe großer und kleiner Kulturfestivals und natürlich die großen Kirchenfeste, allen voran Ostern.

FESTKALENDER
FEBRUAR
Karneval in Réthimno
Réthimno ist die kretische Karnevalshochburg. Am Faschingssonntag trifft sich die halbe Insel beim großen Umzug auf der von Menschenmassen gesäumten Hauptstraße. Ausländische Touristen kann man dabei an einer Hand abzählen – beim Fasching sind die Kreter ganz unter sich.
26. Februar 2017, 18. Februar 2018

MÄRZ/APRIL
Nationalfeiertag
Zum Gedenken an den offiziellen Beginn des griechischen Freiheitskampfes im Jahre 1821 gegen die Türken finden in allen Städten und den meisten Dörfern feierliche Prozessionen statt, an denen Klerus und Politiker, Polizei, Feuerwehr, Pfadfinder und viele andere Menschen teilnehmen. Schulkinder tragen dabei häufig fotogene historische Trachten.
25. März vormittags

Karfreitag und Ostern
Am Morgen des Karfreitags wird in den meisten Kirchen Kretas das symbolische Grab Christi mit vielen Blumen geschmückt und am Nachmittag oder Abend in feierlicher Prozession durch die Pfarrgemeinde getragen. Am Ostersamstag beginnt um 23 Uhr der Ostergottesdienst. Nach der Verkündigung der Auferstehung Christi um Mitternacht werden überall Feuerwerkskörper und andere Kracher gezündet. Am Ostersonntag feiert man dann im privaten Kreis mit Lamm am Spieß, Rakí, Wein, Bier, Musik, Tanz und lustigen Spielen wie Eierlaufen und Eselsrennen.
14. April 2017 (Karfreitag), 16. April 2017 (Ostersonntag), 6. April 2018 (Karfreitag), 8. April 2018 (Ostersonntag)

MAI/JUNI
Mátala Festival
Das alternative Open-Air-Festival am Strand knüpft an Matalas Zeiten als Hippie-Paradies an, die Musik ist kre-

tisch und international. Viele Gäste kampieren am Strand.
Donnerstag vor Pfingsten bis Pfingstsonntag
www.matala-kreta.eu

Fischerfest in Agia Galini
Jedes Jahr pünktlich zur Pfingstzeit ist es mit der Stille im beschaulichen Fischerdorf an der Südküste vorbei. Der örtliche Kulturverein, unterstützt von den Gastronomen, organisiert das Fest zu Ehren von Poseidons Freunden. Der große Platz am Hafen ist abends das Herz der dreitägigen Veranstaltung. Tagsüber laden die Fischer zu kostenlosen Fahrten aufs Libysche Meer ein.
Pfingstsamstag bis -montag
Agia Galini | am Hafen | www.agiagalini-crete.com

JULI
Cretan Diet Festival in Réthimno
Beim 2013 erstmals veranstalteten »Festival Kretischer Ernährungsweise« im Stadtpark von Réthimno stehen eine Woche lang die besten kretischen Flaschenweine und die verschiedensten Produkte kretischer Bauern und Kunsthandwerker im Vordergrund, ergänzt durch Konzerte verschiedener Art und Tanzvorführungen.
Eine Woche Anfang Juli
Réthimno | Im Stadtpark | www.cretandietfestival.gr

Dafnés Wine Festival
Der Kulturverein von Dafnés, einem Dorf 15 km südlich von Iráklio, veranstaltet elf Tage lang Kretas größtes Weinfest. Zum kostenlosen Wein gibt es kretische Musik und Tanz, regionale Spezialitäten können verkostet und natürlich auch gekauft werden.
Anfang Juli
Dafnés | Tel. 28 10 79 13 61 | www.winefest-dafnes.gr

Yakinthia in Anógia
Ländliches Kulturfestival mit jährlich wechselndem Motto an einer Kapelle auf 1260 m Höhe im Ída-Gebirge. 2013 war Ikarus, das erste Absturzopfer der Fliegereigeschichte, das Thema. Konzerte mit griechischer und internationaler Musik, Vorträge, sportliche Events.
4 Tage Ende Juli
Anógia | Freilichttheater an der Kapelle Ágios Yákinthos | Tel. 28 34 03 17 68 (nur auf Griechisch) | www.yakinthia.gr

JULI, AUGUST UND SEPTEMBER
Heraklion Summer Festival
Beim größten Kultur-Festival der Insel finden etwa 170 verschiedene Veranstaltungen an verschiedenen Veranstaltungsorten der Inselhauptstadt statt. Zum Programm gehören Konzerte aller Art, Theateraufführungen und Ausstellungen.
Juli bis September
Iráklio | Infos: Dímos Iraklíou, Odós Agíou Títou 1 | Tel. 28 13 40 90 00 | www.nowheraklion.com, www.heraklion.gr

Renaissance-Festival in Réthimno
Konzerte und Theateraufführungen, überwiegend in der venezianischen Burg und in einer ehemaligen Moschee.
12 Tage Ende Juli/Anfang August
Réthimno-Altstadt | Infos: KEDIR, Odós Arkadíou 50 | Tel. 28 31 04 01 40 | www.rfr.gr

AUGUST

Houdétsi Festival, Choudétsi
Viertägiges Musikfestival in einem Dorf nahe Iráklio unter der Leitung des berühmten irisch-kretischen Musikers Ross Daly. Vorwiegend kretische, aber auch türkische und World Music, dazu ein Kunsthandwerkermarkt.
Anfang August
Choudétsi | Tel. 28 10 74 10 27 | www.houdestifestival.com | Eintritt frei

Mariä Entschlafung
Das bedeutendste Kirchweihfest des Jahres wird in fast allen Dörfern mit Marienkirche mit Musik und Volkstanz begangen. Orte mit besonders ausgeprägten Marienfesten sind u. a. Mochós nahe Liménas Chersónissou und Neápoli nahe Ágios Nikólaos.
14./15. August

Kartoffelfest auf der Lassíthi-Hochebene
Beim dreitägigen Dorffest mit Musik und Tanz wird in diesem großen Dorf auf der Lassíthi-Hochebene ⭐ das Hauptanbauprodukt der Region, die Kartoffel, ausgelassen gefeiert und ebenso freigiebig serviert.
Wochenende nach dem 15. August
Tzermiádo | Infos: Argoúlias Guesthouse | Tel. 28 44 02 27 54

Ágios Títos, Iráklio
Die bedeutendste Prozession Kretas findet in Iráklio statt, wo am Patronatstag des ersten kretischen Bischofs dessen Schädelreliquie aus der Kirche Ágios Títos geholt und begleitet von Zehntausenden durch die Straßen der Stadt getragen wird.
Vormittag des 25. August

Beim Open-Air-Festival (▶ S. 51) am Strand von Mátala werden Erinnerungen an die 1960er-Jahre wach, als der Ort noch ein beliebter Treff bei Hippies war.

MIT ALLEN SINNEN
Kreta spüren und erleben

Reisen – das bedeutet aufregende Gerüche und neue Geschmackserlebnisse, intensive Farben, unbekannte Klänge und unerwartete Einsichten; denn unterwegs ist Ihr Geist auf besondere Art und Weise geschärft. Also, lassen Sie sich mit unseren Empfehlungen auf das Leben vor Ort ein, fordern Sie Ihre Sinne heraus und erleben Sie Inspiration. Es wird Ihnen unter die Haut gehen!

Tomaten, Gurken, Schafskäse, Zwiebeln, Olivenöl – und schon ist der Bauernsalat fertig.

BESONDERE EMPFEHLUNGEN
SEHENSWERTES
Riechen, fühlen, sehen im Botanischen Garten ▶ D3

In schönster Berglandschaft gedeihen im Botanischen Garten 18 km außerhalb von Chaniá Blumen, Sträucher und Kräuter aus Kreta und aller Welt. 150 verschiedene Spezies wachsen hier auf einer Fläche von 20 ha, die bis 2003 noch von Orangen- und Olivenbäumen bestanden war. Als ein Waldbrand sie vernichtete, entschloss sich die Inhaberfamilie zur Schaffung dieses Parks, in dem keinerlei Brandspuren mehr zu bemerken sind. Der Besucher wandert auf schmalen Pfaden durch schönste Natur, kann an Kräutern und Blüten riechen und manche der Früchte hinterher sogar in der zum Park gehörenden Taverne genießen. Dort wird stets regional und saisonal gekocht.

Botanical Park & Gardens of Crete: Foúrnes | Tel. 69 76 86 05 37 | www.botanical-park.com | Ende März–Nov. tgl. Einlass 9 Uhr bis 75 Minuten vor Sonnenuntergang | Eintritt 6 €, Kinder 4 €

MUSEEN UND GALERIEN
Zehn Minuten im Erdbeben-Simulator ▶ S. 63, a2

Wer einmal im Naturhistorischen Museum im ehemaligen Elektrizitätswerk von Iráklio ein Erdbeben miterlebt hat, ist um viele Sinneserfahrungen reicher, auf die man in der Wirklichkeit lieber verzichtet. Man setzt sich in eine Art Klassenzimmer an altmodische Schulbänke. Nach Vorankündigung rütteln Boden und Wände in unterschiedlicher Stärke, die Erde tönt, man klammert sich fest und ist froh, das alles nur Simulation war. Der Simulator hat keine Unterhaltungsfunktion: Er soll Urlaubern und vor allem kretischen Kindern zeigen, wie man sich im Ernstfall richtig verhält. Das wird auf Englisch auch dem ausländischen Besucher vermittelt.

Iráklio, Aktí Sof. Venizélou | Tel. 28 10 28 27 40 | www.nhmc.uoc.gr | Mo–Fr 9–15, Sa/So 10–18 Uhr, Simulation im untersten Geschoss ca. alle 20–30 Min. | Eintritt 6 €

ESSEN UND TRINKEN
Fantastische Welt in Plataniás ▶ C3

Die schon 1960 in einer alten Wassermühle aus dem 14. Jh. gegründete Taverne gleicht einer Filmkulisse. Wirt Geórgios hat aus frischen und getrockneten Blumen, Kürbissen, Honigwaben und Ähren, Steinen und Muscheln eine fantastische Erntedank-Welt geschaffen. Aus den Durchläufen der alten Mühle fließt kühles Wasser (abends effektvoll beleuchtet) über die Terrasse, im lauschigen Garten sitzen die Gäste unter Palmen. Aber nicht nur Augen und Herz kommen auf ihre Kosten, auch der Gaumen erfreut sich an Ungewöhnlichem, z. B. saftigem Porterhouse Steak mit der kretischen Ziegenbuttermilch »stáka«.

Milos tou Kérata, Plataniás | Hauptstraße westlicher Teil | Tel. 28 21 06 85 78 | www.mylos-tou-kerata.gr | €€

Ein bezauberndes Kafenío   E3

Seit 2013 belebt es den alten Dorfplatz wieder, an dem bis weit in die Nachkriegszeit hinein noch vier »kafenia« stets gut besucht waren. Jedes von ihnen hatte, wie einst überall in Griechenland üblich, in verschiedenen Farben gestrichene Fensterrahmen und Türrahmen, die etwas über die politische Richtung der Stammgäste aussagten. Rot zog die Kommunisten an, Grün die Sozialdemokraten, Blau die Konservativen. Heute sind auch die meisten Griechen Wechselwähler, da lohnt sich keine spezielle Farbgebung mehr. Werfen Sie auch einen Blick in den Innenraum des »kafenion« Arismari: Neben dem offenen Kamin fließt aus einem alten Wasserhahn jetzt Wein, das Segelboot auf dem Tresen ist aus angeschwemmtem Treibholz gebastelt. Und noch ein kleiner Tipp für den Verzehr: Der Bergtee wird hier frisch aufgebrüht, die erfrischende Limonade ist hausgemacht.

Gavalochóri | an der Gasse vom Hauptplatz zum Museum | tgl. ab 6 Uhr | €

EINKAUFEN

In der Dorfbäckerei   J5

Auf der Fahrt von Iráklio in den Inselsüden erwartet Sie im Zentrum des Dorfes Megáli Vríssi ein Broterlebnis der besonderen Art. Bäcker Kostas und seine Frau Argiró haben sich 2010 auf die Vergangenheit besonnen und in ihrer Backwerkstatt einen traditionellen Backofen installiert, der nur mit Olivenholz befeuert wird. Seine Olivenbäume und Rebstöcke hat er gefällt und baut auf diesen Flächen jetzt eine alte, in Vergessenheit geratene Weizensorte an, die auf Deutsch übersetzt »Schwarzbart« heißt. Zum Mahlen bringt Kostas das Korn in eine traditionelle Mühle in Míres in der Messará-Ebene. Die Spezialität der Backstube, in der es stets köstlich duftet, sind die 13 Zwiebacksorten von Kóstas, die sich hervorragend als Grundlage für die kretische Version der Bruschetta, also »dákos«, eignen.

AKTIVITÄTEN

Picknick zwischen antiken Ruinen
  G3

Folgt man in Archéa Eléftherna bei Réthimno von der Platía aus dem braunen Wegweiser zu den »Acropolis Cisterns« und am Straßenende dann dem Fußpfad über den Höhenrücken, auf dem einst die Akropolis des antiken Eleutherna stand, passiert man die Überreste eines spätmittelalterlichen Turms und sechs große, in den Fels gehauene Zisternen. Folgt man dem Pfad dann in nördlicher Richtung weiter, gelangt man nach etwa 6 Min. auf eine kleine Terrasse, auf der unter alten Ölbäumen die Ruinen eines antiken Heiligtums langsam wieder von der Natur überwuchert werden. Dort ist fast nie ein Mensch, geschweige denn ein Wärter. Hier kann man ein Picknick unter schattigen Bäumen mit antiken Steinblöcken als Hocker und Tisch genießen. Für Musik sorgen Zikaden, für einen Augenschmaus der Blick über die Küste aufs Meer.

Archéa Eléftherna | stets frei zugänglich

Besondere Empfehlungen | 57

Wind und Wellen spüren ▶ S. 63, b 1

Bis zu acht Passagiere passen auf die 37 Fuß lange Segeljacht »Nótos«, die täglich vom alten Hafen in Chaniá aus zu etwa siebenstündigen Tagestörns ausläuft. Die Route richtet sich nach Wind und Wetter. Unterwegs wird Anker geworfen zum Schwimmen und Schnorcheln. Andere Segeljachten mit Skipper können bei rechtzeitiger Reservierung auch für Zwei- und Mehrtagestörns gechartert werden.

Nótos Day Sailing: Chaniá, Odós Petróf 24 | Tel. 69 47 18 19 90 | www.notos-sailing.com

WELLNESS

An der Yoga-Küste 📖 G 5

Für alle, die ein Gefühl für die Kräfte der Erde haben, ist die Südküste östlich von Agía Galíni auf Kreta die richtige Gegend: genauer gesagt der Küstenstrich zwischen Ágios Pávlos und Triópetra. Von Yoga und Meditation für Anfänger bis hin zu Retreats mit speziellen Themen reicht das Angebot deutscher und anderer Anbieter. Meist werden mehrtägige Kurse angeboten; wer sich rechtzeitig mit den Anbietern in Verbindung setzt, kann aber manchmal auch stunden- oder tageweise teilnehmen.

Kreta Yogashala: Triópetra (Info: Buttermelcherstr. 11–15, München, Tel. 0 89/ 39 88 11, www.kretashala.de)
Yogaplus: Ágios Pávlos | Tel. 28 32 04 15 54 | www.yogaplus.co.uk

Kreta befriedigt viele Bedürfnisse. In der Abgeschiedenheit der Südküste werden Kurse zur körperlichen und geistigen Erbauung (Yoga, Meditation, ▶ S. 57) angeboten.

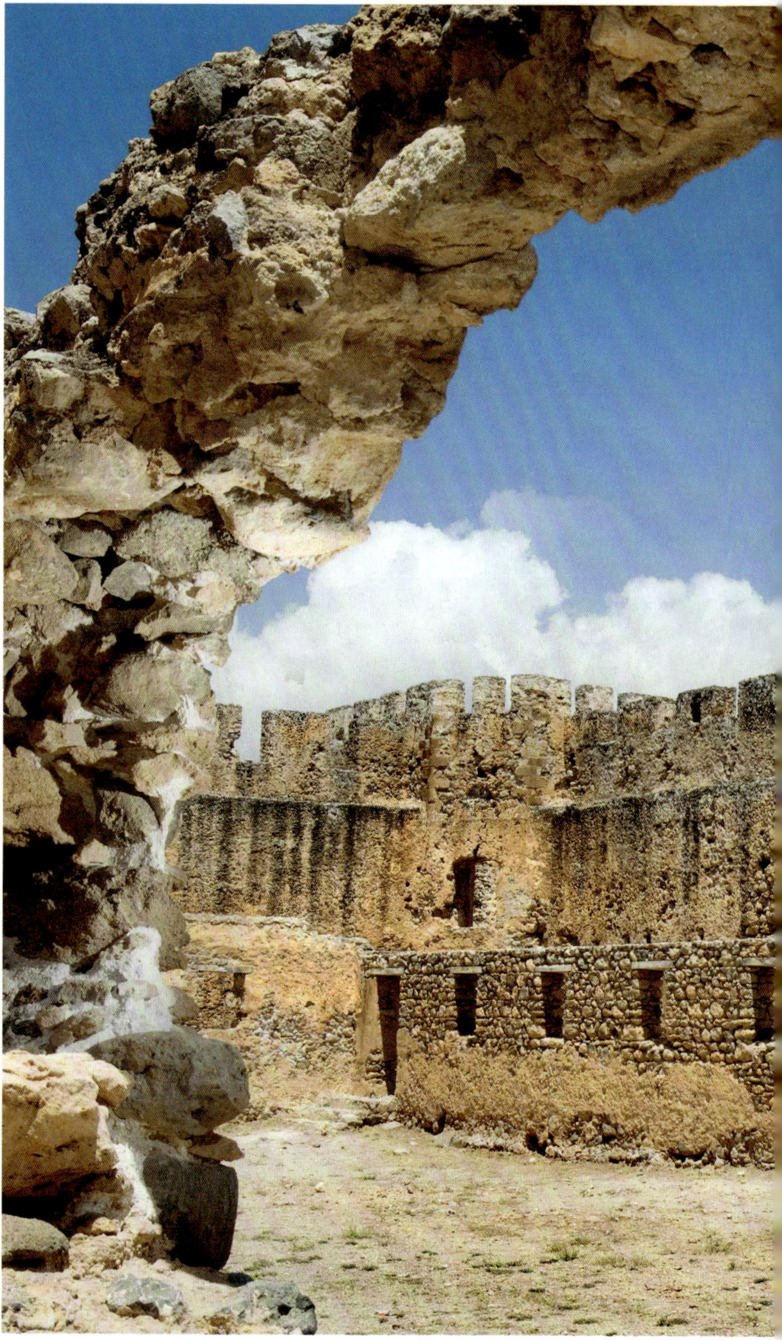

KRETA ERKUNDEN

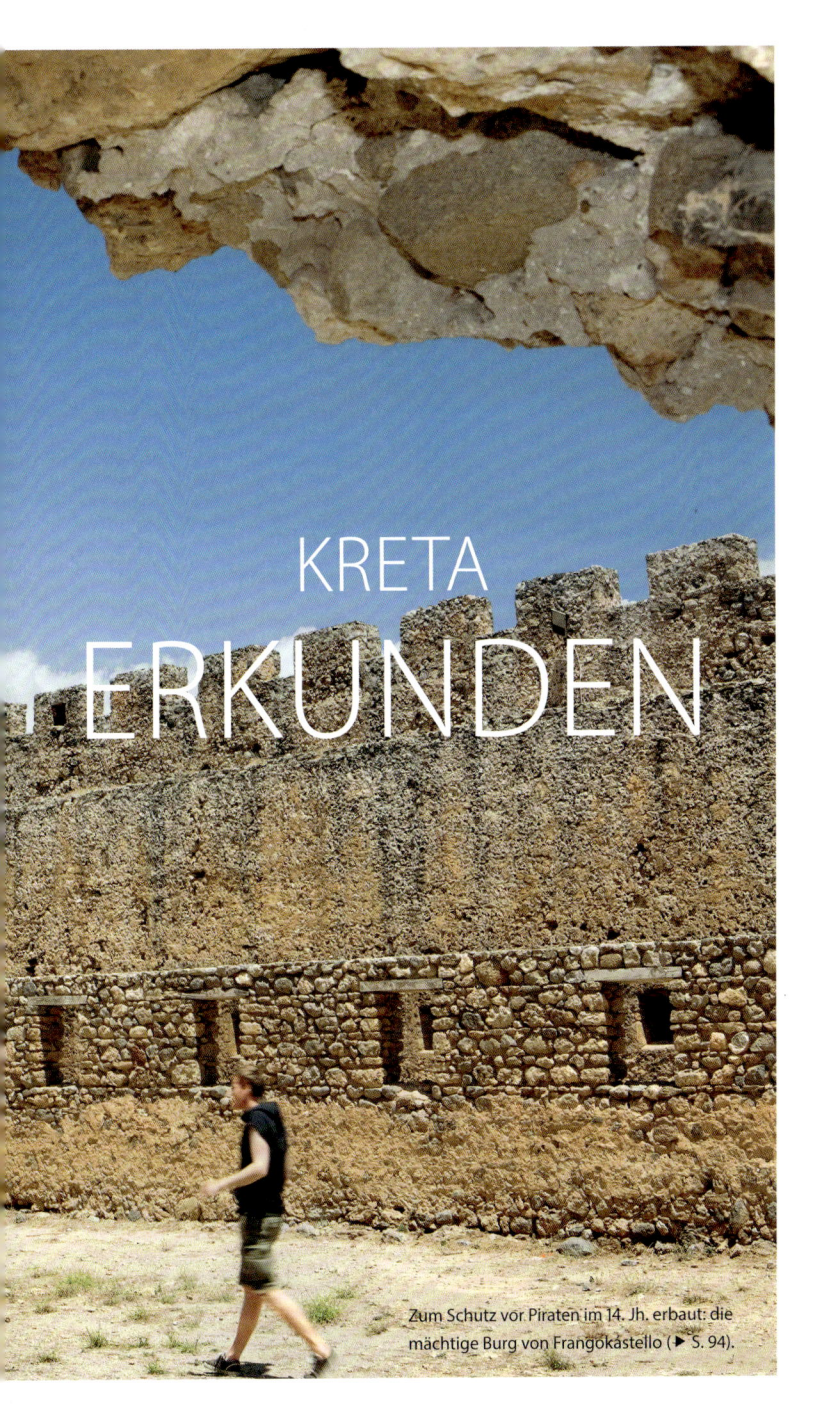

Zum Schutz vor Piraten im 14. Jh. erbaut: die mächtige Burg von Frangokastello (▶ S. 94).

DIE INSELHAUPTSTADT IRÁKLIO

Kretas Hauptstadt zieht sich über viele Kilometer vom Flughafen im Osten bis zum Kraftwerk von Amoudára im Westen am Meer entlang. Das Hinterland ist flach hügelig, nur der Jouchtas ragt als markanter Berg im Hintergrund auf.

Die Lage der Stadt kann man getrost als schön bezeichnen – trotzdem hatte sie bisher einen schlechten Ruf, galt als laut, chaotisch und teilweise gar hässlich. Der Hafen Iráklios, Hauptfährhafen der Insel, wickelt 80 % des gesamten Schiffsverkehrs Kretas ab. Chartermaschinen mit über einer Million Touristen jährlich donnern bei Tag und bei Nacht im Anflug auf den stadtnahen Flughafen über die Häuser, die planlos dort gebaut wurden, wo sich Lücken auftaten. Besonders groß waren diese nach dem Zweiten Weltkrieg, in dem nahezu ein Drittel aller Gebäude durch deutsche und italienische Bomben zerstört wurde.

Ende des 19. Jh. zählte Iráklio nur 12 000 Einwohner. Der 1923 gescheiterte griechische Versuch, die kleinasiatische Küste zu erobern, brachte Tausende von Flüchtlingen nach Kreta, die vor allem Iráklio anwachsen ließen. Nach dem Zweiten Weltkrieg setzte die Landflucht ein; 1970 hatte

◀ Zu jeder Zeit herrscht am Alten Hafen von Iráklio (▶ S. 61) reges maritimes Treiben.

die Stadt bereits 70 000 Bewohner. Sie war nun unbestritten das Industrie- und Handelszentrum und entwickelte sich auch zu einem der Urlauberzentren der Insel. So stieg die Einwohnerzahl erneut: auf heute über 130 000. Mehr als 6000 Fremdenbetten in Hotels, Pensionen und Privathäusern stehen im Stadtgebiet.

SCHÖNHEITSFEHLER BEHOBEN

Doch Iráklio hat sich in den letzten Jahren einer erfolgreichen Schönheitsoperation unterzogen: Viele Straßen und Gassen wurden in freundlich gepflasterte Fußgängerzonen verwandelt, Plätze mit Leben erfüllt, alte Fassaden renoviert. Iráklio ist zwar keine »Beauty Queen« geworden, hat aber erheblich an Lebensqualität gewonnen. Sie führt ein starkes Eigenleben, in dem der Tourismus nur eine untergeordnete Rolle spielt. Modern gekleidete Frauen stehen an der Bushaltestelle neben Bauern vom Lande in Tracht. Schuhputzer polieren Popen im langen Gewand und Bankangestellten im Anzug das Schuhwerk, Losverkäufer preisen das große Glück an. In schicken Cafés und trendigen Lounges sitzen zahllose junge Leute und hören am liebsten griechische Rock- und Pop-Musik – und Iráklios Museen sind die sehenswertesten auf Kreta. Zudem ist Kretas berühmteste minoische Stätte, der Palast von Knossós ⭐, nur 5 km entfernt und bequem von hier aus per Linienbus zu erreichen. Man darf die Inselhauptstadt also nicht auslassen, wenn man Kreta kennenlernen will.

IRÁKLIO

🌿 J/K 3–4

Stadtplan ▶ S. 63
131 000 Einwohner

SEHENSWERTES

❶ Ágios Márkos

Die älteste venezianische Kirche der Stadt (1239 erbaut) diente während der türkischen Herrschaft als Moschee. Heute finden in dem Gebäude wechselnde Ausstellungen zumeist zeitgenössischer Kunst statt.

Platía Venizélou (Morosini-Brunnen) | Mo–Sa 10–13 und 18–21 Uhr | Eintritt frei

❷ Ágios Minás

Die größte Kirche der Stadt, eine Kreuzkuppelkirche mit fünf Schiffen, stammt aus dem späten 19. Jh. Sie ist innen vollständig mit Fresken im tradi-

tionellen byzantinischen Stil ausgestattet. Gleich daneben steht die uralte kleine Ágios-Minás-Kirche, die während der türkischen Herrschaft als Hauptkirche Iráklios diente. Die große Kirche ist ständig, die kleine leider fast nie geöffnet.
Platía Ekaterínis

❸ Ágios Pétros

70 Jahre lang war die mittelalterliche Kirche im westlichen Teil der Altstadt nahe dem Meer erst Ruine und dann Baustelle. Deutsche Bomben hatten die ehemalige Dominikanerkirche San Pietro aus dem 14. Jh. zerstört. Seit 2013 ist sie wieder vollständig aufgebaut und der Öffentlichkeit zugänglich. Das tut dem Stadtbild gut. Innen ist die einschiffige gotische Hallenkirche aber bis auf minimale, kaum noch erkennbare Freskenreste völlig schmucklos. Außen sind im Boden rund um den Chor minimale Mauerreste aus hellenistisch-römischer, frühbyzantinischer und arabischer Zeit sichtbar. Die Kirche wird heute gelegentlich für Ausstellungen und Konzerte genutzt, Gottesdienste finden hier nicht mehr statt.
Iráklio, Leof. Sof. Venizélou | meist tagsüber geöffnet

❹ Ágios Títos

An einem Vorplatz erhebt sich das nach Mekka ausgerichtete Gebäude der Tituskirche. Sie wurde 1872 unter türkischer Herrschaft als Moschee erbaut und erst 1923 als Kirche geweiht. In ihr wird an der linken Seite des Narthex (Vorraums) die goldummantelte Schädelreliquie des Inselheiligen Titus verwahrt, der Kretas erster christlicher Bischof war. Der Innenraum ist mit monumentalen Ikonen geschmückt. Auf dem Vorplatz wird das städtische Café Peroplátanos unter alten Bäumen besonders gern von Einheimischen besucht.
Platía Agíou Títou | tgl. 7–12 und 17–20 Uhr

❺ Arsenale

Die Überreste der ehemaligen Werft- und Schiffslagerhallen der Venezianer auf der Landseite der heutigen breiten Uferstraße sind zwar markant, aber nur einen Blick im Vorübergehen wert.
Aktí Sof. Venezélou | ständig frei zugänglich

❻ Bembo-Brunnen

Auch die Venezianer haben schon den Reiz von Antiquitäten erkannt. Am Ende der Marktgasse steht ein Brunnen aus dem Jahre 1588, den sie mithilfe eines römischen Sarkophags und einer kopflosen römischen Statue gestalteten. Direkt neben dem nach seinem Stifter benannten Brunnen steht ein Brunnenhaus aus türkischer Zeit, in dem die Stadtverwaltung ein stimmungsvolles »kafenío« (mit hübschen Plätzen auch im Freien) eingerichtet hat, das zum Treffpunkt zumeist ländlicher Kreter avancierte.

🕐 Ihren Kaffee am Bembo-Brunnen sollten Sie möglichst am Morgen eines Werktags einnehmen. Dann herrscht hier besonders viel Lokalkolorit.
Odós 1866/Ecke Platía Kornárou

❼ Kazantzákis-Grab

Den besten Blick über die Dächer Iráklios hat man vom Grab des kretischen Schriftstellers Níkos Kazan-

Iráklio | 63

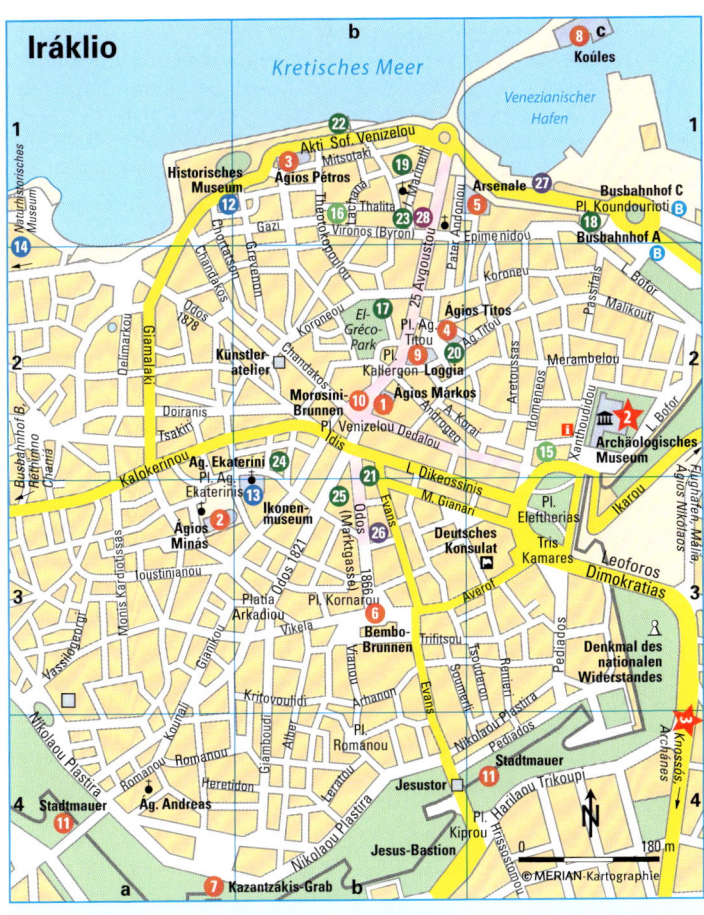

SEHENSWERTES
1. Ágios Márkos
2. Ágios Minás
3. Ágios Pétros
4. Ágios Títos
5. Arsenale
6. Bembo-Brunnen
7. Kazantzákis-Grab
8. Koúles
9. Loggia
10. Morosini-Brunnen
11. Stadtmauer

MUSEEN UND GALERIEN
12. Historisches Museum
13. Ikonenmuseum
14. Naturhistorisches Museum

ÜBERNACHTEN
15. Capsis Astoria
16. Léna

ESSEN UND TRINKEN
17. Draft
18. Herb's Garden
19. Ladókolla
20. Pagogoieíon
21. Pántheon
22. Paralia
23. Tou Terzaki
24. O Dípolo
25. Tsichláki

EINKAUFEN
26. Marktgasse
27. Dedálou

WELLNESS
28. Doctor Fish

TopTen
★ Piccadilly

tzákis (1883–1957) aus. Es liegt auf der Martinéngo-Bastion der venezianischen Stadtmauer und ist über die Odós Nikolaou Plastíra zu erreichen. Die schlichte griechische Grabinschrift besagt »Ich erhoffe nichts, ich fürchte nichts, ich bin frei«.
Tagsüber geöffnet | Eintritt frei

8 Koúles
Zum Schutze ihres Kriegshafens erbauten die Venezianer 1523 bis 1540 das kleine Kastell Koúles, mit schönem Blick über den Hafen. Die hier beginnende 800 m lange Hafenmole bietet einen guten Blick auf die Stadt.
Fischerhafen-Mole | Festung bis auf Weiteres wegen Restaurierung geschlossen

9 Loggia
Der venezianische Adel war verpflichtet, in der Inselhauptstadt Candia ein Haus zu besitzen und darin jährlich einige Monate zu leben. Treffpunkt der Adeligen war die 1628 vom venezianischen Statthalter Francesco Morosini in Auftrag gegebene Loggia. Heute ist sie das Rathaus der Stadt.
Odós 25 Avgoustou/Platía Kallergón | nur Außenbesichtigung möglich

10 Morosini-Brunnen
Das Wahrzeichen der Stadt ist der 1628 von Francesco Morosini gestiftete Brunnen mit seinen Wasser speienden Löwen und vielen Straßencafés und Imbisslokalen an seinem Rand. Der Brunnen war Endpunkt einer 15 km langen Wasserleitung, mit der die Trinkwasserversorgung der Stadt wesentlich verbessert wurde.
Platía Venizélou | ständig frei zugänglich

11 Stadtmauer
3,5 km lange Mauern mit sieben Bastionen und vier Toren, errichtet im 16. Jh., schützten Candia/Iráklio, als die Türken die Stadt im 17. Jh. 21 Jahre lang belagerten.
Geöffnet von Sonnenauf- bis Sonnenuntergang | Eintritt frei

MUSEEN UND GALERIEN

2 Archäologisches Museum
Das 2014 nach langer Renovierungs- und Umbauzeit wieder eröffnete Museum besitzt Weltrang durch seine einzigartigen Ausstellungsstücke aus minoischer Zeit. Zu den wertvollsten Funden im Museum gehören:
– **Eierschalenware.** So nennt man die feinste Keramik aus der Altpalastzeit 2000–1700 v. Chr. Sie hat eine Gefäßwandstärke von maximal 1 mm.
– **Minoische Hausfassaden.** Sie sind auf den 25 Fayence-Plättchen eines Stadtmosaiks abgebildet. Mit ihrer Hilfe kann man sich ein gutes Bild vom Aussehen minoischer Städte machen.
– **Diskus von Festós.** Die Tonscheibe aus der Zeit 2000–1700 v. Chr. ist beidseitig mit 241 noch nicht entzifferten Hieroglyphen bestempelt.
– **Schlangengöttinnen.** Die beiden Statuetten zeigen weibliche Figuren mit nackten Brüsten, die Schlangen in den Händen halten. Sie stammen aus der Neupalastzeit, 1700–1450 v. Chr.
– **Stier-Rhyton.** Dieses Gefäß aus schwarzem Steatit, in Gestalt eines Stierkopfes mit Augen aus Bergkristall und Jaspis sowie (rekonstruierten) goldenen Hörnern, besitzt je eine Öffnung im Nacken und unterhalb des Mauls und diente vermutlich als kultisches Trink- und Opfergefäß.

– **Bienenanhänger.** Das goldene Teil eines Halsgeschmeides ist das wohl populärste minoische Schmuckstück und wird als Kopie auch in vielen Juweliergeschäften der Insel angeboten. Es zeigt zwei Bienen, die einen Honigtropfen in einer Wabe deponieren.
– **Kretische Schriften.** Beispiele für die noch nicht entzifferte kretische Schrift Linear A und die sie um 1450 v. Chr. ablösende und bereits 1952 entzifferte Linear-B-Schrift.
– **Schnittervase.** Ein Gefäß aus Steatit mit einem Relief, das Männer auf dem Heimweg von der Feldarbeit zeigt.
– **Minoische Wandmalereien.** Die rund 3500 Jahre alten Fresken zeigen Tiere und Pflanzen, Männer und Frauen, Prozessionen und kultische Feiern. Die Wandmalereien stammen aus Palästen und Villen in Knossós und Amnissós, Agía Triáda und Tilissós. Große Teile sind, leicht vom Original unterscheidbar, rekonstruiert.
– **Minoische Sarkophage.** Von den vielen auf minoischen Friedhöfen Kretas gefundenen Kalksteinsärgen ist der von Agía Triáda am schönsten. Auf einer der Längsseiten ist eine Priesterin zu sehen, die einen Stier opfert. Auf der anderen Längsseite erkennt man zwei Doppeläxte, zwischen denen Frauen eine Flüssigkeit in ein Gefäß schütten – Öl oder vielleicht auch Stierblut. Daneben tragen drei Männer zwei Opfertiere und das Modell eines Bootes zu einer Gestalt ohne Arme, die vor einem Kultschrein steht.

Platía Elefthería/Xanthoudidou Str. 1 | Tel. 28 10 22 60 92 | April–Okt. tgl. 8–20, Nov.–März Mo 11–17, Di–So 8–15 Uhr | ♿ | Eintritt 10 €, Kombi-Ticket mit Knossos 16 €

⑫ Historisches Museum

Das Museum zeigt Objekte aus der Stadtgeschichte ab der frühchristlichen Zeit, das Arbeitszimmer des Dichters Níkos Kazantzákis sowie zwei Gemälde von El Greco. Besonders interessant ist Raum 1 im Erdgeschoss. Unter den drei venezianischen Brustpanzern in der Raummitte erfährt der waffentechnische Laie ganz Erstaunliches: Zu sehen sind venezianische Handgranaten aus Glas und Ton sowie Kupfer. Dominiert wird der Raum von einem großen Modell der Stadt im Maßstab 1 : 500. Es zeigt das Iráklio aus dem Jahre 1645.

Odós Kalokerinoú | www.historical-museum.gr | Mo–Sa 9–17, Nov.–März bis 15.30 Uhr | ♿ | Eintritt 5 €

⑬ Ikonenmuseum

In der Kirche Agía Ekateríni ist eine Reihe schöner Ikonen ausgestellt. Darunter befinden sich auch sechs Werke des in Fachkreisen sehr bekannten Ikonenmalers Micháil Damaskinós.

Platía Ekaterínis | April–Okt. tgl. 9.30–19.30, Nov.–März tgl. 9.30–18 Uhr | Eintritt 4 €

⑭ Naturhistorisches Museum 👫

Hauptattraktion des modernen, aber objektarmen Museums nicht nur zur Naturgeschichte Kretas, sondern ganz Griechenlands ist ein Erdbeben-Simulator (▶ S. 55) im Kellergeschoss. Da sitzt man sicher auf alten Schulbänken und kann jede halbe Stunde am eigenen Körper erfahren, wie sich für die Betroffenen einige der weltweit schwersten Erdbeben anfühlten.

Leof. Sof. Venizélou | www.nhmc.uoc.gr | Mo–Fr 9–15, Sa/So 10–18 Uhr | Eintritt 6 €

ÜBERNACHTEN

🟢 15 Capsis Astoria
Das Traditionshaus – Am Archäologischen Museum und an der Haltestelle zu den Stränden, kleiner Pool und Sonnenliegen auf dem Dach, Vermietung von City-Bikes an Hausgäste.
Platía Eleftherías 11 | Tel. 28 10 34 30 80 | www.astoriacapsis.gr | 131 Zimmer | €€€

🟢 16 Léna
Einfach und zentral – Eher Wohnhaus- als Hotelatmosphäre, relativ ruhig, gutes Preis-Leistungs-Verhältnis.
Odós Lachaná 10 | Tel. 28 10 22 32 80 | www.lena-hotel.gr | 16 Zimmer | €

Sofía ▶ S. 63, östl. C2
Airportnähe – Modernes Hotel mit kleinem Pool, gute Linienbusverbindung zum Flughafen und ins Zentrum. Nichts für Fluglärmempfindliche.
Odós Stadíou 57 | Néa Alikarnássos | Tel. 28 10 24 00 02 | www.hotel-sofia.gr | 61 Zimmer | €€

ESSEN UND TRINKEN
RESTAURANTS
🟢 17 Draft
Direkt am Park – Der Szene-Treffpunkt am kleinen El-Greco-Park gibt sich bis spät in die Nacht hinein jung und international. Fast 50 verschiedene Biere werden ausgeschenkt, viele griechische Weine können glasweise bestellt werden. Auf der Speisekarte stehen neben Käseplatten, Pasta und griechischen Leckereien auch für Kreter ungewöhnliche kulinarische Erlebnisse wie bayerische Weißwürste.
Odós Arkoleóndos | Tel. 28 10 30 13 41 | tgl. ab 10 Uhr | €€

🟢 18 Herb's Garden
Wine & Dine – Im Dachgartenrestaurant des Hotels Lató sitzt der Gast hoch über dem Hafen und blickt auf Meer oder Berge. Geboten wird kreative Küche auf hohem Niveau; die aktuelle Speisekarte kann man auch der Homepage des Restaurants entnehmen.
Odós Epimenídou 15 | Tel. 28 10 33 49 71 | www.lato.gr | tgl. ab 13 Uhr | €€€

🟢 19 Ladókolla
Gemeinsam genießen – In der Nähe des Fischerhafens drängen sich die »rakádika«-Lokale aneinander. Hier bestellt man keine Tellergerichte, sondern viele verschiedene Kleinigkeiten und genießt sie am liebsten mit Freunden. Ein Neuzugang ist das modern eingerichtete Restaurant von Anastasía Psarrá. Auf dem Zettel, auf dem man seine Bestellwünsche ankreuzt, stehen z. B. Risotto mit frischem Gemüse und Trüffelöl, mariniertes Schweinekotelett, gebratene Gemüse, kretischer »graviéra«-Käse und »dákos«, die kretische Variante der Bruschetta.
Odós Marméli 13/Platía Agíou Dimitríou | Tel. 28 10 25 63 91 | tgl. ab 18 Uhr | €

🟢 20 Pagogoieíon 🚩
Tafelfreuden – In dem Edelrestaurant kann man im Sommer auf dem Dachgarten sitzen und das ganze Jahr über kretische Tropfen im historischen Weinkeller genießen. Das Küchenzepter schwingt Pétros Kosmadákis, der seine Lorbeeren im Herb's Garden erworben hat.
Iráklio, Platía Agíou Títou/Odós Papagiamáli 1 | Tel. 28 10 22 12 94 | www.pagopoieion.gr | tgl. ab 9 Uhr | €€€

㉑ Pántheon

Urig-altmodisch – Die einzige noch ganzjährig von früh morgens bis spät abends geöffnete Markttaverne alten Stils bietet eine große Auswahl an gekochten, auch rein saisonalen Gerichten, die man am Schautresen auswählen kann. Das Grillfleisch liegt in einer Kühltheke zur Begutachtung aus.
Odós 1866/Ecke Odós Theodosáki | Tel. 28 10 24 16 52 | tgl. ab 7 Uhr | €

㉒ Paralía ▶ S. 33

㉓ Tou Terzaki

Ganz anders – In der besonders originellen »ouzerí« in einer schmalen Gasse in der Altstadt liegt statt einer Speisekarte eine lange griechisch- und englischsprachige Liste mit den Speisenangeboten auf den Tischen. Man kreuzt darauf einfach an, was man gern serviert haben möchte.
Odós Ioánni Marinélli 17 | Mo–Sa ab 13 Uhr | €€

CAFÉS

㉔ O Dípolo

In diesem Laden, der zugleich »kafenío« ist, steht Kretisches sowohl am Tresen als auch auf den Tischen im Vordergrund, etwa die Zimtlimonade »kannelláda« oder die Mandelmilch »soumáda«.
Iráklio, Odós Odigitrías 18 | Tel. 28 10 28 28 18 | www.dipolo.eu | Mo–Sa 9–24 Uhr | €

㉕ Tsichláki

Eine Rösterei direkt in der Marktgasse von Iráklio bietet neue Kaffeegenüsse auf international höchstem Niveau. Ob

Ein Lokal vom alten Schlag ist die Taverne Pántheon (▶ S. 67) in Iráklio. Am Tresen sucht man sich das Gericht aus, nach dem es einen gelüstet, bestellt ... und genießt.

Filterkaffee, Cappuccino oder Espresso, kalt oder heiß – der Gast kann immer unter verschiedenen Kaffeesorten wählen. Auch Spitzensorten wie der Jamaica Blue Mountain, Brasil Santos oder koffeinfreier Espresso sind dabei.
Iráklio, Odós 1866/Ecke Odós Kartérou | Tel. 28 10 28 20 45 | www.kafestsichlaki.com | Mo–Sa 8–20 Uhr | Espresso 1–2 €

EINKAUFEN
Haupteinkaufsstraßen
Souvenirs aller Art gibt es außer an der Platía Venizélou und der Platía Eleftherías vor allem in den beiden Straßen, die die Plätze miteinander verbinden. Kleine Antiquitätenläden verführen in der Odós Korái zum Kauf.

26 Marktgasse
In der den Fußgängern vorbehaltenen, bunten Marktgasse Odós 1866 werden überwiegend Lebensmittel und Souvenirs angeboten.

ANTIKER SCHMUCK UND IKONEN
27 Dedálou ▶ S. 41

KULTUR UND UNTERHALTUNG
Ältere Einheimische und Familien flanieren abends gern auf der Platía Eleftherías mit ihren vielen Straßencafés; auch ein von Touristen für einen Drink bevorzugter Platz ist der Morosini-Brunnen. Junge Kreter treffen sich in den Straßencafés in der Odós Korái, später geht man in Musik-Bars wie das Rock Café Route 66 in der Odós Chandakós oder in die Discos in der Ikárou-Straße (z. B. Vanilla) oder in der Odós Bofór (z. B. Vox, Koo, Privilege). Kinoabende unter dem Sternenhimmel erlebt man in den Sommerkinos Galaxías (Leofóros G. Papandréou) und Romántika (Odós Lefteréou). Zum Händchenhalten bei Kerzenschein und sanfter Musik in historischem Ambiente ist die elegante Bar Veneto oberhalb des Hafens (Odós Epimenídou 7–9) ideal.

WELLNESS
28 Doctor Fish
Fish Spas sind in den letzten Jahren wie Pilze aus dem Boden geschossen. Von außen gut einsehbar, sitzen da Menschen mit den Füßen oder den Händen in Aquarien, in denen 100 bis 200 kleine Fische der Gattung »Garra rufa« schwimmen und an der Hornhaut der für diese Fütterung zahlenden Gäste knabbern. Die medizinische Wirkung ist zweifelhaft, aber ein fotogenes Vergnügen können solche 20–30 Min. trotzdem werden.
Odós 25is Avgoústou 13 | Tel. 28 10 28 28 79 | www.doctor-fish.gr

AKTIVITÄTEN
Adam's E-Bikes 🚩 J4
Der perfekt Deutsch sprechende Adam und seine deutsche Frau bieten geführte E-Bike-Touren durch weitgehend unbekannte mittelkretische Landschaften an: auf den Psilorítis, den Berg Joúchtas oder nach Léndas.
Síva bei Veneráto | Tel. 69 44 74 06 93 | www.adams-ebikes-crete.com | Tagestouren ab 100 €/Person inkl. Transfer

Cabrio-Busse
Iráklio kann man jetzt auch im Cabrio-Bus erleben: in einem Reisebus, bei dem das Dach entfernt wurde. Man kann unterwegs die Fahrt unterbrechen, aus- und einsteigen.

Heraklion Sightseeing Tours: Aktí Koundourióti (Fährhafen) | Tel. 69 84 74 72 00 | www.her-openbus.gr

SERVICE

AUSKUNFT

Griechische Zentrale für Fremdenverkehr

Odós Xanthoulídou (am Archäologischen Museum) | Tel. 28 10 22 82 03

VERKEHR

Busbahnhof A

Am Hafen, für Busse nach Réthimno, Chaniá, in den Westen und in den Osten Kretas sowie nach Ierápetra.

Hafen | Tel. 28 10 24 50 20

Busbahnhof B

Außerhalb des Chaniá-Tores, hier Abfahrt der Busse an die Südküste.

Tel. 28 10 25 59 65

Ziele in der Umgebung

AGÍA PELAGÍA J3

600 Einwohner

Der Ort hat wegen mehrerer Großhotels zwar touristische Bedeutung, besitzt jedoch keinerlei Sehenswürdigkeiten und lohnt für Rundreisende den Abstecher von der Küstenstraße nicht. Der öffentliche Strand ist sehr schmal, direkt dahinter verläuft die ebenso schmale, von vielen Cafés und Restaurants gesäumte Uferpromenade.

24 km südwestl. von Iráklio

APÓSTOLI K4

200 Einwohner

Das alte Bauerndorf in einer der lieblichsten Landschaften Kretas ist ein guter Ferienort für Gäste, die absolute Ruhe und Ländlichkeit suchen. Die einzige Sehenswürdigkeit am Ort ist die Kirche Agíi Apóstoli aus der Zeit um 1450 mit gut erhaltenen Fresken aus der Erbauungszeit (Schlüssel bei Nachbarn erfragen).

30 km nordwestl. von Iráklio

ÜBERNACHTEN

Orgon Organic Farm K4

Preishit – Die vier nagelneuen Steinhäuser eines Öko-Bauern, erbaut im traditionellen Stil, bieten ein exzellentes Preis-Leistungs-Verhältnis.

Apóstoli | Tel. 69 73 79 65 04 | www.orgonfarm.gr | 4 Häuser | €

ARCHÁNES K4

3850 Einwohner

Die im Inselinneren gelegene Kleinstadt am Fuß des Berges Joúchtas lebt vor allem vom Tafeltraubenanbau und ist auch für ihre Rosinen bekannt. In minoischer Zeit war Archánes ein bedeutendes Palastzentrum, das wegen des heutigen Dorfs nicht freigelegt werden kann. Im Viertel Tourkogitoniá können einige Räume des Palasts besichtigt werden. Ein Museum im Dorf (Mi–Mo 8.30–15 Uhr, Eintritt 2 €) informiert auch über zwei Grabungsstätten in der Nähe: den großen minoischmykenischen Friedhof von Foúrni mit interessanten Kuppelgräbern (Di–So 8.30–15 Uhr, evtl. wegen Wärtermangels geschlossen, Eintritt 3 €) und das kleine minoische Heiligtum Anemóspilia weit oben am Nordhang des Berges Joúchtas. Dort wurde ein Beweis dafür gefunden, dass Menschenopfer in minoischer Zeit üblich waren. Die Ausgrabungsstätte ist leider nicht zu besichtigen.

15 km südl. von Iráklio

ESSEN UND TRINKEN

Spitikó
Traditionell gut – Hier drehen sich oft Lämmer und Spanferkel am Spieß überm Holzkohlefeuer. Dazu wird ein ausgezeichneter Fasswein serviert.
Platía Archanón | Tel. 28 10 75 15 91 | tgl. ab 11 Uhr (im Winter Mo geschl.) | €€

◎ FÓDELE   J3
550 Einwohner

Das schöne Dorf gilt als Geburtsort von Kretas berühmtestem Maler. Als El Greco wurde er in Spanien und in aller Welt berühmt, als Doménikos Theotokópoulos wurde er in Fódele 1541 geboren. Sein kleines Geburtshaus wurde sehr fantasievoll wieder aufgebaut und beherbergt jetzt ein simples Museum. Unterhalb des Museums bildet ein zwar neues, aber sehr uriges »kafenío« eine Oase der Ruhe, gleich gegenüber steht ein byzantinisches Marienkirchlein aus dem 10. Jh. Im Dorf warten zahlreiche Souvenirgeschäfte auf Besucher, am 4 km entfernten Sandstrand kann man in Strandtavernen rasten.
– Geburtshaus April–Nov. tgl. meist 8.30–15 Uhr | Eintritt frei
– Kirche nur im Hochsommer tagsüber geöffnet | Eintritt frei
30 km westl. von Iráklio

◎ GOÚRNES   K3
Am Westrand des weitläufigen, völlig gesichtslosen Badeortes steht seit 2005 auf einem ehemaligen amerikanischen Kasernengelände in arger Wüstenei Griechenlands bedeutendstes und modernstes Aquarium. Die Namen der verschiedenen Fische sind auch auf Deutsch angegeben.
16 km östl. von Iráklio

MUSEEN UND GALERIEN

CretAquarium
Weit über 4000 Fische und andere Meeresbewohner tummeln sich in 32 großen Wasserbecken.
Tel. 28 10 33 77 88 | www.cretaquarium.gr | Mai–Sept. tgl. 9.30–21, Okt.–April tgl. 9.30–17 Uhr | ♿ | Eintritt 6 € (Mai–Sept. 9 €)

◎ KNOSSÓS   K3
Detailkarte ▶ S. 72/73

Der berühmte minoische Palast ist von der Inselhauptstadt nur wenige Kilometer entfernt. Hier befand sich in der ersten Hälfte des 2. Jahrtausends v. Chr. das Zentrum der minoischen Kultur. Der gesamte Komplex umfasste etwa 1400 Räume, einzelne Gebäude waren bis zu vier Etagen hoch. Als einen wirklichen Palast darf man sich Knossós allerdings nicht vorstellen. Das, was man heute vor sich sieht, war das Zentrum einer Stadt. Hier befanden sich Heiligtümer und Kultbezirke, Wohnhäuser und Werkstätten, und hier lebten vor 3600 Jahren wahrscheinlich bis zu 80 000 Menschen.

Knossós ist von allen kretischen Ausgrabungsstätten die eindrucksvollste. Das liegt vor allem an der wissenschaftlich äußerst umstrittenen Vorgehensweise des Briten Sir Arthur Evans, der Knossós ab 1900 in über 40 Jahren Arbeit freilegte. Er zerstörte allerdings auch, was ihm unwesentlich erschien – und fügte manches hinzu, was er glaubte, sicher rekonstruieren zu können. Kritische Stimmen nennen Knossós denn auch ein »Disneyland der Archäologie«. Für den Laien freilich ist Evans' Methode erfreulich: Er sieht hier endlich einmal mehr als nur

Grundmauern. An der Kasse sind außerdem fantasievoll-bunte Pläne erhältlich, die den Palast unzerstört zeigen. Manche Fremdenführer fabulieren, bei Knossós handele es sich um das sagenhafte Labyrinth, in dem der antike Theseus den furchtbaren Minotaurus tötete.

Ca. 3 km südl. von Iráklio

SEHENSWERTES
Ausgrabungsareal
Durch eine Laube aus Bougainvilleen gelangt man auf den Westhof (1). Dort fallen links drei runde, ausgemauerte Schächte (2) auf, in denen die Archäologen zahlreiche Knochen geopferter Tiere und andere Opfergaben fanden. Eine Büste von Sir Arthur Evans, dem leitenden Archäologen, steht linker Hand. Vorbei an den Überresten zweier Opferaltäre (4) erreicht man den Westeingang (5) mit steinerner Basis einer nicht mehr vorhandenen hölzernen Säule. Den Prozessionskorridor (6) schmücken einige Kopien eines Freskos, das ursprünglich in zwei übereinander liegenden Reihen etwa 500 Opferträger darstellte. Wohin dieser Korridor führte, ist nicht mehr feststellbar. Evans vermutete, dass er auf den Zentralhof führte.

Das Südpropylon (7) bildete einen der Palasteingänge. Über die Große Freitreppe (8), die durch keinerlei Funde nachgewiesen, sondern von Sir Arthur nach eigenem Gutdünken hinzugefügt wurde, gelangt man in das von Evans vollständig nach seinen von der britischen Monarchie geprägten Vorstellungen rekonstruierte Piano Nobile. Dort identifizierte er eine Dreisäulen,

An der Loggia des Palastes von Knossós (▶ MERIAN TopTen, S. 70) lässt sich noch der furchterregende Minotaurus erkennen, ein Ungeheuer mit menschlichem Körper und Stierkopf.

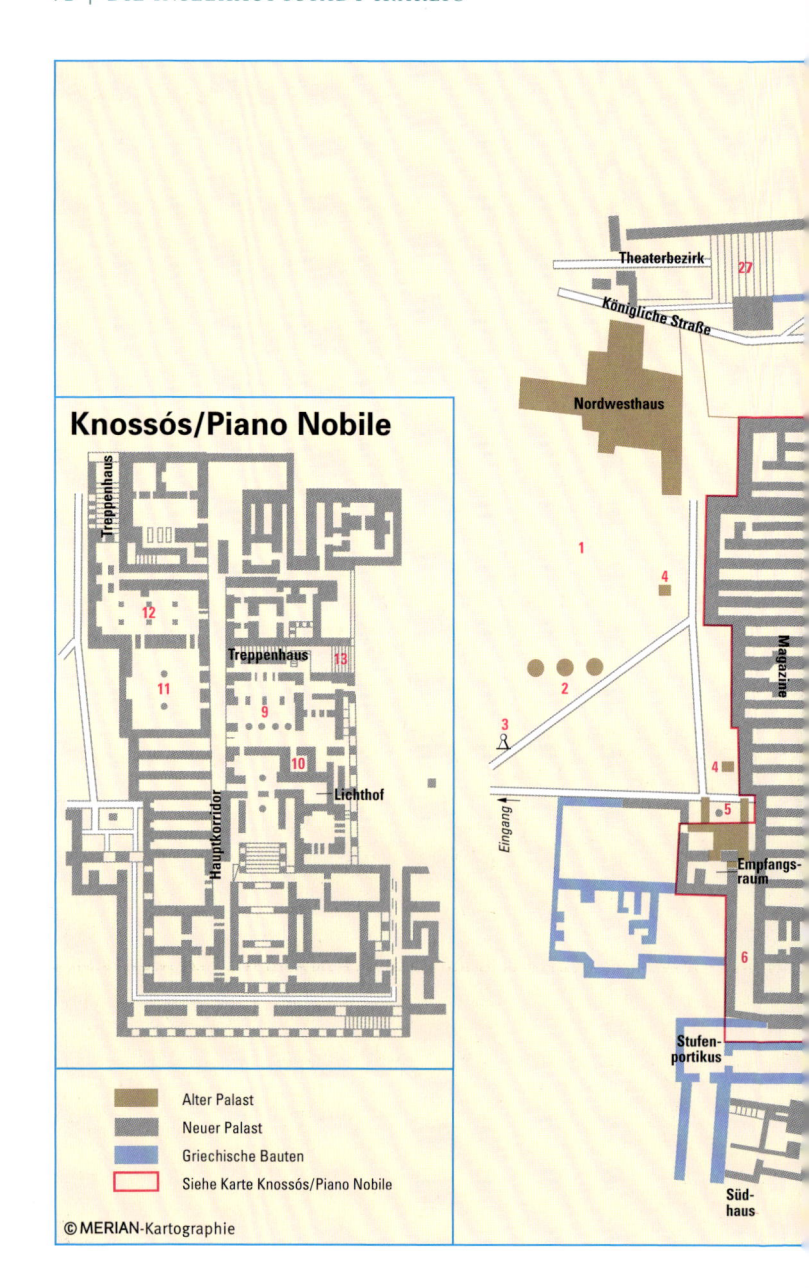

Knossós/Piano Nobile

- Theaterbezirk 27
- Königliche Straße
- Nordwesthaus
- Treppenhaus
- 12
- Treppenhaus 13
- 11
- 9
- 10
- Hauptkorridor
- Lichthof
- 1
- 4
- 2
- 3
- Eingang
- Magazine
- 4
- 5
- Empfangsraum
- 6
- Stufenportikus
- Südhaus

Legende:
- Alter Palast
- Neuer Palast
- Griechische Bauten
- Siehe Karte Knossós/Piano Nobile

© MERIAN-Kartographie

Knossós/Erdgeschoss

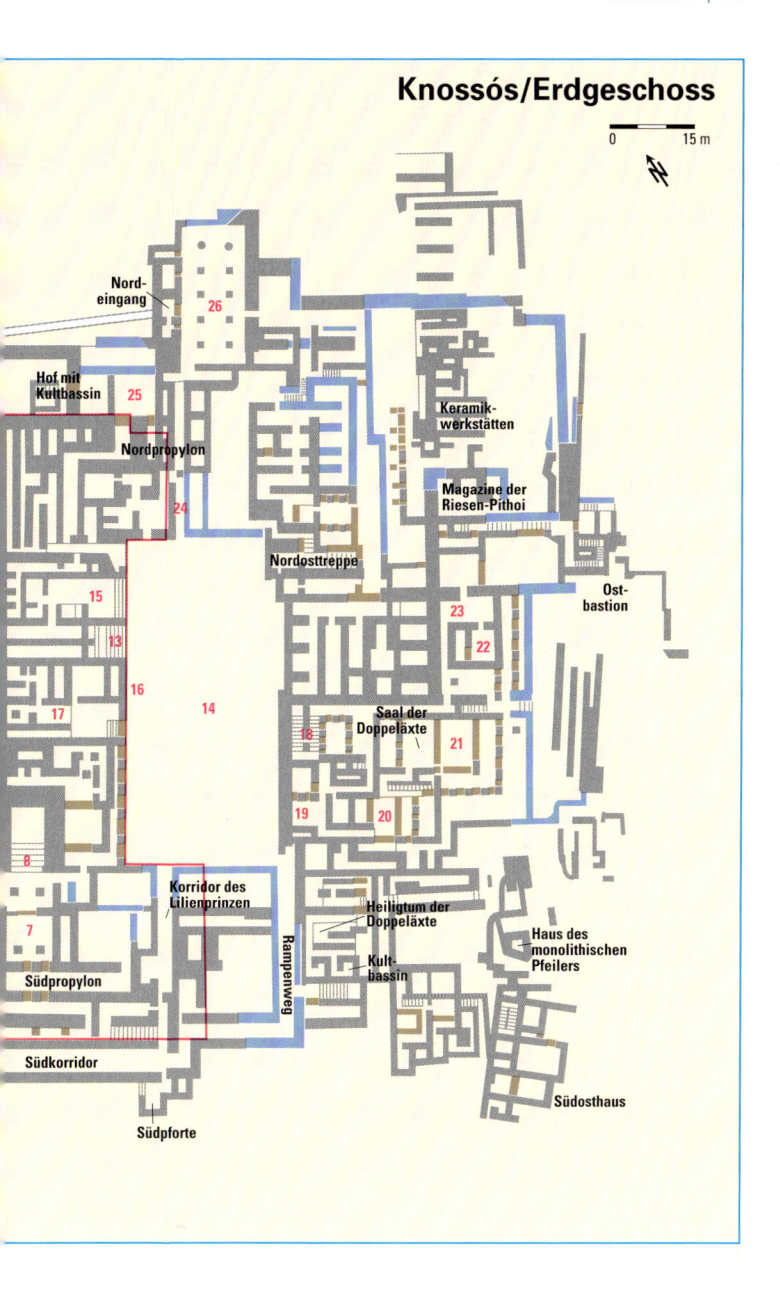

0 — 15 m

Nordeingang 26

Hof mit Kultbassin 25

Nordpropylon 24

Keramikwerkstätten

Magazine der Riesen-Pithoi

Nordosttreppe

Ostbastion

15

13

17   16   14

8

23

22

Saal der Doppeläxte 18   21

19   20

Korridor des Lilienprinzen

Rampenweg

Heiligtum der Doppeläxte

Kultbassin

Haus des monolithischen Pfeilers

7

Südpropylon

Südkorridor

Südosthaus

Südpforte

halle (9), eine Schatzkammer (10) und eine Große Halle (11), von der aus man in 21 Lagerräume mit riesigen Tongefäßen hinabblickt. Die Sechssäulenhalle (12) schmückten ursprünglich Fresken, darunter das der »Kleinen Pariserin«.
Über die Große Treppe (13) steigt man nun zum 53 m langen Zentralhof (14) hinab, der wohl der Schauplatz aller wichtigen kultischen Zeremonien, aber auch Markt- und Versammlungsplatz war. An ihm lagen der Thronsaal (15), ein dreiteiliges Heiligtum (16) und die Höhlenheiligtümern nachempfundenen Pfeilerkrypten (17).
Zum Thronsaal gehört ein Vorraum, dessen Längswänden Bänke aus Gipsstein vorgelagert sind. Die Bank auf der Nordseite war zweiteilig, in der Lücke zwischen beiden Teilen fand Evans Holzreste. Das verleitete ihn zu der Annahme, hier habe ein hölzerner Thron gestanden. Evans interpretierte diesen Vorraum als einen Wartesaal vor Audienzen und stellte hier darum auch ein anderswo gefundenes Becken aus Porphyr auf, in dem sich seiner Meinung nach die Audienzbesucher rituell reinigten. Heute wird vermutet, dass die Bänke – wie in anderen orientalischen Heiligtümern üblich – zur Ablage von Opfergaben dienten. Dass auf dem Alabasterthron im Thronsaal tatsächlich König Minos und seine Nachfolger saßen, gilt inzwischen als gänzlich unwahrscheinlich.
An der Ostseite des Zentralhofs siedelte Evans die Wohngemächer des Herrscherpaars an. Das Große Treppenhaus (18), das durch einen großen Luftschacht belüftet wurde, führte u. a. zum Ankleideraum der Königin (19), zum Megaron der Königin (20) und des Königs (21). Bemerkenswert sind die Sanitäreinrichtungen: Eindeutig nachweisbar sind ein Badezimmer mit Wanne und eine Toilette mit Holzsitz und Wasserspülung.
Sicher nachgewiesen wurden auch im Anschluss daran die Werkstatt eines Steinschneiders (22) und eine Töpferwerkstatt (23). Im Norden des Zentralhofs sind schließlich noch die Rampe des Nordeingangs (24), der Nordwestportikus (25) mit restaurierten Säulen und Fresken, das sogenannte Zollhaus (26) und eine Theaterrängen ähnliche Schautreppe (27) zu sehen.

🕒 Die besten Chancen, die Ausgrabungen ohne Menschenmassen zu erleben, hat man morgens zwischen 8 und 9 Uhr. Leofóros Knossoú | April–Okt. tgl. 8–20, Nov.–März Di–So 8.30–15 Uhr | Eintritt 15 €, Kombi-Ticket mit Archäologischem Museum Iráklio 16 €
5 km südl. von Iráklio

◎ MIRTIÁ K4
400 Einwohner

Das modern gestaltete Museum erinnert an Kretas größten Dichter Níkos Kazantzákis (1883–1957). Neben Erinnerungsstücken und Fotos aus dem Leben sind vor allem die verschiedensten Ausgaben seiner Werke und Modelle für Bühnenbilder zu seinen Theaterstücken zu sehen.

Kazantzákis-Museum: www.kazantzaki. gr | April–Okt. tgl. 9–17, Nov.–März So 10–15 Uhr | Eintritt 3 €
23 km südöstl. von Iráklio

◎ PÉZA K4
430 Einwohner

Die meisten Wein- und Olivenbauern dieses Dorfes haben sich schon 1933 zu einer erfolgreichen Genossenschaft zusammengeschlossen. Die Weinkellerei stellt aus jährlich etwa 15 000 t Trauben neben einigen der gängigsten Rot-, Weiß- und Roséweine auch den bekanntesten kretischen Retsína her. Eine zweite Kellerei im Dorf, Mínos, ist privat. Beide können zwischen Ostern und Mitte Oktober werktags besichtigt werden. In zwei privaten Ölmühlen werden die jährlich etwa 6000 t von den Genossenschaftsbauern angelieferten Oliven verarbeitet.

– Peza Union: www.pezaunion.gr | Mo–Sa 9–17 Uhr
– Minos Wines: www.minoswines.gr | Mo–Fr 9–16 Uhr
18 km südl. von Iráklio

◎ PROFÍTIS ILÍAS J4
600 Einwohner

Über dem völlig untouristischen Dorf träumen die stattlichen Überreste einer schon im 10. Jh. gegründeten byzantinischen, von den Venezianern weiter benutzten Burg dahin, die man in gut einer Stunde erkunden kann.

AKTIVITÄTEN

Touren mit Dimítris Kornáros
Besuchen Sie den gut Deutsch sprechenden Dimítris in seinem Kafenío. Stimmt die Chemie, lädt Dimítris ausländische Gäste gern in sein Haus ein.
Profítis Ilías | am Eingang zur Burg | Tel. 69 79 67 34 73

◎ TILISSÓS J4
1100 Einwohner

In diesem Bergdorf stehen noch die Überreste dreier zweigeschossiger minoischer Villen. Kapernzweige überwuchern die 3500 Jahre alten Mauern und den Boden in den Häusern, um sie herum spenden alte Pinien Schatten, konzertieren Zikaden. Verständlich, dass sich die Menschen hier immer wohl fühlten: Grundmauern eines mykenischen Baus und eines Altars aus der griechischen Klassik zeugen von einer durchgehenden Besiedlung bis zumindest ins frühe Mittelalter hinein.
Di–So 8.30–15 Uhr | Eintritt 2 €
15 km südwestl. von Iráklio

> **Sich minoisch fühlen in Tilissós** 1
>
> Wieder einmal erstaunt die weit entwickelte Architektur der Minoer: Wasserleitungen führen in die Häuser, speisten einst Zisternen. Treppenstufen deuten an, dass die Gebäude mindestens zweistöckig waren. Reich verzierte, große Vorratsgefäße stehen teilweise fast unversehrt herum (▶ S. 12).

◎ VATHÍPETRO K4

In völliger Einsamkeit liegen am Dorfrand mit weitem Blick in die von Rebgärten geprägte Landschaft die Ausgrabungen eines minoischen Landhauses aus der Zeit um 1580 v. Chr. Es war anfangs wohl ein Kultbau, wurde nach einem Erdbeben um 1550 v. Chr. aber hauptsächlich landwirtschaftlich genutzt. Davon zeugen noch die Überreste einer minoischen Öl- und einer Weinpresse. Zahlreiche hier gefundene Webgewichte weisen auf das einstige Vorhandensein zumindest eines Webstuhls hin.
Di–So 8.30–15 Uhr | Eintritt frei
19 km südl. von Iráklio

Im Fokus
Minos und Zeus – die Welt der kretischen Mythen

Unser Kontinent hat seinen Namen der phönizischen Königstocher Europa zu verdanken, die Ägäis ist nach einem athenischen König aus grauer Vorzeit benannt. Die kretische Mythologie gleicht einer Seifenoper, in der Erotik und Macht die wichtigsten Rollen spielen.

Rohe Gewalt und wahre Mutterliebe bestimmen schon die Anfänge der griechischen Götterwelt. Aus dem Chaos entstanden Himmel und Erde (Ouranos und Gaia) als erste Göttergeneration. Ihr Sohn Zeit (Krónos) entmannte seinen Vater und folgte ihm auf dem Götterthron. Um sich das ihm schon prophezeite Schicksal seines Vaters zu ersparen, verschlang er all seine Kinder, die ihm seine Schwester und Gattin Rhea gebar. Doch als sie Zeus in einer Höhle am Psilorítis auf Kreta das Leben schenkte, schob sie dem Vater statt des Neugeborenen einen in Windeln gewickelten Stein unter – und übergab den göttlichen Säugling der Nymphe Almathía, die ihn in einer Höhle auf der Lassíthi-Hochebene mit Ziegenmilch nährte. Kureten genannte Diener mussten das gelegentliche Geschrei des Babys mit Waffentänzen übertönen, damit der Vater es nicht vernahm. Zum Jüngling herangewachsen, verließ Zeus die Höhle, ermor-

◄ Rekonstruktion eines Fresko in Knossós
(▶ S. 71) aus der Zeit 1450 bis 1400 v. Chr.

dete seinen Erzeuger und bestieg selbst als Göttervater der dritten Generation den olympischen Thron. Zuvor hatte er seinem Vater Krónos noch ein Brechmittel verabreicht, damit dieser all seine von ihm verschlungenen Kinder wieder ausspie. Zeus ernannte sie zu seinen »Ministern« und wies jedem eine besondere Aufgabe zu.

WENN GÖTTER SICH VERLIEBEN …

Nach guter Göttersitte nahm er seine Schwester Hera zur Frau. Der war er allerdings überhaupt nicht treu. So verliebte sich der nicht mehr ganz junge, inzwischen rauschebärtige Gott auch einmal in eine phönizische Königstochter. Er war Realist genug um zu wissen, dass er trickreich vorgehen musste, um sie zu gewinnen. Also verwandelte er sich in einen kraftvollen weißen Stier. So näherte er sich der kleinen Prinzessin, die mit ihren Gespielinnen an den Gestaden ihrer vorderasiatischen Heimat Blumen pflückte. Sanft legte er sich zu ihren kleinen Füßen nieder. Als sich die Königstochter vertrauensvoll auf seinen Rücken setzte, stürzte er mit ihr davon und trug sie übers Mittelmeer an die Südküste Kretas. Am Strand von Mátala gingen sie an Land. In Górtys feierten sie, wie man so schön sagt, Hochzeit unter einer Platane, deren angeblicher Spross dort heute noch betrachtet werden kann. Die Braut hieß Europa, ihr Sohn wurde als Minos erster König der Insel. Er blieb als großer Gesetzgeber und gerechter Herrscher lebendig, in dessen Reich Wohlstand und Frieden herrschten.

MINOTAURUS – HALB MENSCH, HALB STIER

Auch der Stier blieb in Erinnerung als heiliges Tier der minoischen Zeit. Zahllos sind die einzigartigen Kunstwerke im Besitz des Archäologischen Museums von Iráklio, zahlreich auch die Überreste von Städten und Palästen, Villen und Gräbern. Am berühmtesten von allen archäologischen Stätten ist **Knossós**. Hier soll der sagenhafte König Minos residiert haben; hier vermuten manche auch das berühmte kretische Labyrinth. Der legendäre Dädalus, der später mit seinem Sohn Ikarus zum ersten Flieger der Menschheitsgeschichte avancierte, hatte es im Auftrag des Minos entworfen. Minos ließ darin den Minotaurus einsperren, ein gefräßiges Ungeheuer, halb Mensch, halb Stier. Auch der war ein Produkt unzähmbarer Lüsternheit.

Meeresgott Poseidon, ein Bruder des Zeus, hatte Minos zum Zeichen seiner Anerkennung als Herrscher über Kreta einen Stier von unvergleichbarer Schönheit geschenkt. Minos hätte ihn sogleich wieder dem Gott opfern und damit seine Demut bekunden sollen, behielt ihn aber lieber für sich. Das erzürnte Poseidon. Seine Rache traf Pasiphae, die Gemahlin des kretischen Königs. Er erfüllte sie mit dem brennenden Verlangen, sich dem Stier hinzugeben. Wieder einmal musste Dädalus Erfindungsgeist beweisen und eine Lösung finden. Er schuf eine hölzerne Kuh, in die Pasiphae hineinschlüpfen konnte. Der Stier des Poseidon erkannte die Täuschung nicht – und bald darauf gebar die Liebeskranke den schrecklichen Minotaurus. Dessen Lieblingsnahrung waren Jünglinge und Jungfrauen aus Athen. Regelmäßig musste der König aus der heutigen Hauptstadt Griechenlands eine Gruppe von ihnen als Sühneleistung für den Mord an Androgeos, einem Sohn des Minos, nach Kreta entsenden. Erst der spätere athenische Nationalheld Theseus entband ihn von dieser traurigen Pflicht. Er reiste mit einer Gruppe Totgeweihter nach Knossós, um den Minotaurus zu töten. Ariadne, eine Tochter des Minos, verliebte sich in ihn und bot ihm ihre Hilfe an. Vom erfinderischen Dädalus erhielt sie den Tipp mit dem »Ariadne-Faden«, den Theseus entrollte, als er sich ins Labyrinth wagte. Es gelang ihm, das Ungeheuer zu töten und dank des Fadens wieder aus dem dunklen Gängegewirr herauszufinden.

UNTER SCHWARZEN SEGELN

Ariadne freilich musste mit dem Geliebten und seinen Mannen fliehen. Als sie aber mit ihrem Schiff zur Kykladeninsel Náxos gelangten, verlangte es den Gott Dionysos, zuständig für Wein, Fruchtbarkeit, wilde Lust und Theater, nach der schönen Tochter des Minos. Er befahl dem Helden Theseus, ohne sie weiterzufahren. Traurig darüber vergaß er nun eine Vereinbarung, die er mit dem sehnsüchtig auf seine Rückkehr wartenden Vater, König Ägäus von Athen, getroffen hatte. Statt weiße Segel zu setzen, wie für den Fall seines Überlebens abgemacht, näherte er sich der Heimat unter schwarzen Segeln, die seinen Tod signalisierten. Als König Ägäus sie sah, stürzte er sich verzweifelt in das Meer, das bis heute seinen Namen trägt – die Ägäis. Theseus nahm später Phädra, eine Schwester der Ariadne, zur Frau. Die Blutsbande zwischen Athen und Kreta blieben damit erhalten. Phädra war dem Theseus allerdings keine gute Gattin: Sie verliebte sich in seinen keuschen, nur an der Jagd interessierten Sohn, also ihren Stiefsohn, Hippolytos, den Theseus mit einer einbrüstigen Amazone gezeugt hatte. Der wies ihr heißes Begehren zurück.

Aus Rache stellte sie Theseus gegenüber die Tatsachen auf den Kopf und beschuldigte den Stiefsohn, ihr nachgestellt zu haben. Der verfluchte Hippolytos und verursachte damit seinen Tod durch einen Sturz vom Streitwagen, Phädra beging Selbstmord.

Dädalus hatte inzwischen in Knossós Probleme bekommen. Seine Unterstützung für Pasiphae und für den Athener Theseus wurde ruchbar. Dädalus sann auf Flucht. Er klebte Vogelfedern mit Wachs zusammen und erhob sich zusammen mit seinem Sohn Ikarus in die Lüfte.

WIE EIN VOGEL DER SONNE ENTGEGEN

Beide Flieger sind übrigens heute auf Kreta als schönes modernes Denkmal über dem Hafen von Agía Galíni zu fotografieren. Über der Ägäis kam der junge Ikarus aber übermütig der Sonne zu nahe. Das Wachs schmolz. Ikarus stürzte bei der heute nach ihm benannten Insel Ikaría ins Meer und wurde so zum ersten Absturzopfer der Weltgeschichte. Dädalus aber entkam auf seinem Mittelstreckenflug sicher nach Sizilien, wo er Aufnahme am Hofe des Königs Kokalos fand. Nach einer Variante des griechischen Mythos geht die Geschichte noch weiter: Dädalus errichtete dem Kokalos eine uneinnehmbare Burg und viele andere innovative Bauwerke, die ihn für den sizilianischen Herrscher unentbehrlich machten. Minos allerdings hegte Rachegelüste. Um herauszufinden, wo Dädalus sich aufhielt, sandte er Boten mit einem Rätsel an alle Königshöfe der ihm bekannten Welt. Sie sollten erklären, wie man einen Faden durch eine spiralförmige Meeresschnecke ziehen könne. Von Kokalos kam die richtige Antwort: indem man einen Faden an eine Ameise bindet und sie mit Honig durchs Gehäuse lockt. Da wusste Kokalos, wo Dädalus sich aufhielt, und fuhr hin. Kokalos empfing ihn scheinbar freundlich und ließ dem kretischen Herrscher sogar ein Bad anrichten. Als der dann, verzaubert vom Anblick der hübschen und sicher nur leicht bekleideten Töchter des Kokalos wehrlos in der Wanne saß, ließ er ihn von seinen Töchtern töten. So fand Minos sein Ende – und Kreta wurde reif für die Übernahme der Insel durch die wahren Griechen.

Eins sollte man bei aller Beschäftigung mit der kretischen Mythologie stets vor Augen haben: Aus minoischer Zeit selbst liegen keinerlei schriftliche Dokumente vor. Niemand weiß, wer die Minoer waren, wie sie dachten, lebten und liebten. Kreta ist voll von Mythen – aufgeschrieben aber wurden sie erst Jahrhunderte nach dem Untergang der Minoer von altgriechischen Autoren des 1. Jahrtausends v. Chr. Weil ihre Geschichten aber so schön und spannend sind, sind sie auf Kreta in aller Munde.

CHANIÁ UND DER WESTEN

Kretas zweitgrößte Stadt hat weit mehr Charme als das doppelt so große Iráklio, das Chaniá erst 1972 als Inselhauptstadt ablöste. In der Altstadt gibt es noch Straßen ohne Autoverkehr, und der Hafen ist – anders als in Iráklio – von Restaurants und Tavernen gesäumt.

Die Markthallen und der Stadtpark der Neustadt zeugen ebenso wie die zum Teil unter Denkmalschutz stehenden Villen im Vorort Chalépas von Chaniás glanzvollster Zeit, als es die Hauptstadt eines selbstständigen Kreta war (1898–1913). Die Türken waren abgezogen, Kreta regierte sich unter dem Schutz Frankreichs, Großbritanniens, Italiens und Russlands selbst. Viele Nationen waren durch Botschafter und Konsuln repräsentiert. Griechenland war durch Prinz Georg als Hochkommissar vertreten.

BEWEGTE VERGANGENHEIT

Auch aus anderen Epochen hat sich in Chaniá einiges erhalten. Minarette und Moscheen, der Leuchtturm und viele Holzbalkone erzählen von den Jahrhunderten der türkischen Besatzung; Ruinen von Werft- und Lagerhallen, die Stadtmauer und zahlreiche Patrizierhäuser erinnern an Vene-

◀ Chánias Hafen (▶ S. 82) ist ein zauberhaftes Relikt aus der venezianischen Ära.

digs Herrschaft, als die Stadt »La Candia« hieß. Am Hafen warten Fiaker auf Kundschaft, und in manchen Altstadtgassen bieten zahlreiche Lederhändler, Klingenschmiede und Brautausstatter wie in vergangenen Epochen ihre Waren an. Viele Häuser in der Altstadt sind in stilvolle, komfortable Hotels verwandelt worden. Auch die Tavernen zehren von der Historie, bewirten ihre Gäste in alten Hausruinen unter freiem Himmel oder in uralten Gewölben. Nur aus der Antike ist in Chaniá, zumindest außerhalb des Archäologischen Museums, wenig zu sehen. Dabei hat der sagenhafte König Kydon, der das heutige Chaniá um 2200 v. Chr. gründete, sogar einer Frucht seinen Namen gegeben: dem Kydonsapfel, bei uns Quitte genannt. Für einen reinen Badeurlaub eignet sich Chaniá weniger. Der Strand am westlichen Ortsrand ist häufig überfüllt und nicht attraktiv. Eine Alternative bieten die weiter westlich der Stadt gelegenen Badeorte Agía Marína und Plataniás, die Linienbusverbindungen mit Chaniá haben. Da kann man tagsüber baden und abends Chaniá genießen.

Chaniá ist auch ein guter Ausgangspunkt für Ausflüge in ganz Westkreta. An der Westküste erwarten den Reisenden zwei südseehafte Lagunen, die Südküste jenseits der fast 2500 m hohen Weißen Berge wartet mit nur wenigen Orten und viel einsamer Landschaft auf. Die meisten Hotels stehen an der Nordküste außer bei Chaniá in Georgioúpolis mit seinem besonders langen Sandstrand. Und ganz im Westen träumt da das stille Landstädtchen Kíssamos-Kastélli vor sich hin.

CHANIÁ

Stadtplan ▶ S. 83
108 000 Einwohner

SEHENSWERTES

❶ Ausgrabungen

An der Odós Kanevárо in der östlichen Altstadt wurden in den 1960er-Jahren die Grundmauern mehrerer minoischer Gebäude freigelegt.
Kein Zutritt, Einblick von der Straße aus

🚩 D2 Aussichtspunkt Profítis Ilías

Einen traumhaften Blick über die Bucht von Chaniá und ihr Hinterland mit den bis in den Mai hinein schneebedeckten Weißen Bergen genießt man vom 122 m hohen Hügel Profítis Ilías aus, auf dem auch die Gräber von Eleuthérios und Sofoklís Venizélos liegen. Beide Staatsmänner – Vater und Sohn – wurden in Chaniá geboren und waren Ministerpräsidenten des Landes.

Stadtbus 11 ab Markthalle | ständig frei zugänglich

2 Hafen

Im westlichen Teil des riesigen Hafenbeckens, zwischen Janitscharen-Moschee und Fírkas-Bastion, reiht sich Restaurant an Restaurant, Café an Café. Fischerboote, Jachten und Ausflugsdampfer liegen im östlichen Teil des Hafens mit seinen Fischtavernen. Für größere Pötte ist der gesamte Hafen von Chaniá zu klein: Sie müssen wegen der zu geringen Wassertiefe ebenso wie die Autofähren von Piräus den Hafen Soúda 8 km östlich von Chaniá anlaufen.

> **Chaniás Hafenmole als Laufsteg**
>
> Die mittelalterliche Hafenmole gleicht einem langen Laufsteg. Gesunde Salzluft füllt die Lungen, kein Autolärm stört, die große Altstadt wirkt wie die Kulisse eines Historienfilms, der Blick vom Dach eines winzigen Kastells schweift weit übers Meer (▶ S. 12).

3 Kirche Ágios Nikólaos

Interessant ist in Chaniá nur die Kirche Ágios Nikólaos an der Platía 1821 in der östlichen Altstadt. Wie viele andere Kirchen auch, wurde sie in türkischer Zeit als Moschee genutzt und erhielt als sichtbares Zeichen dafür ein hohes Minarett. Nach der erneuten Weihe als griechisch-orthodoxe Kirche im Jahre 1912 setzten die Christen auf die andere Seite des Baus einen Glockenturm. Auf dem Platz davor lässt sich gut ein Kaffee abseits des großen Trubels genießen.
Meist vormittags geöffnet

4 Moschee

Die 1645/46 erbaute, heute nur noch gelegentlich für Verkaufsausstellungen genutzte Moschee am Hafen ist eins der Wahrzeichen der Stadt. Zeitweise war sie die Gebetsstätte der Janitscharen, einer Elitetruppe der osmanischen Sultane. Sie wurde von jungen Männern gebildet, die als Kleinkinder christlichen Eltern geraubt wurden und eine streng militärische Erziehung genossen. Sie galten immer dem jeweiligen Sultan als besonders treu ergeben.
Nur zu Ausstellungszeiten zugänglich

5 Stadtmauern und Arsenale

Die mächtigen Befestigungen, die die Venezianer im 14. Jh. anlegten und im 16. Jh. verstärkten, haben sich im Westen und Osten der Altstadt am besten erhalten. Ein schöner Blick über die Altstadt bietet sich von der Schiavo-Bastion. Die Arsenale am Hafen sind die eindrucksvollen Überreste von einst 23 Werfthallen, in denen Galeeren gebaut und im Winter eingelagert wurden.

6 Stadtpark

Der für kretische Verhältnisse recht große Stadtpark ist ein beliebter Treffpunkt der Einheimischen. Im kleinen Zoo (Eintritt frei) werden auch einige kretische Wildziegen, die sogenannten kri-kri, gehalten, das Park-Café ist das stilvollste Kaffeehaus der Stadt. Im Sommer zeigt ein Open-Air-Kino aktuelle Filme.

Chaniá | 83

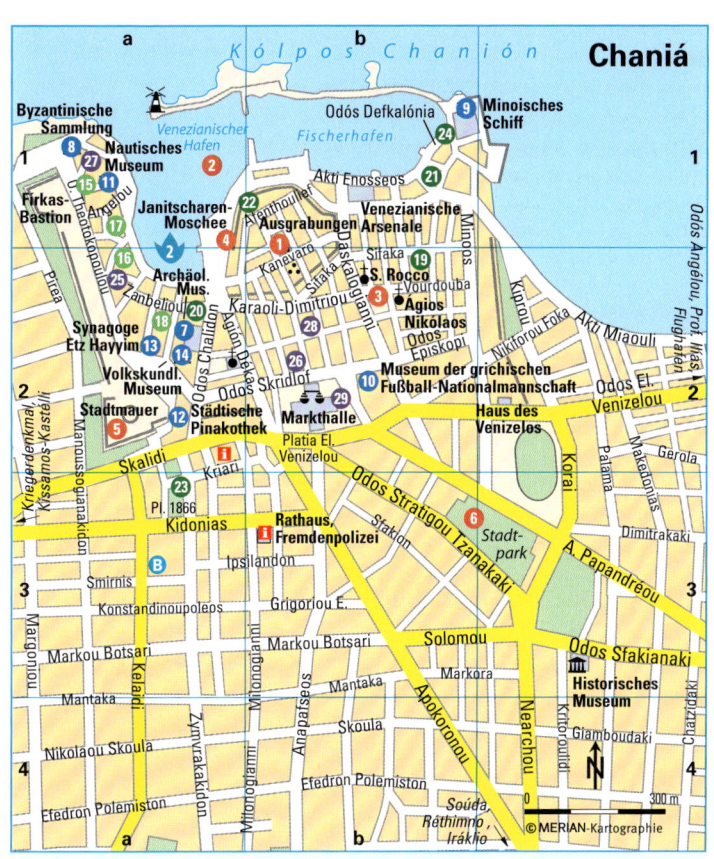

SEHENSWERTES
1. Ausgrabungen
2. Hafen
3. Kirche
4. Moschee
5. Stadtmauern und Arsenale
6. Stadtpark

MUSEEN UND GALERIEN
7. Archäologisches Museum
8. Byzantinische Sammlung
9. Minoisches Schiff
10. Museum der griechischen Fußball-Nationalmannschaft
11. Nautisches Museum
12. Städtische Pinakothek
13. Synagoge Etz Hayyim
14. Volkskundliches Museum

ÜBERNACHTEN
15. Alcanea
16. Casa Delfino Suites
17. Contessa
18. Rooms Chaniá

ESSEN UND TRINKEN
19. Adéspoto
20. Bohème
21. Glossítses
22. Monastiraki
23. Café Kípos
24. Lounge Caffé

EINKAUFEN
25. Exantas
26. Anna Riska/Tsigaloglou
27. Carmela
28. Georgína Skalídi
29. Markthalle

Momente
- Chanias Hafenmole als Laufsteg

MUSEEN UND GALERIEN

7 Archäologisches Museum

Das Bezirksmuseum in der Kirche San Francesco im gotischen Stil aus venezianischer Zeit birgt Funde von der minoischen bis zur römischen Epoche. Besonders interessante Objekte sind spätminoische Sarkophage, römische Fußbodenmosaike sowie ein minoischer Kochtopf mit einer Herdstelle und Kinderspielzeug aus dem 8. Jh. v. Chr. Einzigartig ist ein Siegel aus dem 15. Jh. v. Chr., das in der Vitrine 10 am ersten linken Pfeiler des Mittelschiffs ausgestellt ist. Es ziert auch die Vorder- und Rückseite des an der Kasse kostenlos ausgegebenen Museumsprospekts. Das Siegel zeigt ein mehrgeschossiges minoisches, von Stierhörnern bekröntes Gebäudeensemble mit zwei Toren, das wie eine kleine Stadt wirkt. Vielleicht ist es das auf dem Kastélli-Hügel verortete minoische Chaniá.

Odós Chalidón 25 | April-Okt. tgl. 8–20, Nov.–März Di–So 8–15 Uhr | ♿ | Eintritt 4 €

8 Byzantinische Sammlung

Kleine Ausstellung mit sieben Ikonen, Resten von neun mittelalterlichen Fresken, einem Mosaik und Kleinobjekten.

Odós Theotokópoulou 78 | Di–So 8–15 Uhr | Eintritt 2 €

9 Minoisches Schiff

In einer ehemaligen venezianischen Werfthalle steht die »Minoa«, der seetüchtige Nachbau eines über 3500 Jahre alten minoischen Schiffs, das 2004 von Chaniá nach Piräus fuhr.

Das gotische Gewölbe, in dem heute das Archäologische Museum (▶ S. 84) seine Funde zeigt, stammt von der im 17. Jh. erbauten Klosterkirche San Francesco.

Aktí Enosséos/Odós Defkalónios | www.mar-mus-crete.gr | Mai–Okt. Mo–Sa 9–17, So 10–18 Uhr | Eintritt 2 €

🔟 Museum der griechischen Fußball-Nationalmannschaft

Profanem ist das neue private Museum in Chaniá gewidmet, das wohl als Spätfolge der griechischen Europameisterschaft 2004 gesehen werden darf.
Odós Tsouderón 40 | meist 10–13 und 16.30–20.30 Uhr | Eintritt frei

1️⃣1️⃣ Nautisches Museum

In einer Bastion der venezianischen Stadtmauer werden Schiffsmodelle, Porträts berühmter Admiräle, Geräte zur Seefahrtsgeschichte von der Antike bis heute gezeigt. Besonders eindrucksvoll ist die Dokumentation der deutschen Besetzung Kretas während des Zweiten Weltkriegs.
Fírkas-Bastion | www.mar-mus-crete.gr | April–Okt. Mo–Sa 9–17, So 10–18, Nov.–März Mo 11–17, Di–So 8–15 Uhr | Eintritt 3 €

1️⃣2️⃣ Städtische Pinakothek

Die in einer Art Kaufhaus aus der Zeit um 1910 untergebrachte Galerie zeigt Kunstwerke aus städtischem Besitz und im Sommer Wechselausstellungen.
Odós Chalídon 98–102 | www.pinakothiki-chania.gr | Mo–Sa 10–14, Mo–Fr auch 19–22 Uhr | Eintritt 2 €

1️⃣3️⃣ Synagoge Etz Hayyim

Gedenkstätte und Museum in einer 1669 zur Synagoge umgebauten venezianischen Kirche aus dem 16. Jh.
Paródos Kondiláki | www.etz-hayyim-hania.org | Mai–Mitte Okt. Mo–Fr 10–18 Uhr | Spende von 2 € erbeten

1️⃣4️⃣ Volkskundliches Museum

Das private »Folklore Museum« zeigt mithilfe von Wachsfiguren und historischen Objekten eindrucksvoll, wie einfache Menschen und Handwerker früher auf Kreta lebten und arbeiteten.
Odós Chalidón 46 B | Mo, Di, Do, Fr 9–18, Mi, Sa 9–17, So 11–16 Uhr | Eintritt 2 €

ÜBERNACHTEN

1️⃣5️⃣ Alcanea

Hafennah – Kleines Boutique-Hotel mit völlig unterschiedlich gestalteten Zimmern, Terrassen und Patios in einem venezianischen Haus.
Odós Angélou 2 | Tel. 28 21 07 53 70 | www.ariahotels.gr | 8 Zimmer | €€–€€€€

1️⃣6️⃣ Casa Delfino Suites

Luxuriös – Beste Adresse in der Altstadt ist dieses Patrizierhaus mit Innenhof und Dachterrasse. Wer in dem zweigeschossigen Penthouse oder der Presidential Suite wohnt, hat von der Terrasse aus einen grandiosen Blick.
Odós Theofánous 9 | Tel. 28 21 09 30 98 | www.casadelfino.com | 24 Zimmer und Suiten | €€€€

1️⃣7️⃣ Contessa

Filmrolle – Die kleine, recht preiswerte Pension am Hafen hat auch schon in der Sorbas-Verfilmung mitgewirkt. Das Altstadt-Haus stammt aus der Zeit um 1800.
Odós Theofánous 15 | Tel. 28 21 09 85 65 | www.booking.com | 6 Zimmer | €€

1️⃣8️⃣ Rooms Chaniá

Preiswert – Altstadt-Pension an einer abends sehr belebten Gasse nahe der

Synagoge mit völlig individuellen Zimmern, manche mit Blick in den Hof des Archäologischen Museums.
Odós Kondiláki 31 | Tel. 28 21 09 91 92 | www.kaloi-kardia.com | 12 Zimmer | €

ESSEN UND TRINKEN
RESTAURANTS
19 Adéspoto
Romantisch – Taverne in der Altstadt, zwar ohne Meerblick, doch dafür mit einem schönen Blick auf mittelalterliche Mauern. Täglich ab 19.30 Uhr griechische Livemusik.
Odós Sfikáka 36 | Tel. 28 21 05 15 82 | tgl. ab 19 Uhr | €€

20 Bohème ▶ S. 83, a 2
Das Restaurant, das sich zum Feinschmeckertreff der Stadt gemausert hat, pflegt eine kreative, junge kretische Küche mit vegetarischen Gerichten.
Chaniá, Odós Chalidón 26–28 | Tel. 28 21 09 59 55 | tgl. 9–3 Uhr | €€

21 Glossítses
Edelküche der Krisenzeit – Risotto mit Krabben statt mit Langusten, Stockfisch mit Knoblauchpüree statt Seezunge. Die Kreter sind begeistert!
Aktí Enoséos 4 | tgl. ab 13 Uhr | €€

22 Monastiraki
Regionale Küche – Exzellente Taverne direkt am Hafen, aufgetischt werden viele typisch kretische Spezialitäten.
Aktí Tombási 12 | tgl. ab 12 Uhr | €€€

CAFÉS
23 Café Kípos
Im stilvollsten Café der Stadt wird der Mokka noch in den traditionellen Kupferkännchen mit langem Stiel serviert, ist die Auswahl an orientalischem Kuchen und europäischen Torten exzellent. Es gibt die traditionellen, in Zuckersirup eingelegten Früchte, aber auch diverse Champagner-Labels.
Im Stadtpark | Tel. 28 21 05 45 20 | www.kiposcafe.gr | tgl. ab 8 Uhr | ♿ | €€

24 Lounge Caffé
In einer alten venezianischen Werfthalle richtete der Jachtclub von Chaniá ein schickes Café ein, das auch für Ausstellungen genutzt wird. Groß ist die Auswahl an kretischen Kräutertees, die mit Honig gesüßt und teilweise auch mit griechischem Safran gewürzt werden können.
Aktí Enosséos/Ecke Odós Defkalíonos | Tel. 28 21 04 02 65 | tgl. ab 11 Uhr | €€

EINKAUFEN
DESIGNER-TASCHEN
25 Exantas
Die niveauvollste Buchhandlung der Stadt bietet auch griechische Buchkunst, historische Fotos sowie anspruchsvolle griechische Musik an.
Odós Zambéliou/Ecke Odós Moshón | tgl. 11–22 Uhr

26 Designer-Mode Anna Riska/Tsigalóglou
Griechische Designermode für Damen gibt es bei Anna Riska, Mode für Herren in der Tsigalóglou Collection im Haus nebenan.
Odós Tsouderón 12 und 14

KUNSTHANDWERK
Viele Kunsthandwerksläden finden sich im Altstadtviertel Topánas.

27 Carmela ▶ S. 41

Obst und Gemüse, Käse und Wein, Oliven, Nüsse, Honig: In der Markthalle von Chánia (▶ S. 87) warten diese Genüsse – ansprechend präsentiert – auf Käufer.

LEDERWAREN

Schuster und Lederwarenhändler konzentrieren sich in der Altstadtgasse Odós Skrídlof.

28 Georgína Skalídi 🚩

Ungewohnte Farbkombinationen, eine Vorliebe für geometrische Formen und eine geniale Kombination von Klassik und Moderne zeichnen die Taschen der Designerin aus Thessaloniki aus.

Chaniá, Odós Chatz. Dalianí 58

29 Markthalle

An Chaniás Hauptplatz, der Platía El. Venizélou an der Grenze zwischen Alt- und Neustadt, ließen sich die Chanioten im Jahre 1911 ihre Markthalle in der Form eines gleichschenkligen Kreuzes erbauen. Sie ist heute stark touristisch geprägt.

KULTUR UND UNTERHALTUNG

Urlauber und Einheimische treffen sich im Altstadtviertel am westlichen Hafenrund, wo Musik-Cafés und Restaurants mit kretischer Livemusik um Kunden werben. Die Jugend trifft sich hingegen in den Discos am östlichen Rand des Hafenbeckens hinterm Hotel Porto Veneziano.

AKTIVITÄTEN

Cabrio-Busse 👪

Chaniá kann man auch im Cabrio-Bus erleben. Die Passagiere sitzen auf dem dachlosen Oberdeck eines klassischen London-Sightseeing-Busses. Man kann auch an verschiedenen Stationen aus- und einsteigen.

Chaniá Sightseeing Tours: Odós Kydonías 84/Odós Koronéou | Tel. 28 21 09 99 70 | www.explorecrete.com

SERVICE

AUSKUNFT

Städtische Tourist-Information

Im Sommer gibt es meist Infostände vor der Markthalle und an der Janitscharen-Moschee am Hafen, die auch nachmittags und an Wochenenden besetzt sind. Hier erhält man Broschüren, Stadtpläne, Wanderkarten etc.
Odós Kidonías 29 | Tel. 28 21 03 61 55 | www.chania.eu | Mo–Sa 8–14.30 Uhr

Griechische Zentrale für Fremdenverkehr

Odós Kriári 40 | Tel. 28 21 09 26 24 | Mo–Fr 9–14 Uhr

VERKEHR

Busbahnhof (Fernbusse)

Odós Kelaídi | Tel. 28 21 09 12 88 | www.e-ktel.com

Busstation (Stadtbusse)

Markthalle | Tel. 28 21 02 70 44 | www.chaniabus.gr

Kutschfahrten

Pferdedroschken warten an der Janitscharen-Moschee am Venezianischen Hafen auf Fahrgäste. Der Preis und ein Stadtplan mit eingezeichneter Fahrtstrecke hängen an jeder Kutsche (Touren ab 15 €/Kutsche).

Taxi

Markthalle | Tel. 28 21 09 87 00 | www.chaniataxi.gr

Ziele in der Umgebung

AKROTÍRI-HALBINSEL   D/E 2

Auf der Halbinsel gleich nordöstlich von Chaniá liegen mehrere Dörfer, der Flughafen und eine Raketenab-

Am Südrand des Gebirgszuges von Akrotíri befindet sich das 1631 gegründete und der hl. Dreifaltigkeit geweihte Kloster Agía Triáda (▶ S. 89).

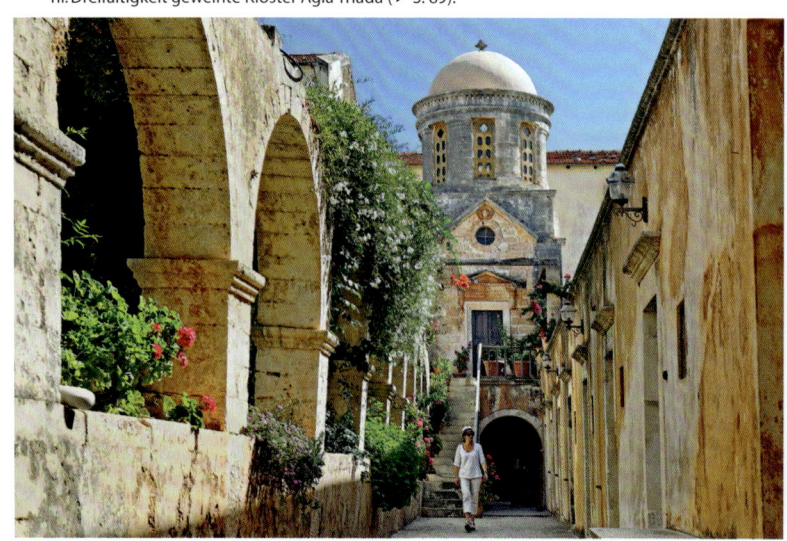

schussbasis der NATO, auf der auch Bundeswehrsoldaten stationiert sind. Für den Urlauber interessant sind die bis zu 528 m hohen Berge, die die Halbinsel nach Norden hin abschließen. Hier kann man die beiden Mönchsklöster Agía Triáda (17. Jh., tgl. 9–18 Uhr, Eintritt 2 €) und Gouvernéto (16. Jh., Ostern–Sept. Mo, Di, Do 9–12 und 17–19, Sa, So 5–11 und 17–20 Uhr; Okt.–Ostern Mo, Di, Do 9–12 und 16–18, Sa, So 5–11 und 16–19 Uhr, Eintritt frei) besuchen. Das Dorf Stavrós an der Küste mit seinem Sandstrand und Tavernen war einer der Drehorte des Filmklassikers »Alexis Sorbas«. Auf dem Soldatenfriedhof an der Straße vom Flughafen nach Soúda sind 1527 Opfer des deutschen Überfalls auf Kreta im Jahre 1941 begraben.

Rundfahrt ab/bis Chaniá ca. 50 km

◉ ÁPTERA　　　　　　E3

Einsam gelegenes Ruinenfeld auf einem 200 m hohen Plateau über der Küste von Soúda mit Resten einer türkischen Burg und Zeugnissen einer antiken griechisch-römischen Stadt. Sie erlebte ihre Blütezeit in der hellenistisch-römischen Epoche. Damals war sie von einer teilweise noch erhaltenen Mauer umgeben. Zu sehen sind eine relativ gut erhaltene, L-förmige römische Zisterne, Reste eines dorischen Tempels, Grundmauern zeugen von einer römischen Therme und einer Villa, in deren Nähe die Ränge eines hellenistischen Theaters freigelegt wurden. Die Venezianer errichteten auf der antiken Stätte das Kloster Ágios Ioannis Théologos, das heute leer steht.

Di–So 8–15 Uhr | Eintritt 3 €
14 km östl. von Chaniá

◉ GEORGIOÚPOLIS　　　　　E3

2400 Einwohner

Der »Jorjúpolis« ausgesprochene Ort – der Name erinnert an Prinz Georg, der von 1898 bis 1905 Hochkommissar von Kreta war – hat sich in den 1990er-Jahren vom Fischerdorf zum populären Urlaubsziel entwickelt. Die neuen Hotels liegen nahezu ausschließlich am über 10 km langen Sandstrand östlich des Ortskerns, der noch weitgehend seinen alten, anheimelnden Charakter beibehalten hat. Auf dem Dorfplatz spenden einige der höchsten Eukalyptusbäume Kretas Schatten. In der größeren von zwei Flussmündungen liegen mehrere Fischer-Kaikis. In den beiden kurzen Flussläufen leben im dichten Schilf Sumpfschildkröten und Aale. Auf dem größeren Fluss kann man auch Tretbootfahrten unternehmen. Zwischen beiden Flüssen führt direkt vom kleinen Zentralstrand aus ein etwa 80 m langer Damm hinüber zur modernen Kapelle Ágios Nikólaos, die auf einem winzigen Felsinselchen thront. Damit die Stromrechnung für die abends sehr effektvolle Anstrahlung bezahlt werden kann, hängt gleich neben dem Eingang unübersehbar ein Opferstock.

37 km östl. von Chaniá

ÜBERNACHTEN

Corissia Princess ▶ S. 23

Pension Stélios Kokolákis

Tadellos – Die beste Übernachtungsadresse für Individualurlauber ist ganzjährig diese preiswerte und pieksaubere Pension nahe dem Dorfplatz. Tel. 28 25 06 13 08 | www.steliosrooms.com | 15 Zimmer | €

ESSEN UND TRINKEN
RESTAURANTS
Arkádi
Fischessen am Meer – Nahe dem Ufer genießt man hier frischen Fisch perfekt gegrillt und vielerlei gute Vorspeisen.
Am Ortsrand auf der Nordseite des Hafens | Tel. 28 25 06 11 66 | tgl. ab 12 Uhr | €€

CAFÉS
Sweethouse
Eine der besten Konditoreien der Insel. Kuchen und Torten sind ebenso ausgezeichnet wie das Eis, die Smoothies und die Milkshakes.
Platía | Tel. 28 25 06 13 07 | €

◎ FRES E 3
400 Einwohner

Durch den Torbogen am Dorfplatz führt ein gut befahrbares Sträßlein zur 1,5 km außerhalb ganz einsam gelegenen Felskapelle Panagia ton dion vrachon (Allheilige zu den beiden Felsen), deren Festplatz mit langen Tischen und Bänken in einem sehr liebevoll angelegten Felsgarten sich hervorragend für ein (mitgebrachtes) Picknick zwischen Oleander und Opuntien, Rosen, Efeu, Glyzinien, Feigen- und Olivenbäumen eignet.
25 km südöstl. von Chaniá

◎ KALÍVES E 3
1300 Einwohner

Kalíves bedeutet so viel wie »Hütten«, doch davon kann heute keine Rede mehr sein. Kalíves ist ein ländlicher Küstenort mit einem schönen, etwa 300 m langen Sandstrand und ohne Massentourismus.
18 km östl. von Chaniá

ÜBERNACHTEN
Kalýves Beach
Zentral – All-inclusive-Hotel direkt im Ortszentrum am Ufer des kleinen Flusses Xída und am Strand. Die modern ausgestatteten Zimmer sind in unterschiedlichen Farben gehalten und haben entweder Blick auf Garten und Fluss, Meer oder die Weißen Berge.
Tel. 28 25 03 12 85 | www.seacretehotels.com | 99 Zimmer | €€

◎ KOLIMBÁRI C 2
1000 Einwohner

Das große Dorf in der äußersten Südwestecke der Bucht von Chaniá ist recht unscheinbar und öffnet sich erst jetzt dem Tourismus. Es gibt weder einen erkennbaren Ortskern noch eine lange Uferpromenade, auch der Hafen ist schmucklos-funktional. Ein langer Kies-Kiesel-Strand beginnt direkt im Ort und zieht sich kilometerlang nach Osten. Nördlich des Ortes steht das schon im 9. Jh. gegründete, aber erst 1634 in seiner heutigen Form angelegte Kloster Goniás mit einer Ikone an der rechten Seitenwand, deren Darstellung des Jüngsten Gerichts recht außergewöhnlich ist: Hier sind auch berühmte Heiden wie der römische Kaiser Augustus, der persische Despot Darius und der Welteroberer Alexander der Große ins christliche Paradies gelangt. Noch 1 km weiter nördlich fällt der große, moderne Bau der Orthodoxen Akademie ins Auge, der 1965–1968 weitgehend von der deutschen Evangelischen Kirche finanziert wurde, um ein Zeichen der Versöhnung zu setzen. Hier finden u. a. ökumenische Begegnungsseminare statt.
24 km westl. von Chaniá

Georgioúpolis, Kalíves, Kolimbári, Kournás-See, Máleme | 91

◎ KOURNÁS-SEE 👣 ⚑ E3

Kretas größter Binnensee liegt eingeschlossen von Bergen unweit des Meeres. Er misst etwa 1,3 km im Durchmesser und ist bis zu 64 m tief. Man kann hier schwimmen und Tretboot fahren. Oberhalb der sehr großen Tavernen am See werden einige Privatzimmer vermietet.

37 km östl. von Chaniá

◎ MÁLEME ⚑ C2
700 Einwohner

Nahe diesem Dorf haben auf einem Soldatenfriedhof 4465 deutsche Soldaten ihre letzte Ruhestätte gefunden. Máleme war wegen seines strategisch günstig gelegenen Flugplatzes eines der Hauptangriffsziele der Deutschen bei der Invasion 1941.

19 km westl. von Chaniá

◎ OMALÓS-HOCHEBENE ⚑ D3

Die 25 km² große Ebene in 1050 m Höhe ist Weideland für Schafe.

29 km südl. von Chaniá

◎ SAMARIÁ-SCHLUCHT 🔟 ▶ S. 158

40 km südl. von Chaniá

ÜBERNACHTEN

Neos Omalós Hotel

Für Schluchtengänger – Gut für eine Zwischenübernachtung geeignet, wenn man in die Samariá-Schlucht will.

Im Ortszentrum | Tel. 28 21 06 75 90 | www.neos-omalos.gr | 26 Zimmer | €

◎ PLATANIÁS ⚑ D2
900 Einwohner

Als Urlaubsort bietet sich Plataniás wegen seiner Nähe zu Chaniá, seines guten Sandstrands und seiner ruhig

Der Kournas See (▶ S. 91) im Inselwesten ist Kretas größter Süßwassersee – eine Freizeitoase für Ausflügler und ein Refugium für Wasserschildkröten.

gelegenen Hotels an. Auch für Rundreisende lohnt der kurze Abstecher nach Alt-Plataniás auf einem Felsen über der Küstenstraße. Der Blick von den Cafés und Tavernen in Gipfelnähe reicht nicht nur die Küste entlang bis Akrotíri, sondern auch weit ins schluchtenreiche Hinterland hinein. Linienbusse verbinden Plataniás vom frühen Morgen bis zum späten Abend sehr häufig mit Chaniá.

13 km westl. von Chaniá

ÜBERNACHTEN

Thálassa Beach
Nicht unter 16! – »Adults only« lautet das Motto, das von Kinderlärm am Pool und im Restaurant befreit und auch verhindert, dass man als Zimmernachbarn ein schreiendes Baby bekommt. Eins dieser Häuser ist das Thálassa Beach in Plataniás 9 km westlich von Chaniá. Es liegt direkt am Meer, bietet auch einen Spa-Bereich, in der nahen Umgebung zahlreiche Bars und Restaurants sowie gute Linienbusverbindungen nach Chaniá.

Odós Agías Marínas | Tel. 28 21 06 06 01 | www.thalassaresort.gr | 81 Zimmer | €€€

◎ THÉRISSO D3
100 Einwohner

Das kleine Bergdorf gilt als bedeutende historische Stätte. Hier wurde unter Führung von Elefthérios Venizélos, der im nahen Dorf Mourniés geboren wurde, 1905 die Revolutionserklärung verfasst, die zur Rebellion gegen die Willkürherrschaft des griechischen Kronprinzen und zu seiner Abdankung führte. In den folgenden acht Jahren bis zum Anschluss Kretas an Griechenland hatten Venizélos und seine Mitstreiter hier ihr Hauptquartier aufgeschlagen. Auf dem Dorfplatz steht ein Denkmal für Venizélos, ansonsten aber sind wohl die zehn Tavernen direkt an der Hauptstraße augenfälliger als die Historie. Thérisso ist ein beliebtes Ausflugsziel, zumal die Straße von Chaniá direkt dorthin durch die etwa 6 km lange, gewundene Thérisso-Schlucht (auch Venizélos-Schlucht genannt) mit ihrer reichen Flora und Fauna führt, in der während der osmanischen Besatzungszeit mehrere Kämpfe zwischen Rebellen und Truppen des Sultans ausgetragen wurden.

15 km südl. von Chaniá

CHÓRA SFAKÍON E4
280 Einwohner

Der kleine Ort an der Südküste ist ein Reiseziel für Individualurlauber. Leben kommt lediglich nachmittags für ein paar Stunden ins Dorf, wenn die Boote aus Agía Rouméli die Samariá-Wanderer zurück zu den Linien- und Reisebussen der Ausflugsveranstalter bringen. Danach kehrt wieder Ruhe ein: Die Cafés und Tavernen an der Uferpromenade, die die einzige Attraktion des Dorfs sind, leeren sich. Mehrere kleine Strände gibt es 1 bis 2 km außerhalb. Sie sind zu Fuß und teilweise auch mit dem Bootstaxi zu erreichen.

Chóra Sfakíon ist der Hauptort einer ganzen Region, der Sfakiá, in deren 21 Dörfern etwa 4000 Menschen leben. Sie gelten als die stolzesten Kreter überhaupt. Mannes- und Familienehre sind hier noch immer sehr geschätzte Tugenden; die Blutrache war deswegen in der Sfakiá noch bis in die 1950er-Jahre weit verbreitet.

Ein Sfakiote hat sich als Kämpfer gegen die Türken einen solch großen Namen gemacht, sodass nach ihm in nahezu allen kretischen Ortschaften Straßen und Plätze benannt sind: »Daskalogiánnis« – Giánnis, der Lehrer. Er stammte aus dem Dorf Anópolis, hieß eigentlich mit Geburtsnamen Giánnis Vláchos, wurde aber »der Lehrer« genannt, weil er lesen und schreiben konnte. Er war ein erfolgreicher Kaufmann, der auch gute Kontakte zu Russland unterhielt. Zarin Katharina II. sicherte ihm daher sowohl finanzielle als auch militärische Unterstützung im Kampf gegen die Türken zu. Daskalogiánnis scharte die Sfakioten und andere Kreter um sich und schlug 1771 los. Die russische Hilfe aber blieb aus, und Daskalogiánnis wurde von den Türken in Iráklio getötet.

ÜBERNACHTEN
Stavrís
Einfach – Freundliches Hotel, leicht erhöht über dem Hafen gelegen und in dritter Generation in Familienbesitz. Hier fühlt man sich noch wie ein Rucksackreisender der 1970er-Jahre.
Tel. 28 25 09 12 20 | www.stavris.com | 41 Zimmer | €

ESSEN UND TRINKEN
Léfka Óri
Große Auswahl – Schon 1969 gegründete Taverne oberhalb des Fischerhafens, in der man sich sein Essen am Schautresen zusammenstellt. Auf den Tisch kommen sfakiotische Spezialitäten wie Pfannkuchen mit Spinat oder Ziegenkäse gefüllt.
Tel. 28 25 09 12 09 | www.chora-sfakion.com | tgl. ab 9 Uhr geöffnet | €

Schlichte Kreuze auf dem deutschen Militärfriedhof in Máleme (▶ S. 91) erinnern an die gefallenen Soldaten des Zweiten Weltkriegs.

Ziele in der Umgebung

ANÓPOLIS D4
370 Einwohner

In diesem Bergdorf in 600 m Höhe wurde der kretische Nationalheld Daskalogiánnis geboren. Im »kafenío« an der Platía kommt man schnell mit den Einheimischen in Kontakt; ein schmackhaftes Mitbringsel von hier ist der Thymianhonig. Unbedingt empfehlenswert ist die Weiterfahrt ins nur 3 km entfernte, verlassene Bergdorf Arádena am Rande der gleichnamigen Schlucht. Eine klapprige Straßenbrücke führt hinüber; am Dorfrand erhebt sich unmittelbar über der Schlucht die dem Erzengel Michael geweihte und (leider stets verschlossene) Kirche aus dem 14. Jh. Mutige können hier an Sommerwochenenden einen 138-m-Sprung am Bungee-Seil von der Brücke in die Schlucht wagen (www.bungy.gr).

12 km westl. von Chóra Sfakíon

FRANGOKÁSTELLO E4
150 Einwohner

Eine unmittelbar am Meer gelegene venezianische Burg (März–Okt. tgl. 9–19 Uhr, Eintritt 1,50 €) ist die Keimzelle des stillen Ferienorts am Rande einer weiten Küstenebene: Von früher Besiedlung zeugen die frei einsehbaren Überreste eines frühchristlichen Bodenmosaiks 60 m links der Straße von Frangokástello Richtung Osten. Sie liegen vor der neueren Kapelle des hl. Nikítas, die sehr fotogen neben einem uralten Johannisbaum steht. Der breite Sandstrand direkt vor der Burg fällt hier besonders flach ab und ist deshalb für Familien mit Kleinkindern bestens geeignet. Einzigartig ist der Órthi-Ammos-Strand etwa 600 m östlich davon mit seiner etwa 20 m hohen, dünenartigen Sandaufwehung. Hier kann man gut schwimmen.

14 km östl. von Chóra Sfakíon

> **Der Zauber von Frangokástello** 3
>
> Mit ihren Bilderbuchzinnen wirkt die alte venezianische Burg fast wie ein wahrhaftiges Spukschloss. Zauberhaft schön sind die Strände davor. Vor einer Windmühle und kleinen Fischerhäuschen fällt das feinsandige Ufer extrem flach ab und lädt zum Spielen und Plantschen ein (▶ S. 13).

ÜBERNACHTEN

Maria's Studios
Am Meer – In dem kleinen, zweistöckigen Apartmenthaus wohnt man direkt am Strand und gelangt sozusagen vom Schlafzimmer aus morgens direkt ans Meer, ohne auch nur einen Feldweg überqueren zu müssen. Alle Studios mit Balkon oder Terrasse.
Tel. 28 25 09 21 59 | www.marias-studios.net | 16 Zimmer | €

ÍMBROS E4
50 Einwohner

Das Dorf in 780 m Höhe ist heute das Zentrum der fruchtbaren Askifou-Hochebene. Von hier aus kann man in etwa 2 Std. durch eine 7 km lange Schlucht (ähnlich der berühmten Samariá-Schlucht) ins beschauliche Dorf Komitádes hinunterwandern und gelangt in 1,5 Std. über Asphalt weiter in den Ort Chóra Sfakíon.

17 km nördl. von Chóra Sfakíon

Ruhige und erholsame Ferientage sind in Loutró (▶ S. 95) schon deshalb garantiert, weil das autofreie Dorf nur mit dem Schiff oder zu Fuß erreicht werden kann.

◎ LOUTRÓ   D4
50 Einwohner

Das hübsche, völlig autofreie Dorf am Fuß der Weißen Berge ist ein beliebtes Ziel von Individualurlaubern. Man erreicht Loutró nur per Schiff von Chóra Sfakíon und Agía Rouméli oder zu Fuß auf einem alten Hirtenpfad von Anópolis aus.

12 km westl. von Chóra Sfakíon

ÜBERNACHTEN

Porto Loutró

Lokalmatador – Das Hotel hat schon 1989 die ersten Urlauber nach Loutró gezogen und ist noch immer der »spiritus rector« des Ortes. Die Zimmer haben Schiefer- oder Marmorfußböden und Holzbalkendecken, sind luftig und besitzen fast alle einen Balkon mit Meerblick.

Die Atmosphäre ist sehr leger, jedoch sind Kinder unter sieben Jahren ebenso wie Hunde unerwünscht. Auf der Caféterrasse des Hotels ist die Nutzung von Mobiltelefonen & Co. unerwünscht.

Tel. 28 25 09 14 33 | www.hotel portoloutro.com | €€

KÍSSAMOS-KASTÉLLI   B2
3800 Einwohner

Kretas westlichste Stadt ist ein verschlafenes Provinznest. Seit 2006 besitzt es ein modernes, zweigeschossiges Archäologisches Museum, dessen schönstes Objekt ein großflächiges Bodenmosaik aus der Zeit um das Jahr 200 ist (Platía El. Venizélou, Di–So 8.30–15 Uhr, Eintritt frei).

Von wirtschaftlicher Bedeutung sind die Olivenhaine, Weingärten und Kas-

Am Strand von Elafónissos (▶ MERIAN TopTen, S. 97), wo sich das Meer in den schönsten Blau-, Türkis- und Grüntönen zeigt, könnte man sich beinahe in der Südsee wähnen.

tanienwälder der Umgebung, deren Früchte von Kíssamos-Kastélli aus nach Piräus verschifft werden. Autofähren verbinden die Stadt mehrmals wöchentlich mit den Inseln Antikíthira und Kíthira sowie mit Néapolis und Gíthio auf dem Peloponnes. Der Handelshafen liegt allerdings 4 km außerhalb der Stadt – und selbst der schöne Fischerhafen ist vom Zentrum 2 km entfernt. Kíssamos-Kastélli hat mit Tourismus nicht viel im Sinn. Von Reiseveranstaltern wird das Gebiet rund um die Stadt kaum angeboten; überwiegend Campingurlauber und junge Rucksackreisende verschlägt es hierher. Dabei sind die Strände der Umgebung durchaus attraktiv. Die modern gestaltete Uferpromenade mit ihren Cafés und Tavernen ist autofrei; im Ortskern findet man noch eine Reihe traditioneller Kaffeehäuser und »ouzerien«. Optisch reizvoll ist das Hinterland mit seinen grünen Hügeln. Die beiden Halbinseln, die die Bucht von Kíssamos-Kastélli begrenzen, sind bisher noch nicht durch Straßen erschlossen und damit ein ideales Wandergebiet für Urlauber, die völlige Einsamkeit suchen.

Kíssamos-Kastélli, Chrissoskalítissa, Elafónissos, Faléssarna | 97

ÜBERNACHTEN
Elena Beach Hotel
Außerhalb – Das Hotel liegt unmittelbar an einer flach abfallenden, kleinen Sandbucht, etwa 1 km westlich der Stadt. Hübsche Strandbar unter schattigen Bäumen.
An der Straße zum Handelshafen | Tel. 28 22 02 33 00 | www.elenabeach.gr | 40 Zimmer | €€

Mandy Suites
Mittendrin – Apartmenthaus an der Uferpromenade, mit kleinem Pool.
Tel. 28 22 02 28 25 | www.varouchakis.gr/mandy | 23 Apartments | €€

ESSEN UND TRINKEN
The Cellar
Boote vor Augen – Ausgezeichnete Taverne direkt auf der Uferpromenade, auch als Frühstückslokal bei Apartment-Urlaubern sehr beliebt.
Telonío Beach | Tel. 28 22 02 37 00 | tgl. ab 8 Uhr | €

SERVICE
VERKEHR
Busbahnhof
Platía El. Venizélou | Tel. 28 22 02 20 35 | www.bus-service-crete-ktel.com

Ziele in der Umgebung
CHRISSOSKALÍTISSA-KLOSTER
B 3

Wähnt man sich nach langer Fahrt schon fast am Ende der Welt, taucht plötzlich, auf einem niedrigen Felsen nahe am Meer gelegen, ein blendend weiß gekalktes Kloster mit blauer Kuppel auf: Chrissoskalítissa, das »Kloster mit der goldenen Treppe«. Es birgt jetzt ein volkskundliches Museum, eine im alten Stil eingerichtete Klosterzelle, einen geheimen Klassenraum aus der Zeit der türkischen Besetzung und eine Ausstellung von Ikonen aus dem 18./19. Jh.
Tagsüber geöffnet | Eintritt 2 €
46 km südwestl. von Kíssamos-Kastélli

ÜBERNACHTEN
Glykería
Oase der Ruhe – Kleines Apartmenthaus mit Pool, gut für ein paar Urlaubstage weitab aller großen Ortschaften und Hotels.
Tel. 28 22 06 12 92 | www.glykeria.com | €

ELAFÓNISSOS
B 4

Zum Baden fährt man vom Kloster noch 5 km weiter an den »Südseestrand« von Elafónissos. Das Wasser schimmert hier in allen Blau- und Grüntönen, kilometerlange Sandstrände ziehen sich um eine lagunenähnliche Bucht herum, in die kleine Halbinseln vorspringen. Auch Kleinkinder können völlig ungefährdet plantschen, zugleich gibt es tiefere Stellen für Schwimmer. An einigen Strandabschnitten warten Imbissbuden, Sonnenschirme und Liegestühle. Auch Tavernen und Fremdenzimmer sind vorhanden, Linienbusse fahren im Sommer von Chaniá direkt hierher.
52 km südwestl. von Kíssamos-Kastélli

FALÁSSARNA
B 2
130 Einwohner

Die Landschaft um dieses Dorf an der Westküste ist von Gewächshäusern geprägt. Interessanterweise sind sie nicht durch die Geschäftstüchtigkeit von Bauern entstanden, sondern auf Drängen eines fortschrittlichen Bischofs, der sich auch um das irdische Wohl seiner Gläubigen kümmerte: des Bischofs Irenéos, der wegen seines sozialen Engagements während der griechischen Militärdiktatur (1967–1974) abgesetzt wurde, danach aber wieder amtierte. Im äußersten Norden der Bucht liegen die Überreste einer antiken Stadt. In der Nähe des langen Sandstrands stehen einige Tavernen, die Privatzimmer vermieten.

16 km westl. von Kíssamos-Kastélli

◎ GRAMVOÚSSA-HALBINSEL ⭐

▮▮ B 2

Auf der westlichsten Halbinsel Kretas gibt es weder Dörfer noch Asphaltstraßen – dafür einen der schönsten Strände der Insel: die Lagune von Bálos mit ihrem in vielen Blau- und Türkistönen schimmernden Wasser. Dem Strand vorgelagert ist die heute unbewohnte Insel Iméri Gramvoússa, die eine mächtige venezianische Festungsanlage aus dem 17. Jh. trägt. Am Strand von Bálos gibt es eine einfache Sommertaverne, wohnen kann man hier nirgends.

Mit dem Jeep kann man ein Stück weit Richtung Bálos fahren, muss dann aber den Wagen stehen lassen und noch ca. 30 Min. bergab wandern. Besser ist es, an einem der Schiffsausflüge ab Kíssamos-Kastélli teilzunehmen, die die ganze Saison über täglich gegen 10.30 Uhr starten. Sie bieten Zeit zur Besteigung der venezianischen Festung und zu einem Bad am Bálos Beach:

Partnership of Naval Companies: Tel. 28 22 08 33 11 | www.gramvousa.com | Ticket 28 € (im Internet 25 €)

15 km nordwestl. von Kíssamos-Kastélli

◎ POLIRRINÍA

▮▮ B 3

30 Einwohner

Frei zugängliche Ruinen einer antiken Stadt in grandioser Landschaft und in einem der ursprünglichsten Dörfer der Insel. Folgt man 50 m nach dem Ortsanfangsschild dem einfachen Wegweiser nach links oben zur »Ancient Polirrinia Acropolis«, endet der gute Feldweg vor der Kirche Ágii Patéres, die an der Stelle eines hellenistischen Baus unter Verwendung vieler seiner gut behauenen Steinblöcke errichtet wurde, von denen einige noch heute gut erkennbare Inschriften trugen. Vor der Westfassade liegen zwei traditionelle Dreschplätze, ein paar Schritte weiter sind die Grundrisse von Zisternen und aus dem Fels herausgeschnittenen Häusern zu erkennen. In etwa 10 Min. gelangt man von der Kirche auf einem Fußpfad auf den frei zugänglichen Akropolishügel mit antiken Mauerresten und tollem Rundblick.

7 km südl. von Kíssamos-Kastélli

PALEÓCHORA

▮▮ C 4

2200 Einwohner

Ein sehr lebhafter Urlaubsort an der Südküste. In den Bars und Cafés an der Hauptstraße herrscht bis in die frühen Morgenstunden hinein quirliges Leben. Hier bestimmen nicht große Hotels das Ortsbild, sondern die Häuser der Einheimischen. Lohnende Ausflugsziele für unternehmungslustige Urlauber sind stille Bergdörfer und ortsferne Strände in ruhigen Buchten – etwa der Strand von Elafónissos ⭐ westlich von Paleóchora. Mit Linienschiffen gelangt man zu anderen Orten der Südküste und nach Gávdos, der südlichsten Insel Europas.

SEHENSWERTES
Burg

Schon im Jahre 1282 bauten die Venezianer eine Burg an der Spitze der Halbinsel von Paleóchora. Von hier aus hatten sie den Schiffsverkehr auf dem Libyschen Meer und die Kreter in den Bergdörfern der Umgebung unter Kontrolle. Erhalten blieben nur die Außenmauern; das Innere bildet jetzt eine weitläufige Grünfläche.

🕒 Auf der Burg von Paleóchora trifft man sich vor Einbruch der Dämmerung, denn der Sonnenuntergang ist von hier aus besonders schön anzusehen.

MUSEEN UND GALERIEN
Kulturverein

Kurz vor dem Zugang zur Burg zeigt der Kulturverein gegenüber der Dorfkirche die sehr interessante Ausstellung »The Acritans of Europe«, in der es um Ritterepen in Byzanz und ganz Europa geht.

April–Okt. Mi–So 10–13 und 18.30–21 Uhr | Eintritt frei

ÜBERNACHTEN
Rea

Mitten im Ort – Freundlich, ruhig, preisgünstig, nahe Sommerkino und Strand. Schlichte Zimmer, schöne Frühstücksterrasse.

Tel. 28 23 04 13 07 | www.rea-hotel-kreta.de.vu | 14 Zimmer | €

Villa Marise und Villa Europa

Am Strand – Die beiden modernen, zweigeschossigen Apartmenthäuser mit insgesamt 16 Wohneinheiten liegen direkt am Sandstrand mit alten Tamarisken und teilen sich den einzigen

Steil und steinig ist der Anstieg zur mächtigen Festung Gramvoússa (▶ S. 98), doch die Mühe wird mit einem grandiosen Ausblick auf Meer und Landschaft belohnt.

Pool im Ort. Zur Anlage gehört auch eine öffentliche Strandbar.
Tel. 28 23 08 30 18 | www.villamarisa.com | 16 Wohneinheiten | €€

ESSEN UND TRINKEN
Monika's Garden
Ganz im Trend – Weinstube mit Garten, in der über 30 kretische Weine auch glasweise ausgeschenkt werden. Dazu gibt es Wurst, Käse, kretische Snacks mit einer dezenten Musikuntermalung.
An der Hauptstraße zwischen den beiden Stränden | tgl. ab 17.30 Uhr | €

SERVICE
AUSKUNFT
Tourist-Information im Rathaus
Tel. 28 23 04 15 07 | www.paleochora-info.com

Hafenpolizei
Für Schiffsauskünfte: Tel. 28 23 04 12 14

Ziele in der Umgebung
◎ AGÍA-IRÍNI-SCHLUCHT C3/4
Die 7 km lange Schlucht ist fast so wild wie die berühmtere Samariá-Schlucht, nur sind die sie begleitenden Felswände erheblich niedriger. Dafür wälzen sich auch keine Massen durch die Schlucht. Sie beginnt unterhalb des Dorfes Agía Iríni und führt in südliche Richtung auf Soúgia (▶ S. 101) zu. Vom Ausgang der Schlucht bis Soúgia muss man entweder über eine breite Piste und eine Asphaltstraße etwa fünf schattenlose Kilometer laufen oder auf ein in Soúgia vorbestelltes Taxi warten (Tel. 69 72 37 04 80 oder 69 77 74 51 60, www.taxi-selino.com).
Ca. 35 km nordöstl. von Paleóchora

◎ AZOGIRÉS C4
100 Einwohner
Bergdorf in 420 m Höhe. Im Dorfzentrum zweigt an der Taverne Michális eine Betonpiste nach oben ab, die bald in einen Feldweg übergeht und nach 2,4 km endet. Vom Endpunkt aus geht man noch etwa 10 Min. auf einem gut erkennbaren Pfad bergan und gelangt dann zur tiefen Höhle Agíon Patéron in einem Felsspalt, die durch Leitern erschlossen ist (Taschenlampe mitnehmen!). Der Legende nach sollen hier einst Eremiten gelebt haben. Von der gleichen Taverne führt auch ein Weg in die entgegengesetzte Richtung zum nahen Kloster Agíon Patéron, dessen Klosterkirche halb in einen Fels hineingebaut wurde.
8 km nordöstl. von Paleóchora

◎ GÁVDOS D/E 6
150 Einwohner
Europas südlichste Insel ist 37 km² klein und maximal 345 m hoch. Ende der 1970er-Jahre schien sie dem Tod geweiht, doch heute ist sie ein beliebtes Hideaway für Alternativurlauber, von denen manche auch im Winter bleiben. Das Leben hat sich aus den winzigen, sehr ärmlichen Binnendörfern an die guten Strände verlagert, wo Tavernen, Lebensmittelläden, ein Rollerverleih und kleine Pensionen entstanden sind. Die meisten Langzeitgäste allerdings zelten wild. Die kleinen Fährschiffe, die von Paleóchora und Chóra Sfakíon aus hinüberfahren, sind stark vom Wetter abhängig. Wer Gávdos besucht, muss damit rechnen, wetterbedingt auch einmal ein paar Tage auf der Insel festzusitzen. Die kleinere Schwesterinsel Gavdopoúla ist unbesiedelt.

FAHRPLANAUSKÜNFTE
Reederei Anendyk
Tel. 28 21 04 42 22 | www.anendyk.gr

◎ KÁNDANOS C3
560 Einwohner

Das Dorf wurde im Zweiten Weltkrieg von deutschen Truppen dem Erdboden gleichgemacht – als Vergeltung für einen 1941 unternommenen Partisanenüberfall, der 25 deutschen Soldaten das Leben gekostet hatte. Ein Denkmal an der Hauptstraße erinnert an die Zerstörung.

17 km nördl. von Paleóchora

◎ SARAKINÁ C3
100 Einwohner

Das stille Dorf liegt am Ufer des Pelekanótikos-Baches, an dem Orangen und Oliven gedeihen. Kurz vor dem Ortsanfang steht links über der Straße eine moderne Friedhofskapelle. Am rechten Straßenrand macht ein brauner Wegweiser auf die nur 40 m entfernte Church of Michael Archangel aufmerksam. Der große Kirchenschlüssel liegt meist in der Nische über der Eingangstür. Die kürzlich restaurierten Wandmalereien stammen aus dem 14. Jh. Stilistisch zeichnen sie sich durch einen rustikalen Stil mit derben Figuren und zum Teil sehr kantigen Gesichtern aus.

13 km nordwestl. von Paleóchora

◎ SOÚGIA C4
110 Einwohner

Die kleine Küstensiedlung zwischen Paleóchora und Agía Rouméli ist ein einsam gelegener Badeort, der überwiegend jüngeres, das traditionelle Kreta suchende Publikum anzieht. Alles Leben spielt sich entlang der nur etwa 200 m langen Uferstraße mit ihren Tavernen und Cafés ab. Der grobsandige Strand ist etwa 1 km lang, Sonnenschirme und Liegestühle gibt es hier kaum. Einzige Sehenswürdigkeit ist die moderne Dorfkirche Ágios Pantelímonos auf einem Feld ca. 200 m vom Ortszentrum entfernt. In ihrer vorderen Hälfte ist ein Teil eines Bodenmosaiks aus einer frühchristlichen Basilika erhalten, die im 6. Jh. an dieser Stelle stand. Die wertvolleren Teile mit schönen Tierdarstellungen wurden allerdings 1988 ins Archäologische Museum von Chaniá gebracht (Schlüssel in der Pension Elyros erfragen). Wer sich nicht nur am Strand aalen möchte, den erwarten in der näheren Umgebung schöne Wandermöglichkeiten.

36 km östl. von Paleóchora

ÜBERNACHTEN
Santa Irene

An der Uferstraße – Eine angenehme Unterkunft im Zentrum mit Studios und Apartments für bis zu fünf Personen. Die meisten davon mit Balkon, Kochecke, Safe, Telefon, TV und Klimaanlage. Zur Pension gehören ein Café und eine Snack-Bar.

Tel. 28 23 05 13 42 | www.sougia.info | 12 Studios, 2 Apartments | €

SERVICE
VERKEHR

Man erreicht Soúgia entweder einmal pro Tag mit dem Schiff, das von Paleóchora nach Chóra Sfakíon fährt, oder mit dem ein- bis zweimal täglich verkehrenden Linienbus von Chaniá aus.

31 km nordöstl. von Paleóchora

Im Fokus
Die Wehrmacht auf Kreta – Aggression und Gegenwehr

Die Erinnerung an den Zweiten Weltkrieg ist auf Kreta noch allgegenwärtig. Denkmäler erinnern an Geiselerschießungen und mutige Taten von Partisanen, Friedhöfe an gefallene Soldaten. Über den sich anschließenden Bürgerkrieg schweigt man.

Militärische Erfolge der Griechen gegen Italien, das Griechenland Ende Oktober 1940 von Albanien aus angegriffen hatte, führten im April 1941 zum Einmarsch der großdeutschen Wehrmacht in Griechenland. Die Regierung und das griechische Königshaus setzten sich auf dem Umweg über Ägypten ins Londoner Exil ab. Die griechische Armee und ihre im Land stationierten britischen Verbündeten, zu denen auch australische und neuseeländische Einheiten gehörten, zogen sich nahezu kampflos nach Kreta zurück.

UNTERNEHMEN MERKUR

Wegen seiner strategischen Lage musste die Wehrmacht nun Kreta unbedingt in Besitz nehmen. Starke britische Flottenverbände ließen es aussichtslos erscheinen, die Insel auf dem Seeweg zu erobern. Darum star-

◀ Im Frühjahr 1941 begann der Seetransport
deutscher Soldaten nach Kreta (▶ S. 103).

tete die Luftwaffe unter Führung von General Kurt Student am Morgen des 20. Mai 1941 einen Angriff aus der Luft. Hauptziele dieses »Unternehmens Merkur« waren die Militärflugplätze von Iráklio, Réthimno und Máleme westlich von Chaniá. Zunächst bombardierten 330 Bomber die Stellungen der Alliierten. Danach setzten etwa 500 Transporter und 80 von dreimotorigen »JU-52« gezogene Lastensegler 10 000 Fallschirmjäger sowie Material ab. Unter ihnen war auch der bei den Nazis nach seiner Niederlage gegen Joe Louis 1938 in Ungnade gefallene Boxer Max Schmeling, der sich allerdings bei der Landung einen Meniskusschaden zuzog und außer Gefechte gesetzt war.

Viele Soldaten wurden noch in der Luft abgeschossen, über verwundete und vereinzelte Deutsche machte sich die mit uralten Gewehren und teilweise sogar nur mit Messern und Mistgabeln bewaffnete kretische Bevölkerung her. Trotzdem gelang es der Wehrmacht, bis zum Monatsende ganz Kreta unter ihre Kontrolle zu bringen. Etwa 4500 deutsche, 1500 alliierte Soldaten und über 5000 Griechen waren gefallen. Ein deutscher Soldatenfriedhof bei Máleme und ein Commonwealth-Soldatenfriedhof an der Soúda Bay bei Chaniá erinnern bis heute an die Toten.

EVAKUIERUNG

Die überlebenden Truppen Großbritanniens konnten mithilfe der einheimischen Bevölkerung und mancher Klöster von der Südküste aus nach Ägypten evakuiert werden. Zum Dank haben ehemalige australische Soldaten dem Kloster Píso Préveli ein Denkmal gestiftet. Viele Kreter schlossen sich nach dem Abzug der Briten mehr oder minder freiwillig einem von zwei Partisanenverbänden an: der kommunistisch geprägten ELAS oder der EOK, deren Anhänger bürgerliche Republikaner und Monarchisten waren. Den Osten überließen die Deutschen bis zum Sturz Mussolinis 1943 den Italienern.

ENTFÜHRUNG EINES GENERALS

Die Partisanen machten den deutschen Truppen schwer zu schaffen. Als Vergeltung für Angriffe aus dem Hinterhalt brannte die Wehrmacht ganze Dörfer ab und erschoss für jeden von den Partisanen getöteten Soldaten in der Regel zehn Zivilisten, darunter manchmal auch Frauen und Kinder. Eine Aktion der Partisanen ragt besonders heraus. Im April 1944 entführten sie mit Unterstützung britischer Geheimdienstoffiziere den kommandierenden deutschen General Karl Kreipe bei Knossós und schleusten ihn über den Psilorítis und durch das Amári-Tal an die Südküste, von wo ihn ein britisches Schnellboot nach Ägypten in Gefangenschaft brachte. Hitler tobte.

Schon ein Jahr nach der deutschen Invasion hatten die Briten die Idee, einen deutschen General auf Kreta in ihre Gewalt zu bringen. Nach der grausamen Zerstörung des Dorfes Áno Viánnos im September 1943 auf Befehl des (1945 in Athen zum Tode verurteilten und hingerichteten) Generals Friedrich Wilhelm Müller wurden die Planungen konkret. Zwei junge britische Offiziere, Stanley Moss und der später auch als Schriftsteller berühmt gewordene Patrick Leigh Fermor, der perfekt Griechisch und Deutsch sprach, wurden auf Kreta abgesetzt. Obwohl General Müller inzwischen von Kreta abgezogen und durch den bis dahin nicht als Kriegsverbrecher schuldig gewordenen General Karl Kreipe ersetzt worden war, hielt man an dem Plan fest und wählte erfahrene Partisanen als Helfer bei der wagemutigen Aktion aus.

Kreipes Stabsquartier lag in Páno Archánes, seine Dienstvilla war die Villa Ariádni gleich gegenüber den Ausgrabungen von **Knossós**. Jeden Abend ließ er sich von seinem Chauffeur von der Kommandozentrale nach Hause fahren. Vier Abende lang machte er noch bei Tageslicht – und damit für seine Entführer zu früh – Dienstschluss. Am 26. April aber spielte er noch eine Runde Skat vor Antritt des Heimwegs. Das war für die vor Knossós wartenden Briten und ihre kretischen Verbündeten die Chance: Gegen 21.30 Uhr stoppten Moss und Fermor in deutschen Militäruniformen das Fahrzeug des Generals und schlugen den Fahrer nieder. Zusammen mit drei Kretern legten sie dem General Handschellen an und bedeckten ihn auf der Rückbank mit ihren Körpern. Fermor setzte die Generalsmütze auf, die Fahrt ging los. In Iráklio mussten 22 Straßensperren passiert werden, die Wachen grüßten den Wagen mit Generalsstandarte. Außerhalb der Stadt ließ man den Wagen an einem Weg zur Küste stehen und hinterließ darin einen Brief, in dem vorgetäuscht wurde, man habe den General von der Nordküste aus evakuiert. Mit typisch britischem Humor bedauerte man noch, dass man den schönen Wagen habe zurücklassen müssen …

In Wahrheit aber zogen die Entführer mit dem General ins Psilorítis-Gebirge. Nach Schwierigkeiten, mit dem britischen Hauptquartier in Kairo Kontakt aufzunehmen, wurde zunächst eine Abholung durch ein Schnellboot am Préveli Beach geplant. Die Deutschen hatten inzwischen starke Verbände zur Sicherung der Küste zwischen Tsoutourás und Plakiás entsandt. Erst nach 18 Tagen in Höhlen und Erdlöchern am Psilorítis und mit Unterstützung der Bevölkerung des Amári-Tals gelang es, unbemerkt nach Káto Rodákino zu gelangen, von wo aus ein Schnellboot den General nach Ägypten brachte. Den Rest des Krieges erlebte er als Kriegsgefangener. 1972 traf Kreipe noch einmal mit Patrick Leigh Fermor und seinen kretischen Entführern zusammen: in einer griechischen Fernsehsendung.

DIE LETZTEN MONATE

Kretas Juden blieben bis zum Frühsommer 1944 anders als im übrigen Griechenland weitgehend unbehelligt. Erst im Juni 1944 trieb die Wehrmacht sie in Iráklio zusammen und brachte sie auf ein Schiff, das kurz darauf vermutlich von einem britischen U-Boot versenkt wurde. Keiner an Bord überlebte. Kretas Gedenkstätte für den Holocaust ist heute die kleine Synagoge Etz Hayyim in der Altstadt von Chaniá.

Deutsche Truppen blieben bis zum Kriegsende auf Kreta, wo sie sich seit 1944 in den Westen zurückgezogen hatten. Die Briten ließen sie unbehelligt und versuchten sogar, sie als Verbündete in ihrem 1944 begonnenen Kampf gegen die kommunistischen Partisanen der ELAS zu gewinnen. Der griechische Bürgerkrieg, der sich daraus entwickelte, dauerte bis 1949 an und forderte auf griechischem Boden noch mehr Opfer als der Zweite Weltkrieg. Am Ende siegten die von den Briten und US-Amerikanern unterstützten konservativen Regierungstruppen. Griechenland war für die »bürgerliche Demokratie« gerettet. Ein Denkmal für die Opfer des Bürgerkriegs ist bis heute nirgendwo auf Kreta errichtet worden, auch griechische Schul- und Geschichtsbücher schweigen sich über ihn weitgehend aus.

NEUES DEUTSCHLANDBILD

Ressentiments gegen Deutsche sind auf Kreta trotz aller von Deutschen und Österreichern begangener Gräueltaten schon lange nicht mehr zu spüren. Dazu hat sicherlich auch die Arbeitsemigration in den 1960er-Jahren beigetragen, die viele Kreter ein neues Deutschlandbild gewinnen ließ. Ebenso wichtig ist auch die Tatsache, dass die Kreter fremde Gewaltherrschaft schon seit dem frühen 13. Jh. ertragen mussten, ohne sich erfolgreich wehren zu können. Die deutsche Besetzung dauerte aber nur drei Jahre – zum ersten Mal konnten sich die Kreter als schnelle Gewinner in einem Befreiungskampf fühlen.

RÉTHIMNO UND
DIE INSELMITTE

Die drittgößte Stadt Kretas ist ein idealer Urlaubsort für all diejenigen, die einen guten Strand, organisierte Wassersportmöglichkeiten und die Nähe einer lebendigen Kleinstadt mit viel historischem Flair suchen.

Ein 15 km langer Sandstrand erstreckt sich vom Fährhafen der Stadt aus gen Osten. An diesem liegen zahlreiche Hotels und Apartmenthäuser jeder Kategorie. Réthimno besitzt wie Chaniá eine geschlossene Altstadt mit vielen Häusern aus venezianischer und türkischer Zeit, den meisten Moscheen Kretas, schmalen Gassen und stimmungsvollen Plätzen.

VENEZIANISCHES ERBE

Über der Altstadt ragt eine große Burg aus dem 16. Jh. – die Fortézza – auf; am kleinen Fischerhafen sitzt man vor uralten Häusern auf dem Kai, den schon die Venezianer angelegt haben. Réthimno sieht sich selbst gern als kulturelle Hauptstadt der Insel. Hier haben die Verwaltung und die

Réthimno | 107

◀ Venezianisches Vermächtnis: Réthimnos Hafeneinfahrt (▶ S. 107) mit dem Leuchtturm.

philosophische Fakultät der Universität von Kreta ihren Sitz. Für den Urlauber interessanter ist die Fülle von Ausflugsmöglichkeiten in der nahen Umgebung und bis weit an die Südküste hinunter. Einen Stadtbummel sollte man möglichst am späten Nachmittag unternehmen. Dann sind auch die Gässchen abseits der Hauptflaniermeilen mit einheimischem Leben erfüllt.

★ RÉTHIMNO F3
Stadtplan ▶ S. 109
55 500 Einwohner

SEHENSWERTES

❶ Fortézza
Die Altstadt und das Hafenbecken werden von einer eindrucksvollen Burganlage überragt, die die Venezianer unter finanzieller Zwangsbeteiligung der Einheimischen Ende des 16. Jh. errichteten. Innerhalb dieser Burgmauern sind Zisternen, eine Moschee und eine Kapelle zu sehen. Im Sommer gibt es im Freilichttheater Konzerte.
Ostern–Ende Okt. tgl. 8–20 Uhr | Eintritt 3 €

❷ Kirche Tésseron Martíron
Die moderne Kirche am Hauptplatz der Stadt birgt die Reliquien dreier Märtyrer aus der Zeit der Türkenherrschaft. Sie waren dem Schein nach zum Islam übergetreten, blieben aber in Wirklichkeit praktizierende Christen. Als sie von den Türken aufgefordert wurden, von ihrem Glauben und Jesus Christus abzulassen, weigerten sie sich und wurden (1824) deshalb an den Platanen auf dem heutigen Kirchenvorplatz gehängt. Innen ist die Kirche vollständig mit Fresken im byzantinischen Stil ausgemalt. Auf dem Platz vor der Kirche steht das Denkmal des Kóstas Giamboudákis. Dieser Mann war es, der 1866 Lunte an das Pulvermagazin im Kloster Arkádi legte und damit Hunderte von Menschen der Freiheit zuliebe in die Luft sprengte.
Platía Tésseron Martíron | Kirche tagsüber meist geöffnet

❸ Moschee Kará Moússa Paschá
Vor der Moschee aus dem 17. Jh., die ursprünglich eine venezianische Klosterkirche war (heute ist darin das Amt für Byzantinische Altertümer beheimatet), sind noch einige türkische Grabsteine erhalten geblieben.
Odós Arkádiou/Odós Viktóros Ugó | nur Außenbesichtigung möglich

❹ Moschee Nerantzes Tzámi
Das im 16. Jh. von einer venezianischen Kirche in eine Moschee umgewandelte Gotteshaus dient heute als Musikschule und Konzertsaal. Das erst im Jahre 1890 angefügte Minarett ist

baufällig und kann auf absehbare Zeit nicht bestiegen werden.
Odós Vernárdou 1 | Innenbesichtigung sporadisch möglich

5 Rimondi-Brunnen

Der Brunnen im Zentrum der Altstadt wurde 1623 vom venezianischen Statthalter Alvise Rimondi gestiftet. Zur damaligen Zeit versorgte das mit Löwenköpfen und vier korinthischen Kapitellen verzierte Bauwerk die Stadt mit Trinkwasser. Man erkennt noch, dass der Brunnen in türkischer Zeit überdacht war.
Platía Títou Peticháki

> **Réthimnos Multi-Kulti-Reize** 4
>
> Am frühen Abend ist ein Spaziergang durch die schmalen Gassen besonders stimmungsvoll. Glocken läuten zum Abendgebet. Hölzerne Erker erzählen von osmanischen Zeiten, die Minarette von Réthimnos Moscheen erinnern daran, dass hier einst Moslems und Christen zumeist friedlich nebeneinander lebten (▶ S. 13).

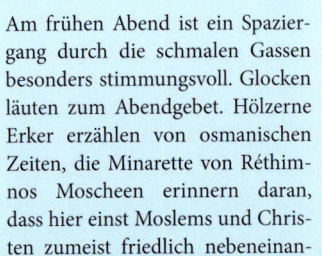

MUSEEN UND GALERIEN

6 Archäologisches Bezirksmuseum

Rethimnos altes Bezirksmuseum wurde Ende 2015 geschlossen, ein Neubau wird wohl frühestens 2019 fertig. Bis dahin haben die wichtigsten Ausstellungsobjekte eine vorübergehende Bleibe in der Kirche Ag. Františkos gefunden. Besonders schön sind die Tonsarkophage, die vom minoischen Friedhof in Arméni stammen. Faszinierend sind darauf die Darstellungen von Tieren und Jagden. Auch die Viehzucht ist ein Thema, wie Stiere und säugende Kühe zeigen.
Odós Antistasséos | Mo–Fr 8–15 Uhr | ♿ | Eintritt 2 €

7 Folklore-Museum

Einen Einblick ins kretische Leben früherer Jahrhunderte gewährt die Sammlung in einem venezianischen Stadtpalast aus dem 17. Jh.
Odós Manólis Vernárdou 28 | Mo–Sa 9.30–14.30 Mi auch 16–18 Uhr | Eintritt 4 €

8 Museum of Contemporary Art of Crete

Die städtische Gemäldegalerie besitzt mehr als 600 Werke von überwiegend griechischen Künstlern aus der zweiten Hälfte des letzten Jahrhunderts. Stets gezeigt werden Arbeiten des réthimnischen Malers Leftéris Kanakákis, hinzu kommen Wechselausstellungen zeitgenössischer heimischer Künstler.
Odós Chimarás 5 | www.rca.gr | Mai–Okt. Di–Fr 9–14 und 19–21, Sa/So 10–15, Nov.–April Di–Fr 9–14, Mi und Fr auch 18–21, Sa/So 10–15 Uhr | Eintritt 3 €, Do frei

ÜBERNACHTEN

9 Avlí Lounge Hotel ▶ S. 23

10 Fortezza

Für Rundreisende – Modernes, zuletzt 2011 vollständig renoviertes Hotel direkt in der Altstadt mit guten Parkmöglichkeiten. Angenehm: der Pool im schattigen Innenhof.
Odós Melissinoú 16 | Tel. 28 31 05 55 51 | www.fortezza.gr | 53 Zimmer | €€

SEHENSWERTES
1. Fortézza
2. Kirche Tésseron Martíron
3. Moschee Kará Moússa Paschá
4. Moschee Nerantzes Tzámi
5. Rimondi-Brunnen

MUSEEN UND GALERIEN
6. Archäologisches Bezirksmuseum
7. Folklore-Museum
8. Museum of Contemporary Art of Crete

ÜBERNACHTEN
9. Avlí Lounge Hotel
10. Fortezza
11. Mýthos

ESSEN UND TRINKEN
12. Avlí
13. Knossós
14. Laréntzo
15. Melína
16. Palazzino Di Corina
17. Rakádika in der Altstadt
18. Samariá
19. Living Room

EINKAUFEN
20. Acrovátis
21. Bäckerei Konstantínos Sparmoudákis
22. Frosso Bora
23. Avlí Raw Materials
24. Wochenmarkt

KULTUR UND UNTERHALTUNG
25. Astéria

TopTen
★ Ganz Réthimno hat einen Stern

Momente
♦ Réthimnos Multi-Kulti-Reize

11 Mýthos
Ganz in Weiß – Das Boutique-Hotel am Übergang zwischen Alt- und Neustadt ist in einem Palast aus dem 16. Jh. untergebracht. Es besitzt einen schönen Innenhof mit Pool, alle Studios und Suiten haben Balkone oder Terrassen. Ein Großparkplatz ist in der Nähe. Platía Karaóli Dimitríou 12 | Tel. 28 31 05 39 17 | www.mythos-crete.gr | €€€

Rithímna Beach ▶ S. 109, östl. c 2
Familienfreundlich – Die 1976 erbaute Hotel- und Bungalowanlage der Hotelkette Aquila liegt 7 km östlich von Réthimno. Geboten wird ein um-

fangreiches Beschäftigungsprogramm für Kinder und Erwachsene. Es gibt mehrere Swimmingpools, Kinderbecken und ein beheiztes Hallenbad.
Ádele | Tel. 28 31 07 10 02 | www.aquilahotels.com | 556 Zimmer | €€€

ESSEN UND TRINKEN
RESTAURANTS
- ⓬ **Avlí** ▶ S. 32
- ⓭ **Knossós** ▶ S. 32
- ⓮ **Laréntzo** ▶ S. 32

Maístros ▶ S. 109, westl. a 3
Tolle Aussicht – Das feine Fischrestaurant am Stadtrand bietet einen vor allem in der Abenddämmerung und danach fantastischen Blick übers Meer auf die Fortezza und die Altstadt. Spätabends ist viel Jugend da, dann wird auch zu internationaler Musik getanzt.
Koumbés, Odós Akrotiríou 13 | Tel. 28 31 02 54 92 | www.maistros-inn.gr | tgl. ab 12 Uhr | €€€

⓯ Melína
Panoramalage – Moderne Taverne mit herrlichem Blick über die Stadt, freundlicher Service, viele traditionelle kretische Gerichte und Weine, aber auch moderne Eigenkreationen wie Schweinemedaillons in Pflaumensauce und einem Schuss des griechischen Süßweins Mavrodaphni.
Odós Chimarás 22/Ecke Odós Katecháki | Tel. 28 31 02 15 80 | www.melina-rethymno.gr | tgl. ab 11 Uhr | €€€

⓰ Palazzino Di Corina
Mit viel Flair – Stilvolles Hotelrestaurant in einem alten venezianischen Stadthaus, gute Weinauswahl, Kanin-

Im Avlí (▶ S. 32), einem der besten Restaurants Réthimnos, erwarten den Gast Tafelfreuden, die nicht nur den Gaumen, sondern auch das Auge erfreuen.

chen-»stifádo« und das Lammgericht »kléftiko« als Spezialitäten.
Odós Salamínos 13 | Tel. 28 31 02 12 05 | www.corina.gr | tgl. ab 15 Uhr | €€€

17 Rakádika
Während die meisten Urlauber den Abend vor allem in den Tavernen am kleinen Fischerhafen verbringen, trifft sich die einheimische junge Szene in einer Altstadtgasse, wo sich eine Rakí-Kneipe an die andere reiht. In diesen »rakádika«, in denen natürlich Getränke aller Art ausgeschenkt werden, speist man typisch kretisch: Wer zusammen am Tisch sitzt, bestellt gemeinsam viele leckere, typisch kretische Kleinigkeiten und verzehrt sie über den ganzen Abend hinweg. In einigen Lokalen werden auch Wasserpfeifen angeboten, überall spielt überwiegend moderne griechische und später dann traditionelle kretische Musik.
Odós Vernárdou zwischen Platía Petacháki und Folklore-Museum | tgl. ab 12 Uhr | €–€€

18 Samariá
Rundherum beliebt – Gute und dennoch preisgünstige Taverne in unspektakulärer Lage. Hier holen auch viele Griechen Essen für zu Hause oder bestellen es telefonisch. Das Lokal ist ganzjährig rund um die Uhr geöffnet – ein sicheres Zeichen dafür, dass es bei den Einheimischen beliebt ist.
Odós El. Venizélou 39–40 | Tel. 28 31 02 46 81 | tgl. 0–24 Uhr | €

BARS
19 Living Room
Die schicke Lounge Bar lockt seit 2002 in einen ehemaligen türkischen Hamam direkt an der Uferstraße. Man trinkt Champagner und Sangria, genießt Schokoladen-Soufflé, schottischen Lachs und kretischen Käse, surft und chattet, sieht und wird gesehen. Beeindruckend: die vielen unterschiedlichen Kaffeesorten.
Odós El. Venizélou 5 | www.living.com.gr | tgl. ab 10 Uhr

EINKAUFEN
Haupteinkaufsstraßen für Souvenirs jeder Art sind die Odós Soulíou, die Odós Arabatzóglou, die Odós Ethnikís Antistáseos und die Odós Paleológou. Mode- und Schuhgeschäfte findet man in der Altstadt vor allem in der Odós Arkadíou und in der Neustadt entlang der Odós Pávlou Koundourióti.

KERAMIK UND SALZTEIG
20 Acrovátis ▶ S. 41

21 Bäckerei Konstantínos Sparmoudákis
In dieser über 60 Jahre alten Bäckerei wird kein essbares Brot mehr gebacken. María und ihr Sohn Kóstas haben sich ganz auf die Herstellung ihrer preisgekrönten, traditionellen kretischen Hochzeitsbrote aus Salzteig eingestellt. Die reich verzierten Kunstwerke sieht man in vielen kretischen Häusern als Wanddekoration. Es gibt sie in drei verschiedenen Größen für 6, 10 und 20 €.
Odós N. Fóka 93 | tgl. 6–21 Uhr

22 Frosso bora
Moderne Keramik bester Qualität aus eigener Werkstatt. Auch Töpferkurse werden angeboten.
Odós Chimarás 27 | tgl. 10–20 Uhr

KOSMETIK

㉓ Avlí Raw Materials
Griechische Naturkosmetikserien sowie feste und flüssige Leckereien aus ganz Griechenland gibt es hier zu kaufen.
Odós Arabatzóglou 38–40 | tgl. 10–21 Uhr

㉔ Wochenmarkt
Jeden Donnerstagvormittag findet auf dem Großparkplatz am Rande der Altstadt ein Wochenmarkt statt, auf dem vor allem Billigwaren, aber auch Obst und Gemüse verkauft werden.

KULTUR UND UNTERHALTUNG

Réthimno bietet viele Möglichkeiten zur Abendunterhaltung. Wenigstens einmal muss man bei Mondschein am alten venezianischen Hafen gesessen haben; mit etwas Glück kann man ein Konzert oder eine Theateraufführung in der Fortezza miterleben. Mehrere Discos findet man unmittelbar hinter dem venezianischen Hafen.

THEATER

Theater Periplous ▶ S. 109, südl. b 3
Das 1988 gegründete Theater mit nur etwa 70 Sitzplätzen brachte schon Stücke von Shakespeare und Rainer Werner Fassbinder. Ein eigenes Theater für Kinder ist angeschlossen.
Odós Kourmoúli 127 | Mastabá | Tel. 69 44 87 61 43 | www.theatrikos periplous.gr

KINO

㉕ Astéria
Open-Air-Kino unterhalb der Mauern der Fortezza. Getränke und Snacks sind erhältlich, gezeigt werden in zwei Abendvorstellungen überwiegend aktuelle englischsprachige Filme.
Odós Melissínou 21/Ecke Odós Smírnis | je nach Wetter ca. Juli–Mitte Sept. | Eintritt 7 €

AKTIVITÄTEN

Cabrio-Busse 👤
Réthimno kann man jetzt auch im Cabrio-Bus erleben. Die Passagiere sitzen auf dem Oberdeck eines klassischen London-Busses. Man kann die Busse für eine Stadtrundfahrt in einem Stück nutzen, aber auch an verschiedenen Stationen aus- und zusteigen.
Réthimno City Tour: Platía Ágnostos Stratiótis | Tel. 28 31 03 55 30 | www.rethymnocitytour.gr

SERVICE

AUSKUNFT

Griechische Zentrale für Fremdenverkehr
Aktí El. Venizélou | Tel. 28 31 02 91 48 | www.rethymno.gr | Mo–Fr 8–14 Uhr

Hafenpolizei
Tel. 28 31 02 22 76 (für Fährauskünfte)

VERKEHR

Busbahnhof
Odós Igouménou Gavriíl | Tel. 28 31 02 22 12 | www.bus-service-crete-ktel.com

Ziele in der Umgebung

◎ ANÓGIA   H 4
2450 Einwohner

Anógia ist eines der ursprünglichsten und berühmtesten Bergdörfer Kretas. Es liegt 740 m hoch am Nordhang des Ída-Gebirges. Der schönere Teil des Orts mit alten Gassen und Häusern ist der untere; das obere Dorf wurde nach dem Zweiten Weltkrieg fast vollständig neu erbaut. Deutsche Truppen hatten das alte Dorf am 15. August 1944 gänzlich abgebrannt und alle männlichen Bewohner erschossen, weil Partisanen den deutschen General von Kreipe zum britischen Feind nach Ägypten entführt hatten. Eine Gedenktafel am modernen Rathaus erinnert an dieses dunkle Kapitel deutscher Geschichte. In Anógia leben noch viele Menschen von der Viehzucht und der Käseproduktion, darum ist es besonders ländlich und traditionell geblieben. Wer mit dem Auto unterwegs ist, kann von Anógia aus einen Ausflug auf die Nída-Hochebene (▶ S. 119) unternehmen, wo die meisten der über 100 000 Ziegen und Schafe der Dorfbewohner im Sommer weiden.

52 km südöstl. von Réthimno

MUSEEN UND GALERIEN
Skoulás-Museum

Das kleine Museum zeigt Gemälde und Skulpturen des aus Anógia stammenden Künstlers Alkivíades Skoulás, der sich thematisch u. a. mit den kretischen Freiheitskämpfen und der deutschen Besatzungszeit im Zweiten Weltkrieg auseinandersetzte.

Nahe der unteren Platía | meist tagsüber geöffnet, sonst Schlüssel im alten »kafenío« an der Platía erbitten | Eintritt frei, Spende gern gesehen

Xiloúris-Museum

Níkos Xiloúris (1937–1980) gilt als bedeutendster Lyra-Spieler Kretas. In seinem Geburtshaus erinnert eine Ausstellung an sein Leben und Schaffen.

An der unteren Platía | tagsüber meist geöffnet

Die meisten Bilder und Skulpturen des Künstlers Alkivíades Skoulás (▶ S. 113), hier in seinem Museum in Anógia, thematisieren den kretischen Freiheitskampf.

ÜBERNACHTEN

Aristéa

Gastfreundschaft ist Trumpf – Die Zimmer und Apartments dieser modernen Pension haben fast alle einen herrlichen Talblick, dazu teilweise einen offenen Kamin für kühle Tage und Platz für bis zu sieben Personen.

An der Umgehungsstraße im oberen Dorfteil | Tel. 28 34 03 15 84 | www.hotelaristea.gr | 5 Zimmer und 4 Apartments | €

Marína

Blick ins Tal – Auch dieses Hotel punktet mit seiner schönen Aussicht übers Tal. Alle Räumlichkeiten haben einen offenen Kamin und eine kleine Küchenzeile, TV und kostenfreies Internet. Sogar Vier-Zimmer-Apartments sind verfügbar.

An der Umgehungsstraße im oberen Dorfteil | Tel. 28 43 03 18 17 | www.marinahotelanogia.gr | 12 Zimmer | €

AMÁRI-TAL   H 4

Das fruchtbare Hochtal im Osten des Psilorítis ist ein schönes Ziel für einen Tagesausflug mit dem Mietwagen. Von Ausflugsbussen wird das abgelegene Tal bisher kaum angesteuert, die hübschen Dörfer haben sich ihren ursprünglichen Charakter bewahrt.

Ca. 38 km südöstl. von Réthimno

SEHENSWERTES

Apodoúlou

300 m vor dem nördlichen Ortseingang weist ein blaues Schild auf ein unzerstörtes spätminoisches Rundgrab hin. Über einen 500 m langen Feldweg gelangt man zur Kapelle Ágios Geór-

Vom Dorfplatz in Archéa Eléftherna gelangt man in kurzer Zeit zu zwei riesigen, in den Fels geschlagenen Zisternen (▶ S. 115), die rund 2300 Jahre alt sind.

gios in schönster Lage. Von den Fresken im Innern sind noch zwei Heilige zu Pferde zu erkennen.
Alles ständig frei zugänglich

Kloster Asómaton

Das ehemalige Kloster ist jetzt Teil einer Landwirtschaftsschule. In der Klosterkirche sind fünf rührend naive Ikonen zu sehen, die die Geschichte Adams und Evas von der Schöpfung bis zu ihrer Vertreibung aus dem Paradies erzählen.
Kirche nur zu Gottesdiensten geöffnet, Sa 18–19, So 7–11 Uhr

Thrónos

Im winzigen Dorf, 560 m hoch am Hang des Psilorítis gelegen, steht im Zentrum über den Grundmauern einer frühchristlichen Basilika die Kirche Kímisis tis Theotókou aus dem 11. Jh. Die Fresken wurden vermutlich um 1400 gemalt.
Falls geschlossen, liegt der Schlüssel in der nahen Taverne Araván̆es

Vizári

Ein Schild an der Platía in diesem stillen Bergdorf weist den Weg zu den Überresten einer frühchristlichen Basilika aus dem 5. Jh.
Ständig frei zugänglich

ESSEN UND TRINKEN
RESTAURANTS

Araván̆es

Einheimische Kost – Moderne Taverne mit sehr traditioneller Küche, Verkauf von getrockneten Kräutern aus der Region.
Thrónos | Tel. 28 33 02 27 60 | tgl. ab 8 Uhr | €

Déspina Bolioudaki

Hausmannskost – Die sehr bodenständige »déspina« bereitet in ihrem kleinen Lokal täglich einige sehr preiswerte Gerichte nach Hausfrauenart zu.
Gerakári, 20 m von der Platía | Tel. 28 33 05 10 13 | tgl. 8–23 Uhr | €

Kládos

Üppig und gut – Einfache Taverne, in der vor allem Talbewohner einkehren. Entsprechend authentisch ist hier die Küche, die Portionen sind riesig, die Preise niedrig. Vater Vassili kümmert sich um Garten und Hühner, Mutter Charoúla kocht, Sohn Vassili bedient.
An der Einfahrt zum Kloster Asómaton | Tel. 28 33 02 22 12 | tgl. 12–22 Uhr | €

◎ ARCHÉA ELÉFTHERNA G 4
240 Einwohner

Die Überreste der im 8. Jh. v. Chr. von dorischen Einwanderern gegründeten Stadt Eléftherna liegen weit verstreut in hügeliger Landschaft unterhalb des kleinen Dorfes Archéa Eléfrtherna. Zu ihrer Erkundung ist ein Fahrzeug unerlässlich.
25 km südöstl. von Réthimno

SEHENSWERTES
Akropolis und Zisternen

Die Akropolis der antiken Siedlung lag auf einem von zwei Schluchten gesäumten, schmalen Felsplateau. Vom heutigen Ortszentrum aus folgt man dem Wegweiser mit der Aufschrift »Acropolis Cisterns«. Der Fahrweg endet vor einer schlichten Taverne. Hier beginnt ein Pfad, der an den Überresten eines spätantiken oder frühmittelalterlichen Turms vorbei über das Plateau und dann zu sechs großen Zisternen hinunterführt. Die beiden Felskammern mit den Zisternen sind jeweils etwa 40 x 25 m groß und bis zu 5 m hoch. Mit einer Taschenlampe kann man in sie hineinsteigen. Hält man sich an den Zisternen rechts, kommt man nach gut 5 Min. auf eine grüne Terrasse, wo unter Olivenbäumen die Grundmauern eines nicht näher bestimmbaren antiken Heiligtums liegen. Dieser Platz ist ideal für ein einsames Picknick.

Ständig frei zugänglich

Antikes Stadtzentrum

Unterhalb der Straße nach Margarítes liegen die eingezäunten Überreste der »ancient town«, von der vor allem Reste einer kleinen römischen Thermalbadeanlage, eines frühchristlichen Bischofspalastes und einer dreischiffigen Basilika aus dem 6. Jh. erhalten sind. Der Weg dorthin führt an der Doppelkirche Christós Sotirós ke Agiá Anna vorbei, die in ihren ältesten Teilen aus dem 10. Jh. stammt.

Ausgrabungen meist wegen Wärtermangels geschlossen, aber gut von außen einsehbar

Orthí Pétra

Unterhalb der Straße zum Kloster Arkádi liegen Ausgrabungen unter einem markanten Schutzdach. Die Archäologen brachten hier einen Friedhof aus der geometrischen Epoche, eine gut erhaltene einbogige Brücke aus spätklassischer Zeit sowie Grundmauern römischer Häuser aus dem 2. Jh. ans Tageslicht.

Ausgrabungen meist wegen Wärtermangels geschlossen, aber zum Teil gut von außen einsehbar

MUSEEN UND GALERIEN

Archäologisches Museum Eléftherna 🚩 G 3

In diesem Museum wird eine Auswahl der bisher über 15 000 im Gebiet der antiken Stadt Eléftherna gemachten Funde aus vier Jahrtausenden gezeigt.

Archéa Eleftherna, an der Straße zwischen Eléftherna und Archéa Eléftherna | Di–So 8–15 Uhr | Eintritt 3 €

> ### Dörfliche Idylle in Argiroúpolis 5
>
> Im winzigen »Stadttor« erhält jeder Gast die Kopie eines handgezeichneten »Stadtplans«, in dem die historischen Sehenswürdigkeiten des Bergdorfs verzeichnet sind. Ein Abstecher führt zu einer Kapelle und antiken Gräbern, bevor an Kretas wasserreichster Quelle mehrere Forellenzuchtstationen den fangfrischen Fisch unter hohen Platanen servieren (▶ S. 13).

ARGIROÚPOLIS F 4
400 Einwohner

Das große Dorf ist dank einiger ganz unterschiedlicher Attraktionen ein beliebtes Ausflugsziel für einen ganzen Tag. Man kann hier aber auch übernachten. Der heutige Ort steht an der Stelle der antiken Siedlung Láppa und war auch in römischer Zeit von einiger Bedeutung, wie Felsgräber und das Bodenmosaik einer Therme bezeugen. Da das Sehenswerte des schmucken Dorfes weitläufig in der Landschaft verteilt ist, lohnt es sich, mit dem Wagen oder dem Moped heraufzukommen.

Ca. 25 km südwestl. von Réthimno

SEHENSWERTES

Mittelalterlicher Ortskern

Direkt gegenüber der 1895 erbauten Dorfkirche mit ihrem hübschen Glockenturm liegt der Eingang zum mittelalterlichen Ortskern, in dem die Gemäuer mehrerer venezianischer Villen erhalten sind. Im Geschäft »Lappa Avocado« (im Durchgang zum alten Ort), das Kosmetikprodukte aus Avocados anbietet, erhält der Besucher kostenlos einen Ortsplan mit Einzeichnung der Sehenswürdigkeiten. Die größte von ihnen ist das römische Bodenmosaik einer kleinen Therme aus dem 3. Jh. mit floralen und geometrischen Motiven. Ein römisches Tor schmückt die Inschrift »Omnia Mundi Fumus et Umbra« (»Alles in der Welt ist Rauch und Schatten«). Einige Meter weiter zweigt eine schmale Gasse zu einem römischen Wasserreservoir aus Marmor ab.

Römische Gräber

Etwas außerhalb des heutigen Dorfes steht die kleine Kapelle Pénde Parthénon, die fünf Märtyrerinnen aus der Zeit um das Jahr 250 geweiht ist. In die umliegenden Felswände sind hier mehrere begehbare römische Kammergräber gehauen. Nur wenige Schritte entfernt steht eine der mächtigsten und ältesten Platanen Kretas an einem Brunnen, dessen Wasser Gläubige früher als heilkräftig betrachteten und tranken. Links der Straße nach Káto Póros, ca. 300 m nach Abzweigen von der Hauptstraße, beginnt an einem Bilderstock ein etwa 250 m langer Fußweg zur Kapelle, die ebenso wie die Gräber ständig frei zugänglich ist.

25 km südwestl. von Réthimno

ÜBERNACHTEN

Láppa Apartments

Gastfreundlich – Moderne Studios in einem alten Steinhaus, alle mit Balkon und schönem Talblick. Der rührige Wirt bietet Wanderern auch Transfers zu Start- und Zielpunkten von Wanderungen in der Region an.

Unterhalb der Hauptstraße im Ortszentrum | Tel. 28 31 08 12 04 | www.lappa-apartment.com | 7 Apartments | €

ESSEN UND TRINKEN

Paléos Mýlos

Ausgezeichnet – Nahe kleinen Wasserfällen und starker Quellen, die auch einen Teil des Trinkwasserbedarfs von Réthimno decken, haben sich mehrere schöne Tavernen angesiedelt. Bestens organisiert ist die Taverne Paléos Mýlos um eine historische Wassermühle mit großem Freisitz unter alten Bäumen. Die Taverne betreibt eine eigene Forellenzucht, der Service ist auch bei Hochbetrieb flink und freundlich, das Essen köstlich. Im Mühlengebäude kann der Besucher Rakí und hausgemachte Liköre verkosten.

Tel. 28 31 08 12 09 | tgl. ab 11 Uhr | €–€€

ARMÉNI F 4

400 Einwohner

Wie Menschen in minoischer Zeit bestattet wurden, kann man kurz vor dem Ortseingang rechts der Hauptstraße sehen. Hier haben Archäologen mehr als 280 recht einfache Schachtgräber aus dem 2. Jahrtausend v. Chr. freigelegt. In ihnen wurden u. a. die schönen bemalten Sarkophage gefunden, die jetzt im Archäologischen Bezirksmuseum von Réthimno ausgestellt sind.

Di–So 10–18 Uhr | Eintritt 3 €

Im einstigen Hippie-Paradies Mátala (▶ S. 119) sollten Sie den eindrucksvollen Höhlen, die in der Steinzeit von Menschen bewohnt waren, einen Besuch abstatten.

MARGARÍTES G3
330 Einwohner

Margarítes ist eines der beiden großen Töpferdörfer der Insel (das andere ist Thrapsanó südöstlich von Iráklio). Bis in die 1950er-Jahre hinein wurden hier die mannshohen Vorratsgefäße gefertigt, die man heute noch in Vorgärten und Kellern sieht. Sie werden nur noch in zwei Töpfereien am Dorfrand hergestellt. Ansonsten haben sich jetzt viele neue, kleinere Töpfereien im Ort angesiedelt, die entweder künstlerische Keramik oder Souvenirs produzieren.

27 km südöstl. von Réthimno

MONÍ ARKÁDI 6 G4

Das einsam in den Bergen gelegene Kloster ist Kretas Nationalheiligtum. Hierher hatten sich während einer Rebellion gegen die Türkenherrschaft im November 1866 fast tausend Männer, Frauen und Kinder vor heranrückenden türkischen Truppen zurückgezogen. Als die 325 bewaffneten Kämpfer erkannten, dass das Kloster nicht zu halten war, versammelten sie alle Frauen und Kinder im Pulvermagazin und sprengten es dann in die Luft. Sie selbst metzelten noch so viele Türken wie möglich nieder, bis auch der letzte Kreter gefallen oder gefangen genommen war. Dieses Opfer bewirkte, dass die Weltöffentlichkeit erstmals vom kretischen Freiheitskampf Notiz nahm. Durch die Intervention von Schriftstellern und Politikern mussten die Türken 30 Jahre später die Insel verlassen. Die 1587 geweihte, zweischiffige Klosterkirche besitzt eine besonders schöne Renaissancefassade. Im Museum des Klosters sind viele Erinnerungsstücke an jenen schicksalhaften November 1866 ausgestellt. Zur Linken der Kirche steckt in einer alten Zypresse noch immer ein türkisches Geschoss von 1866. Das damals gesprengte Pulvermagazin ist noch immer dachlos. Dem Klostereingang gegenüber befindet sich das Ossuarium, wo in gläsernen Vitrinen die Schädel vieler Opfer verwahrt werden.

April–Okt. tgl. 9–20 Uhr, sonst bis Sonnenuntergang | Museumseintritt 2,50 € 20 km südwestl. von Réthimno

NÍDA-HOCHEBENE H 4

Liebhabern einsamer Hochgebirgstäler und Bergwanderern wird die Nída-Hochebene, 21 zumeist asphaltierte Straßenkilometer von Anógia entfernt, in bester Erinnerung bleiben. Die Ebene liegt in 1370 m Höhe, zu Füßen von Kretas höchstem Berg, dem Psilorítis (2456 m). Der Touristenpavillon (Taverne, zwei Zimmer, kein Telefon) ist Ausgangspunkt für eine halbstündige Wanderung zur Ída-Höhle in 1540 m Höhe, in der noch Ausgrabungen durchgeführt werden. Für den Weg auf den Psilorítis benötigt man gut 4 Std. (beide Wege sind mit roten Punkten markiert).

Ca. 65 km südöstl. von Réthimno

MÁTALA H 5
100 Einwohner

Das ehemalige Fischerdorf an der Südküste war in den 1960er-Jahren ein berühmtes Hippie-Nest. Junge US-Amerikaner, die nicht in Vietnam sterben wollten, kamen zuerst; später gesellten sich viele junge Leute aus aller Welt hinzu. Die Bewohner zeigten Verständnis für die Hippies, die Polizei war weit entfernt, der Strand grandios. Außerdem hatten schon die Römer Höhlen in die Felswand am Nordufer der Bucht gegraben, die teilweise sogar den Luxus von aus Stein gearbeiteten Bänken und Tischen aufwiesen. Heute ist Mátala ein beliebter Ferienort auch für (junge) Pauschalurlauber. Im alten Ortskern stehen nur wenige Pensionen, das neue, nur locker bebaute Hotelviertel zieht sich 2 km weit ins Hinterland hinein. Direkt am Wasser hat sich in Mátala im alten Fischerviertel und in der kurzen Bazar-Gasse noch ein wenig das Flair vergangener Hippiezeiten gehalten. Schön ist der breite Sand-Kies-Strand direkt im Ort; zum Red Beach (FKK) geht man 30 Min.

ÜBERNACHTEN

Eva-Marina

Nah am Strand – Von den Inhabern geführte ruhige Pension. Kleine Bar als kommunikativer Treffpunkt der Gäste, gut ausgestattete Badezimmer, klimatisierte Zimmer und TV-Lounge. Vom Balkon blickt man in den Garten und auf die Berge. Das kontinentale Frühstück wird im Garten unter Jasminbäumen serviert oder im Frühstücksraum.

An der Pensionsgasse am Rand des alten Dorfes | Tel. 28 92 04 51 25 | www.evamarina.com | 12 Zimmer | €

Iliáki/Sunshine

Familiär – Einfache Zimmer bei einer Wirtin alten Schlags, die besonders auf Ruhe in und um ihre Pension achtet und keine Website braucht.

An der Pensionsgasse am Rande des alten Dorfes | Tel. 28 92 04 51 10 | 16 Zimmer | €

ESSEN UND TRINKEN

Scala

Blick auf die Bucht – Eine der ältesten Tavernen im alten Fischerviertel mit schöner Aussicht. Mutter Maria kocht, brät und grillt hier seit gut 30 Jahren. Sie wird jetzt von ihrer Tochter Charoúla unterstützt, für guten und zuvorkommenden Service sorgt Sohn Mános. Etwa zweimal wöchentlich gibt es abends griechische Livemusik.

Tel. 28 92 04 54 89 | tgl. 10–24 Uhr | €

EINKAUFEN

SCHMUCK

Axel Genthner

Der westfälische Gold- und Silberschmied entwirft und fertigt seinen Schmuck noch weitgehend selbst.

In der Ladenzeile des Hotels Zafíria kurz vor der Schranke zum alten Dorf | Mo–Sa 13–19 Uhr

Ziele in der Umgebung

◎ **AGÍA GALÍNI** G 5
1250 Einwohner

Der beliebte Badeort an der Südküste schmiegt sich in ein Tal und zieht sich an dessen Hängen hinauf. Die drei Hauptgassen und der Hafenplatz gleichen einer großen Freilufttaverne, die meisten Häuser darum herum sind Hotels. Hier fühlt sich wohl, wer ungern irgendwo allein ist. Trotzdem hat

Gebratene Schnecken, früher eine Arme-Leute-Essen, sind heute eine kretische Delikatesse, die auch in der Taverne Ílias (▶ S. 120) in Agía Galíni aufgetischt wird.

der Ort viel Flair. Über der langen, begehbaren Hafenmole steht ein modernes Denkmal für Dädalos und Ikarus, die ersten Flieger der Menschheitsgeschichte. Der Sandstrand ist etwa 5 Min. entfernt.

26 km nordwestl. von Mátala

ÜBERNACHTEN

Romantika Apartments ▶ S. 24

ESSEN UND TRINKEN

Ílias

Marke Eigenbau – Susanna, die lange in Italien lebte, und der Kreter Manólis Paterákis servieren in ihrer abseits des Hafens und der engen Gassen gelegenen Taverne ganzjährig kretische Köstlichkeiten, für die sie eigenen Honig, eigenes Öl und zum Teil auch Fleisch aus eigener Zucht verwenden. Besonders empfehlenswert ist ihre Fischsuppe. Mutige können hier auch kretische Schnecken probieren.

An der Bushaltestelle | Tel. 69 06 96 30 86 | tgl. ab 12 Uhr | €€

SERVICE

BOOTSFAHRTEN

Vom Hafen aus fahren täglich Ausflugsboote zu den Stränden in der Umgebung, u. a. zum Préveli Beach.

◎ AGÍA TRIÁDA   H 5

Die Grundmauern eines minoischen Gebäudekomplexes aus der Zeit um 1600 bis 1450 v. Chr. werden unterschiedlich gedeutet: zum Teil als Hauptpalast, zum Teil als Sommerresidenz und Villa des Herrschers, der im nur 2 km entfernten Festós residierte. Auf jeden Fall war dem Palast eine kleine Siedlung angeschlossen, die auch noch in mykenischer Zeit genutzt wurde.

April–Okt. tgl. 10–16.30, Nov.–März Di–So 8.30–15 Uhr | Eintritt 4 €

13 km nordöstl. von Mátala

◎ FESTÓS   H 5

Der minoische Palast von Festós (▶ Karte S. 123) erstreckt sich über einen Hügel, der 70 m hoch aus Kretas größter Binnenebene, der Messará, herausragt. Der Blick umfasst das Meer und drei kretische Gebirge: das Ída-Gebirge im Norden, die Lassíthischen Berge im Nordosten und das Asteroússia-Gebirge im Süden. Der von italienischen Archäologen freigelegte Palast besitzt die typischen Merkmale der minoischen Stadtplanung: einen Zentral- und einen Westhof, Vorratsräume mit darin lagernden Pithoi, eine repräsentative Freitreppe und die sogenannten Gemächer von König und Königin.

Tgl. 8–19.30 (Winter bis 17) Uhr | Eintritt 8 €

11 km nordöstl. von Mátala

◎ GÓRTIS   J 5

Wo heute in der Messará-Ebene nur noch ein paar Ruinen zwischen und unter Olivenbäumen aufragen, stand in römischer Zeit die Hauptstadt Kretas, die nach antiken Angaben einen Durchmesser von 10 km gehabt haben soll. Bereits um 500 v. Chr. zeichnete man hier das gültige Stadtrecht für jeden lesbar auf Steinblöcken auf; um 60 n. Chr. amtierte hier der vom Apostel Paulus selbst eingesetzte Bischof Titus, dem er später die aus dem Neuen Testament bekannten Titusbriefe schrieb. Lohnenswert ist der Besuch der Ruinen der Titus-Basilika aus dem

6. Jh. und des Odeons, das von den Römern um 100 erbaut und für Musikaufführungen genutzt wurde. In seiner Rückwand sind die Gesetzesinschriften auf 42 Steinblöcken nachzulesen.
Ausgrabungen von geringerer Bedeutung, die aber schön in einem Olivenhain verstreut liegen, finden sich südlich der Straße. Um hinzugelangen, geht man zunächst auf der Fahrbahn einige Schritte in Richtung Iráklio zurück und biegt dann nach rechts auf die Straße nach Léndas ab, die kurz darauf die Ruinen einer frühchristlichen Basilika durchschneidet. Gleich links davon liegen die Überreste der römischen Agorá, eines römischen Theaters, eines Tempels und imposanter Thermen.
April–Okt. tgl. 8–19.30, Nov.–März Di–So 8.30–15 Uhr | Eintritt 6 €
23 km nordöstl. von Mátala

◎ LÉNDAS   J 6
Der weltabgeschiedene Küstenort hat sich noch ein wenig vom Flair der 1980er-Jahre erhalten, als der Ort der Geheimtipp schlechthin für Rucksacktouristen war. Hier gibt es immer noch keinen Pauschaltourismus, die Atmosphäre ist leger und entspannt. Am Ditikó Beach baden Nackte und Bekleidete weiterhin gemeinsam am gleichen guten Sandstrand, am Main Beach stehen einfache Tavernen fast direkt im Wasser. Alle wichtigen Ausflugsziele sind weit entfernt. In Léndas ist man, um in Léndas zu bleiben.
45 km südöstl. von Mátala

SEHENSWERTES
Antikes Lebena
An der Verbindungsstraße zwischen Léndas und dem Ditikó Beach blieben einige Ruinen der antiken Siedlung Lebena erhalten. In der Nähe einer (heute versiegten) Thermalquelle war dort im 4. Jh. v. Chr. ein Heiligtum für Äskulap, den Gott der Heilkunst, entstanden. Von ihm blieben die Ziegelwände eines in den Hang hinein gebauten Tempels mit monolithischen Säulen und einer Bank zur Aufstellung von Kultstatuen erhalten. In einer ehemaligen Säulenhalle neben dem Tempel sind noch Reste eines Seepferdchen-Mosaiks aus dem 3. Jh. v. Chr. zu sehen. Von fortgesetzter Nutzung in frühchristlicher Zeit zeugen die Ruinen einer kleinen Basilika.
Di–So 8–15 Uhr | Eintritt frei

ÜBERNACHTEN
Léntas Bungalows
Nahe am Meeer – Mitten im kleinen Dorf bilden die fünf schlichten Bungalows mit insgesamt zwölf Zimmern in einem großen, alten Garten mit Palmen und vielen Blütenpflanzen eine kleine Oase für sich. Es gibt eine Gemeinschaftsküche; zum Meer und dem Main Beach gelangt man in etwa 100 m zu Fuß.
Tel. 69 99 29 52 22 | www.hotel-lentas.com | 12 Zimmer | €

◎ VÓRI   H 5
500 Einwohner
Vóri mit seiner kleinen, netten Platía ist vor allem wegen seines Volkskundlichen Museums einen Besuch wert, dessen besonders umfangreiche Sammlung systematisch und gut erklärt ausgestellt ist. Zu sehen sind Webstühle, Geräte für den Ackerbau etc.
Tgl. 11–17 Uhr | Eintritt 3 €
15 km nordöstl. von Mátala

Górtis, Léndas, Vóri | 123

Festós

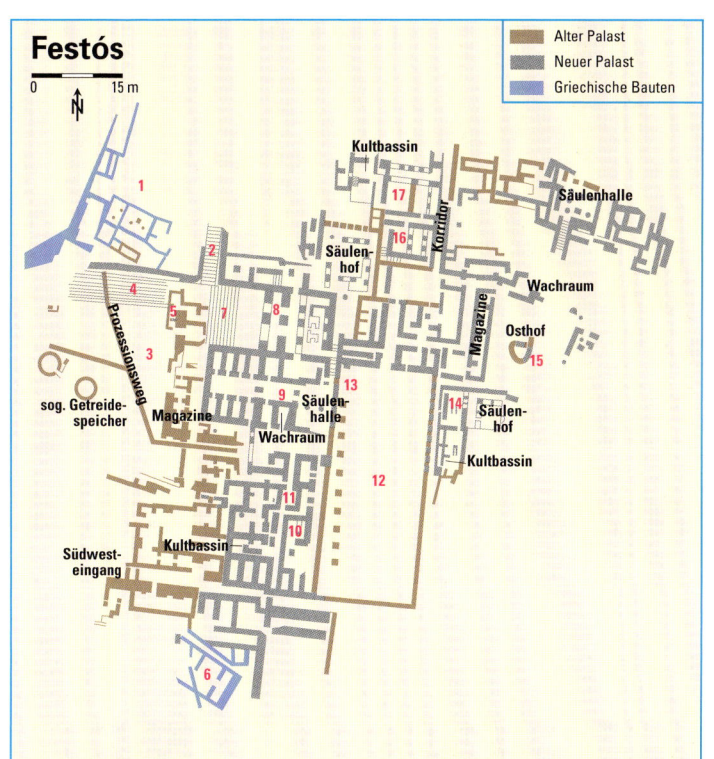

0 — 15 m

- Alter Palast
- Neuer Palast
- Griechische Bauten

Kultbassin
1
17
Säulenhalle
Korridor
2
Säulen-
hof
16
Wachraum
Prozessionsweg
4
Magazine
Osthof
5 7 8
15
3
sog. Getreide-
speicher
9 Säulen-
Magazine halle
13
14
Säulen-
hof
Wachraum
Kultbassin
12
11
Kultbassin
10
Südwest-
eingang
6

1 **Nordwesthof** mit Grundmauern aus der hellenistischen Zeit (3./2. Jahrhundert v. Chr.)
2 Ursprünglich überdachte **Treppe zum Westhof**
3 **Westhof** Hier fanden wichtige kultische Zeremonien statt
4 **Große Schautreppe** Auf ihr standen die höchsten Würdenträger während der Kultzeremonien
5 **Heiligtum** für Kulthandlungen anlässlich von Zeremonien
6 **Grundmauern** eines griechischen Tempels, die von der Besiedlung dieses Ortes auch noch im 1. Jahrtausend v. Chr. zeugen
7 **Freitreppe** mit zwölf Stufen, die in den Palast führt
8 **Propylon**, Eingang zum Palast
9 **Magazine** In ihnen liegen noch Mörser, Tröge und die minoischen Vorratsgefäße, die Pithoi
10 **Pfeilerraum**, eine Art Kapelle
11 **Lustrationsbecken** für rituelle Waschungen
12 **Zentralhof**
13 **Altar**
14 **Privatgemächer** eines Prinzen
15 **Schmelzöfen** zur Bronzegewinnung
16 **Megaron**, die Gemächer einer Königin
17 **Megaron** des Königs

© MERIAN-Kartographie

Sowohl während der Türkenherrschaft als auch im Zweiten Weltkrieg bildete das Kloster Moní Préveli (▶ S. 126) ein Bollwerk des Widerstandes und der Unabhängigkeit.

ZARÓS
J5
2200 Einwohner

Das Bergdorf liegt in 340 m Höhe am Südhang des Ída-Gebirges. Für den, der abseits der Küsten ins kretische Leben eintauchen will, ist es für ein paar Urlaubstage ein gut geeigneter Standort. Soziales Zentrum ist die Platía mit ihren Kaffeehäusern und Tavernen. 1 km oberhalb tummeln sich in einem künstlich angelegten See, um den ein Wanderweg herumführt, Schildkröten und Forellen. Am Weg dorthin liegen zwei Forellenzuchtstationen mit angeschlossenen Restaurants. Vom See aus führt ein Wanderweg durch die Roúvas-Schlucht zum 1 km entfernten Mönchskloster Ágios Nikólaos. Vom Kloster gelangt man über ein Teilstück des Europäischen Fernwanderwegs E 4 in etwa 2 Std. aufwärts in den Roúvas-Wald. Ein nahes Wanderziel ist auch das 2,5 km vom Ort entfernte Kloster Vrondísi mit einem schönen Brunnen unter schattigen Platanen.

35 km nordöstl. von Mátala

ÜBERNACHTEN
Elaiónas

Oase der Ruhe – Inmitten von Gemüsefeldern und Olivenbäumen stehen die Natursteinhäuser der kleinen Anlage einsam 2 km außerhalb des Dorfes. Es gibt einen kleinen Pool und eine Bogenschießanlage, den Gästen stehen Mountainbikes kostenlos zur Verfügung. In der angeschlossenen Taverne kocht die Mutter des Wirts.

Am Ortsende Richtung Kamáres | Tel. 21 09 60 71 00 | www.guestinn.com | 10 Häuser | €€

PLAKIÁS

F4

180 Einwohner

Plakiás liegt in einer kleinen Küstenebene voller alter Olivenbäume, von der aus die Hänge sanft und grün zu den beiden nur 3 bis ca. 5 km entfernten Bergdörfern Mirthios und Sellía ansteigen, zwei urig gebliebenen Orten mit guten Tavernen und mehreren Ateliers von Kunsthandwerkern und Künstlern. Vom kleinen Hafen von Plakiás zieht sich ein etwa 2 km langer, breiter Sandstrand gen Westen, der sich am anderen Ende zu einem breiten Dünengelände weitet, in dem man sich wie Adam und Eva sonnen kann. Östlich des Hafens liegen weitere schmale Strände unter einem niedrigen Steilufer, das seit einigen Jahren ebenfalls Tavernen und kleine Hotels säumen. Vom Hafen aus fahren vormittags mehrmals täglich Badeboote zum Préveli Beach. Plakiás hat sich zwar dem Pauschaltourismus geöffnet, doch der fällt dank harmonisch in die Landschaft eingepasster Hotels kaum auf, sorgt aber andererseits dafür, dass es von hier aus ein gutes Angebot an geführten Schluchtenwanderungen und anderen begleiteten Ausflügen gibt.

ÜBERNACHTEN

Horizon Beach

Sehr gepflegt – Modernes, zwei- bis dreigeschossiges Hotel mit deutsch-griechischen Inhabern etwa 400 m westlich des Ortskerns direkt über einem kleinen Strand. Alle Zimmer mit Meerblick, sehr gutes Frühstücksbuffet auf einer schönen Terrasse.

Plakiás, Uferstraße | Tel. 28 32 03 14 76 | www.horizonbeachplakias.com | 26 Zimmer | €

ESSEN UND TRINKEN

RESTAURANTS

Tasomanólis

Köstlichkeiten mit Meerblick – Ein kleines Fischerboot gegenüber dem Eingang markiert die ausgezeichnete Taverne, die als Tagesgerichte Leckereien wie gefüllte Zucchiniblüten oder Meerbrasse aus dem Backofen serviert. Schön ist auch der Blick von der ganz in den Nationalfarben Weiß-Blau gehaltenen Terrasse auf die Libysche See.

150 m westlich des Hafens an der Uferstraße | Tel. 28 32 03 12 29 | tgl. ab 12 Uhr | €–€€

Ziele in der Umgebung

◎ **ASÓMATOS** F4

Im kleinen, den Erzengeln geweihten Bergdorf lohnt das private Museum samt seinem »kafenío« den Besuch.

9 km nordöstl. von Plakiás

> **Die Klöster und Palmen von Préveli** 6
>
> Viel Schönes auf kleinstem Raum lässt sich rund um die Préveli-Klöster erleben. Beim Kaffeetrinken in der lauschigen Taverne Géfira schnattern Gänse munter vor einer alten osmanischen Brücke. Ein paar Schritte entfernt lädt die Ruine des Klosters Káto Préveli zum Erkunden ein (▶ S. 14).

◎ **PRÉVELI** F 4/5

Die Region von Préveli ist ein Ausflugsziel für einen Tag und lohnt auch eine weite Anfahrt von Réthimno oder Iráklio her. Sie wird vom nur 15 km langen Bergbach Megalopóta-

mos (= Großer Bach) durchflossen. Er entspringt in der Kourtaliátiko-Schlucht, fließt an einem der beiden Préveli-Klöster vorbei und windet sich am Ausgang eines palmenbestandenen Canyons weit unterhalb des zweiten Préveli-Klosters über einen überaus fotogenen Strand ins Meer. Abgerundet wird der Ausflug durch einen Besuch von Plakiás (▶ S.125) und den umliegenden Bergdörfern mit originellen Geschäften, guten Tavernen und dem urigen Museum in Asómatos.
9 km östl. von Plakiás

SEHENSWERTES
Kourtaliátiko-Schlucht
In der Mitte der etwa 3 km langen Schlucht führen Stufen hinunter zur kleinen Kapelle Ágios Nikólaos. Ihr gegenüber entspringt aus mehreren kräftigen Quellen der Megalopótamos, der beim Palmenstrand von Préveli ins Meer mündet. Die Schlucht mit ihren vielen Höhlen ist Heimat von Greifvögeln wie Goldadler und Bartgeier.

Moní Káto Préveli
Wo die Asphaltstraße erstmals das Niveau des Megalopótamos erreicht, steht links eine noch immer begehbare Brücke von 1850 und am anderen Bachufer eine schöne Taverne. 100 m weiter an der Hauptstraße befindet sich die kurze Zufahrt zur Klosterruine von Káto Préveli. Der Konvent wurde im 17. Jh. erbaut, aber nach seiner Zerstörung durch die Osmanen im 19. Jh. schon wieder verlassen. Einen sehr guten Blick von oben ins Klosterareal hinein hat man von der Straße aus, die die Ruine halbkreisförmig umrundet.
Tagsüber, Eintritt 2,50 €

Moní Píso Préveli
Hinter Káto Préveli steigt die Straße wieder die Hänge hinauf. Sie passiert die Zufahrt zum Parkplatz für den Préveli Beach und ein monumentales Denkmal, das an die Unterstützung der Préveli-Mönche für die für Großbritannien kämpfenden Soldaten aus Australien, Neuseeland und Mikronesien im Zweiten Weltkrieg erinnert. Die Mönche hatten zahlreiche Soldaten nach der deutschen Invasion 1941 im Kloster verborgen, bis sie von britischen U-Booten nach Ägypten evakuiert werden konnten.
25. März–Mai tgl. 9–19, Juni–Okt. Mo–Sa 9–13.30 und 14.30–19, So 9–19 Uhr | Eintritt 2,50 €

Préveli Beach
Kurz hinter der osmanischen Brücke tritt der Megalopótamos in einen schmalen Canyon ein, der ganz und gar mit kretischen Dattelpalmen bewachsen ist. Über kleine Wasserfälle strömt er dem Libyschen Meer entgegen, wo er sich über den grobsandigen, etwa 200 m langen Préveli Beach in die Libysche See windet. Der Strand ist nur zu Fuß oder per Boot zu erreichen, aber im Sommer trotzdem stets gut besucht. Liegestühle und Sonnenschirme werden vermietet, eine einfache Cafeteria lädt zum Verweilen ein.

ESSEN UND TRINKEN
Géfira 🚶

Heimische Kost – Die schattige Taverne liegt direkt an der alten Brücke über den Megalopótamos. Man sitzt unter Maulbeerbäumen und genießt eine bodenständige Küche.
Tel. 69 36 70 41 26 | tgl. ab 10 Uhr | €

SERVICE
STRAND
Wege zum Préveli Beach
Am einfachsten ist der Strand per Badeboot von Plakiás und Damnóni aus zu erreichen; auch von Agía Galíni gibt es Boote dorthin. Vom gebührenpflichtigen Großparkplatz nahe dem Kloster Píso Préveli aus führt ein stellenweise steiler, rutschfeste Sohlen erfordernder Weg in etwa 30 bis 40 Min. zum Strand hinunter. Mit Jeep oder Kleinwagen kann man von der osmanischen Steinbrücke aus auch auf einem mittelmäßigen Feldweg zur Nachbarbucht Ammoúdi fahren und von dort über einen schönen Küstenpfad in etwa 20 bis 30 Min. zum Préveli Beach laufen. Erfahrene Wanderer können von der osmanischen Brücke aus auch auf einem Weg, der größtenteils östlich oberhalb des Canyons verläuft, zum Strand hinabsteigen. Nur im Hochsommer und Herbst ist es auch möglich, direkt im Fluss, kraxelnd, watend und evtl. auch schwimmend zum Préveli Beach zu trekken (wasserdichten Beutel für Wertsachen mitführen!).

◎ SPÍLI G 4
640 Einwohner

Das Dorf an der Hauptstraße von Réthimno nach Süden ist Bischofssitz. Der Bischofspalast mit Priesterseminar steht markant am nördlichen Ortseingang. An der Platía im Ortszentrum ist ein lang gestreckter venezianischer Brunnen mit Wasser speienden Löwenköpfen der Hauptgrund, in Spíli kurz zu halten.

21 km nordöstl. von Plakiás

Ein Blickfang ist der venezianische Brunnen auf der Platía im Dorf Spíli (▶ S. 127), dessen Trinkwasser aus 19 steinernen Löwenköpfen sprudelt.

ÁGIOS NIKÓLAOS UND DER OSTEN

Die Kleinstadt am Golf von Mirabéllo wird von allen kretischen Städten noch immer am stärksten durch den Tourismus geprägt. Zwar ist sie als Hauptstadt des Bezirks Lassíthi auch Verwaltungszentrum, doch das Bild der Stadt bestimmen Urlauber.

Hotels und Apartmenthäuser erstrecken sich nicht nur entlang der Uferstraße des Orts, sondern auch weit entlang der wunderschönen **Bucht von Mirabéllo** ⭐. Cafés und Restaurants haben sich ganz und gar auf ihre europäischen Gäste, vor allem Briten, Deutsche und Skandinavier, eingestellt. Die Umgebung ist lieblich, der Ortskern idyllisch – zum Bummeln wie geschaffen.

Das typische Kreta repräsentiert Ágios Nikólaos nicht. Dem Städtchen fehlt das Raue, das Harte. Es trägt keine Spuren von Verfall und Chaos. Es ist ein guter Urlaubsort für Griechenland-Anfänger; Griechenland-Liebhaber sind anderswo besser aufgehoben – etwa in Réthimno oder Chaniá, in Sitía oder Agía Galíni. Auch für intensive Strandgänger ist es der

◀ Und in der Mitte liegt ein See: Ágios Nikólaos (▶ S. 129) ist von Wasser umgeben.

falsche Ort: Seine wenigen kurzen Strände sind für die zahlreichen Gäste viel zu klein. Dafür ist die Stadt des heiligen Nikolaus ein guter Ausgangspunkt für Ausflüge in den Osten und das Zentrum Kretas – und für Ferientage im April und Oktober: Das Klima hier ist das mildeste der gesamten Nordküste.

ZWISCHEN SEE UND MEER

Mittelpunkt des Urlaubslebens in Ágios Nikólaos ist der kleine Voulisméni-See. Um ihn herum stehen Tische und Stühle von Restaurants und Cafés – zum Meeresufer sind es nur ein paar Schritte. Noch Mitte des 19. Jh. war dieser – neben dem Kournás-See – einzige Süßwassersee Kretas abgeschlossen; heute ist er durch einen Kanal mit dem Meer verbunden und wird als Anlegestelle für Fischerboote genutzt. Sein Ufer fällt steil in die Tiefe ab; es handelt sich um keinen vulkanischen Krater, sondern um eine Karsterscheinung. Ein kleiner osmanischer Brunnen sowie ein in den Felsen gehauenes Kirchlein mit alter, von geflügelten Löwen verzierter Tür gehören zu den wenigen historischen Erinnerungsstücken direkt am See. Das Zentrum des einheimischen Lebens hingegen sind die Platía Venizélou und die Verbindungsstraße Odós 28is Oktovríou.

Von Ágios Nikólaos bieten sich Exkursionen in den Osten Kretas an. Badeorte gibt es in dieser Region noch weit mehr: die recht urigen Städtchen Ierápetra und Sitía oder für den, der's mag, die massentouristischen Zentren von Mália und Liménas Chersónissou. Darüber hinaus warten kleine Küstendörfer mit schönen Urlaubsquartieren auf und Unterkünfte in ländlich gebliebenen Dörfern wie auf der Lassíthi-Hochebene.

ÁGIOS NIKÓLAOS   M 4

Stadtplan ▶ S. 131
19 500 Einwohner

SEHENSWERTES

1 Kirche Agía Triáda
Die der hl. Dreifaltigkeit geweihte Kirche ist innen vollständig mit Wandmalereien aus den 1980er-Jahren im traditionellen byzantinischen Stil ausgestattet. Sie sind zwar kunsthistorisch bedeutungslos, dafür aber im Gegensatz zu vielen alten Wandmalereien in Kretas Kirchen sehr gut erkennbar.

Platía El. Venizélou | tgl. 7–12 und 16–19.30 Uhr | Eintritt frei

❷ Voulisméni-See

Der kleine Süßwassersee hat einen Durchmesser von 137 m und ist 67 m tief. 1870 verbanden ihn die Türken durch einen 61 m langen Kanal mit dem Hafen, sodass er zugleich süß- und salzwasserhaltig ist und heute kleinen Fischerbooten einen sicheren Hafen bieten kann. Um den See, der früher Artemis-Becken genannt wurde, ranken sich viele Sagen.

MUSEEN UND GALERIEN

❸ Archäologisches Bezirksmuseum

Funde aus dem Bezirk Lassíthi von der minoischen bis zur römischen Zeit, sind verteilt auf sieben Säle. Das bedeutendste Objekt in dem 1970 eingeweihten Museumsbau ist die Göttin von Mírtos aus frühminoischer Zeit. Es handelt sich dabei um ein Keramikgefäß in Gestalt einer stilisierten Göttin mit beinlosem, glockenförmigem Körper, einem langen, phallusförmigen Hals und kleinem Kopf, aufgesetzten Brüsten und aufgemaltem Schamdreieck. In den dünnen Armen hält sie eine kleine Kanne. Einzigartig in der Sammlung des Museums ist auch ein 1900 Jahre alter Totenschädel. Die Archäologen fanden ihn so, wie er hier ausgestellt ist: umwunden mit einem Kranz aus goldenen Olivenblättern und mit einer silbernen Münze im Mund. Sie war ihm als Obolus für den Fährmann Charon beigegeben, der nach antikem Glauben die Toten über den Fluss Styx in den Hades übersetzt.

Odós Paleológou (Ausfallstraße in Richtung Irákli) | Tel. 28 41 02 49 43 | voraussichtlich bis Sommer 2017 geschlossen

❹ Volkskunstmuseum

Das kleine Einraum-Museum beherbergt unter anderem kretische Trachten, kunstvolle Stickereien, Webarbeiten und alte Ikonen.

Odós Koundoúrou (an der Brücke über den Kanal) | Tel. 28 41 02 50 93 | Di–So 10–14 Uhr | Eintritt 3 €

ÜBERNACHTEN

❺ Du Lac

Sonderstatus – Das einzige Hotel am See und direkt im Zentrum (und dennoch ruhig gelegen). Von den meisten Zimmern und Studios bietet sich ein prächtiger Ausblick auf den See und das Meer. Die Fenster sind bodentief, das Frühstück kann direkt am Seeufer eingenommen werden.

Odós 28is Oktovríou | Tel. 28 41 02 27 11 | www.dulachotel.gr | 24 Zimmer und Studios | €

Minos Beach Art Hotel ▶ S. 131, nördl. a 1

Renommiert – Eine der schönsten Bungalowanlagen auf Kreta. Üppiger Garten, aber nur begrenzte Bademöglichkeiten im Meer (Einstieg über Leitern), es gibt auch Bungalows mit privatem Pool.

Aktí Elía Sotirchoú | Tel. 28 41 02 23 45 | www.bluegr.com | 118 Zimmer | €€€€

Sensimar Minos Palace
▶ S. 131, nördl. a 1

Exponierte Lage – Moderner Gebäudekomplex, auf einer kleinen Halbinsel gelegen. Zimmergrößen zwischen 23 und 53 m², auch 61 m² große Suiten mit privatem Swimmingpool.

Amoúdi Beach | Tel. 28 41 02 38 00 | www.minospalace.com | 148 Zimmer | €€€€

Agios Nikólaos

SEHENSWERTES
1. Kirche Agía Triáda
2. Voulisméni-See

MUSEEN UND GALERIEN
3. Archäologisches Bezirksmuseum
4. Volkskunstmuseum

ÜBERNACHTEN
5. Du Lac

ESSEN UND TRINKEN
6. L'Indien
7. Ítanos
8. Pélagos
9. Perípou
10. Aléxandros

EINKAUFEN
11. Byzantio
12. Ceramica
13. Blanc du Nil

KULTUR UND UNTERHALTUNG
14. Christina

TopTen
☆ Bucht von Mirabello

ESSEN UND TRINKEN
RESTAURANTS

6 L'Indien

Innovative Gaumenfreuden – Der beste Tipp für Liebhaber kreativer indischer Küche auf Kreta. Koch Taimour verfeinert traditionelle Rezepte nach französischer Art.

Ágios Nikólaos, Kitroplatía Beach | Tel. 28 41 30 08 76 | tgl. ab 12 Uhr

7 Ítanos

Unprätentiös – Auch von Einheimischen häufig besuchtes, modernes Restaurant in zentraler Lage. Die täglich frisch zubereiteten Speisen werden in einem Warmhaltetresen präsentiert und können dort auch direkt durch Fingerzeig bestellt werden.

Odós Kíprou 1 (Nähe Platía Venizélou) | Tel. 28 41 02 53 40 | tgl. 10–23 Uhr | €

8 Pélagos ▶ S. 33

9 Perípou

Junge Szene – Das kleine Bistro mit Balkon zum See hin ist zugleich Buch- und Musikhandlung und das ganze Jahr über ein beliebter Treffpunkt der jungen Kulturszene des Städtchens.

Odós 28is Oktovríou 25 | Tel. 28 41 02 48 76 | tgl. ab 10 Uhr | €

BARS

10 Aléxandros

Die Dachgarten-Bar hoch über dem See ist ein Alltime-Klassiker für Tanzmusik der 1960er- bis 1990er-Jahre, aber auch aktuelle Popmusik hat hier ein Forum. Auf der Getränkekarte stehen über 100 Cocktails, aber natürlich auch kretischer Rakí.

Odós Kondiláki 1 | tgl. 20–2 Uhr

Die unbewohnte Insel Spinalonga (▶ S. 133), auf der eine mächtige venezianische Festung steht, diente bis Mitte des 20. Jh. als Leprakolonie.

Ágios Nikólaos, Eloúnda, Gourniá | 133

EINKAUFEN
IKONEN UND KERAMIK
🟣11 Byzantio
Im kleinen Atelier im Stadtzentrum malt Níkos Tzíris Ikonen im traditionellen Stil und nimmt auch spezielle Motivwünsche an.
Odós 28is Oktovríou 22

🟣12 Ceramica
Nic Gabriel fertigt in seinem Atelier vor allem Kopien von Kunstgegenständen aus griechischen Museen an.
Odós Paleológou 28

MODE
🟣13 Blanc du Nil 🚩
Lust auf »Ganz in Weiß«? Dann ist die 2016 neu eröffnete erste Filiale des renommierten Labels auf Kreta eine Fundgrube für Sie.
Ágios Nikólaos | Mihali Sfakianáki

NATURKOSMETIK
BioAroma ▶ S. 131, südwestl. a 4
Ätherische Öle und Kosmetika aus kretischen Kräutern und Pflanzen werden hier nicht nur verkauft, sondern auch selbst hergestellt. Dem Betrieb angeschlossen sind ein kleines Museum und ein duftender Kräutergarten.
Ammopúda Ksirokámbou (an der Umgehungsstraße) | www.bioaroma.gr

KULTUR UND UNTERHALTUNG
KINO
🟣14 Christína
Das Open-Air-Kino zeigt im Sommer zweimal am Abend aktuelle Filme und Filmklassiker in der Originalsprache unterm Sternenhimmel.
Odós Ethnikís Antistáseos/Sintagmátarchou Daváki | Tel. 28 41 08 23 81

SERVICE
AUSKUNFT
Städtische Tourist-Information
An der Brücke | Tel. 28 41 02 23 57 | www.agiosnikolaos.gr | tgl. 8.30–21.30 Uhr

VERKEHR
Busbahnhof
Tel. 28 41 02 22 34

Ziele in der Umgebung

◎ ELOÚNDA 🚩 N 4
1650 Einwohner
Eloúnda ist ein Synonym für Luxusurlaub auch auf international höchstem Niveau. Das Dorf selbst ist allerdings eher ein armseliges Konglomerat aus Bauten ohne jedwedes Flair, dessen Hafen-Platía zudem noch als Parkplatz herhalten muss. Schön ist allein die Lage in einer grünen Küstenebene gegenüber der lang gestreckten Insel Spinalonga. Vom Damm, der sie mit dem Festland verbindet, blickt man auf Salinen und aufgegebene Windmühlen, in deren Nähe beim Restaurant Canal Bar noch Fußbodenmosaike einer frühchristlichen Basilika zu sehen sind. Vom kleinen Hafen aus fahren im Sommer stündlich Boote zur Festungsinsel Kalidón mit der einstigen Lepra-Kolonie Spinalonga. Die Luxushotels liegen zumeist südlich von Eloúnda in Meeresnähe, zunehmend aber auch an der Straße Richtung Pláka.
15 km nördl. von Ágios Nikólaos

◎ GOURNIÁ 🚩 N 5
Nahe der Hauptstraße breiten sich die Ruinen einer minoischen Stadt über einen flachen Hügel aus. Hier kann man sehen, wie die Menschen zwi-

schen 1600 und 1450 v. Chr. lebten: Ihre Wohnhäuser mit Lagern und Werkstätten säumten enge Gassen und hatten schon Kanalisation. Zentrum des Orts war der Marktplatz auf dem kleinen Hügelplateau, auf dem auch ein palastartiges Gebäude stand. An der schmalsten Stelle Kretas gelegen, dürfte Gourniá – was übersetzt Bassin heißt – einst als Handelsknotenpunkt mit Afrika gedient haben.

Di–So 8–16 Uhr | Eintritt 2 €
19 km südöstl. von Ágios Nikólaos

◎ KALIDÓN 👣 N 4

Das Eiland vor der Nordspitze der Halbinsel Spinalonga war von 1903 bis 1954 der Verbannungsort für alle kretischen Lepra-Kranken. Im Schatten einer venezianischen Burg erbauten sie hier ein Dorf. Mehrmals täglich fahren Ausflugsboote von Ágios Nikólaos, Pláka und Eloúnda aus hin. Am interessantesten ist der Besuch, wenn man von Ágios Nikólaos einen Bootsausflug mit Führung bucht.

April–Okt. tgl. 8–16 Uhr | Eintritt 8 €, Überfahrt ab Ágios Nikólaos 15 €, ab Eloúnda 10 €, ab Pláka 8 € (jeweils hin und zurück)
15 km nördl. von Ágios Nikólaos

◎ KRITSÁ M 4
1600 Einwohner

Das große Bergdorf ist abseits der Hauptgasse mit ihren Souvenirläden noch recht ursprünglich geblieben. Im Sommer lohnt sich auch die Weiterfahrt auf die 17 km entfernte Katharó-Hochebene, die nur zwischen Ende Mai und Mitte November bewohnt wird. Es gibt zwei einfache Tavernen.

16 km südwestl. von Ágios Nikólaos

SEHENSWERTES

8 Marienkirche Panagía i Kerá

Dicht an der Straße von Ágios Nikólaos hinauf nach Krítsa versteckt sich rechter Hand die über 700 Jahre alte Marienkirche zwischen Zypressen, Öl- und Mandelbäumen. In ihrem Inneren birgt sie relativ gut erhaltene Wandmalereien aus dem 13./14. Jh.

2 km vor dem Ortsanfangsschild von Kritsá, Wegweiser am Straßenrand | Di–So 8.30–15 Uhr | Eintritt 3 €

◎ LASSÍTHI-HOCHEBENE 9 O 5

Kretas fruchtbarste Hochebene in über 800 m Höhe ist ein sehr beliebtes Ausflugsziel für Urlauber. Die meisten werden durch alte Postkartenansichten heraufgelockt, die die Ebene voller segeltuchbespannter Windräder zeigen. Die aber sind längst durch Motorpumpen ersetzt worden; nur für Fotozwecke stehen noch einige alte Windräder herum. Trotzdem lohnt die Tour auf die Ebene, die abseits der Souvenirläden noch sehr ländlich und ursprünglich geblieben ist. Eine Rundstraße führt in alle 21 Dörfer am Rande des fruchtbaren Schwemmlands.

Ca. 40 km westl. von Ágios Nikólaos

SEHENSWERTES

Díkti-Höhle

Ziel aller Busausflüge auf die Lassíthi-Hochebene ist die sogenannte Geburtshöhle des Zeus bei Psychró. Der junge Gott, der vor seinem Vater Krónos versteckt werden musste, wurde hier von Nymphen großgezogen. In minoischer und griechischer Zeit war die Höhle eine Pilgerstätte. Heute versuchen Maultiertreiber und selbst ernannte Fremdenführer, sie zur Räuber-

Die Windräder in der Lassíthi-Hochebene (▶ MERIAN TopTen, S. 134) sind ein beliebtes Fotomotiv; im 21. Jh. haben sie jedoch ausgedient und wurden weitgehend durch Motorkraft ersetzt.

höhle zu machen. Der nur etwa 700 m lange Ritt kostet 15 € plus oft unverschämt eingefordertem Trinkgeld. Man kann in 15–20 Min. stattdessen auch zu Fuß hinauf laufen. Die Höhle ist elektrisch beleuchtet, einen Fremdenführer braucht man nicht. Schuhe mit rutschfesten Sohlen hingegen sind unerlässlich.

Mai–Okt. tgl. 8–20 Uhr | Eintritt 6 €

ÜBERNACHTEN
María

Liebevolle Details – Um die landschaftliche Schönheit, die Abendstunden ohne Busausflügler und die Ruhe auf der Hochebene zu genießen, lohnt sich eine Übernachtung auf der Hochebene. Der ideale Platz dafür ist die kleine Pension María mit Bar und Taverne, die Wirt Giórgos Spanakákis liebevoll mit kretischen Möbeln und Webarbeiten sowie vielen alten Fotos eingerichtet hat. Die »kafenía«, in denen sich abends die Bauern treffen, sind nur 100 m entfernt, im Garten der Pension dürfen sich die Gäste nach Belieben an den Obstbäumen bedienen.

Ágios Geórgios (dort gut ausgeschildert) | Tel. 28 44 03 17 74 | 16 Zimmer | €

Vilaéti

Edel – Die stilvollste Unterkunft auf der Hochebene besteht aus fünf aufwendig restaurierten und geschmackvoll eingerichteten alten Dorfhäusern, die bis zu sieben Personen Platz bieten. Abgeschirmt von der Außenwelt sitzt man in kleinen Innenhöfen vor historischen Steinbögen oder wärmt sich in der kühleren Jahreszeit am offenen

Kamin. Nur wenige Schritte entfernt sorgt das angeschlossene Restaurant gleichen Namens für exzellente Kost. Im gemütlichen Café werden Kaffee und aromatische Kräutertees serviert. Bio-Kartoffeln und Gemüse stammen zumeist von den Feldern der Eltern.
Ágios Konstantínos | Tel. 28 44 03 19 83 | www.vilaeti.gr | 5 Häuser | €€–€€€

> ### Die Lassíthi-Hochebene wie ein Bauer erleben
> Zwischen 11 und 16 Uhr passieren Ausflugsbusse die meisten der 21 Dörfer. Wer die Straße verlässt und einfach nur über die vielen Feldwege spaziert, erblickt hingegen nur Hühner, Ziegen und Schafe sowie Felder, auf denen Gemüse gedeiht (▶ S. 14).

LATÓ   M 4
6 km nördlich von Kritsá erstrecken sich über einem Hügel die Ruinen einer Stadt aus dem 7. bis 4. Jh. v. Chr. Man erkennt den antiken Marktplatz, die Grundmauern eines Tempels und einer Säulenhalle, eine Zisterne und ein kleines Theater, Reste der Wohnhäuser. Wer gut zu Fuß ist, kann Lató in eine Wanderung von Kritsá hinab nach Ágios Nikólaos einbeziehen.
Di–So 8–15 Uhr | Eintritt 3 €
11 km westl. von Ágios Nikólaos

MÓCHLOS   N 4
120 Einwohner
Der winzige Küstenweiler liegt weit unterhalb der Straße von Ágios Nikólaos nach Sitía und wird nur selten von Rundreisenden besucht. 2 km außerhalb liegt zwar ein Club Aldiana (▶ S. 136), doch dessen Gäste kommen nur selten ins Dorf. So ist es ein Rückzugsort für Individualisten geblieben, die sich mit mittelmäßigem Strand und einfachen Zimmern zufrieden geben, dafür aber eine schöne kleine Platía am winzigen Hafen gegenüber einem Inselchen mit alter minoischer Siedlung zu schätzen wissen.
38 km östl. von Ágios Nikólaos

ÜBERNACHTEN
Club Aldiana
Kreta ist wieder um eine deutschsprachige Clubanlage reicher. Das Feriendorf in einsamer Lage nahe Móchlos ergänzt das schon vorhandene Clubangebot von Robinson bei Síssi und Magic Life in Amoudára bei Iráklio.
Tel. (in Deutschland) 02 34/9 61 03 52 04 | www.aldiana.de | 170 Zimmer | €€€

Meltémi
Nahe am Hafen – In einem modernen Haus vermietet Fischer Stávros zwei Studios mit Terrasse bzw. Balkon zum Meer hin. Privatparkplatz vorhanden.
Am Ortseingang | Tel. 28 43 09 42 00 | www.mochlos.eu | 2 Studios | €

Sofía
Einfach – Die kleine Pension fast direkt am Hafen bietet schlichte Zimmer über der gleichnamigen Taverne.
Am Hafen | Tel. 28 43 09 45 54 | www.mochlos.eu | 7 Zimmer | €

ESSEN UND TRINKEN
Bogazi
Kreative Küche – Die Taverne eines schweizerisch-griechischen Paares zeichnet sich durch gute kretische

Gerichte, stets frischen Fisch und exzellent-freundlichen Service aus. Zweimal wöchentlich erklingt hier direkt am Wasser Livemusik.
Am Hafen | Tel. 28 43 09 42 00 | www.mochlos.eu | tgl. ab 9 Uhr | €

PLÁKA N 4
60 Einwohner

Dieses kleine ehemalige Fischerdorf 5 km nördlich von Eloúnda wird als guter Tipp zum Fischessen gehandelt. Außerdem kann man preisgünstig zur Lepra-Insel Kalidón übersetzen.
11 km nördl. von Ágios Nikólaos

LIMÉNAS CHERSÓNISSOU UND MÁLIA L 4
3700 Einwohner

Man findet auf Kreta auch Urlaubsorte, die sich von denen in Spanien oder an anderen verbauten Küsten rund ums Mittelmeer kaum unterscheiden – wie zum Beispiel Mália und Liménas Chersónissou. Die 8 km lange Küste zwischen beiden Orten steht voller Hotels. Dass Mália viele Übernachtungsbetriebe angelockt hat, kann man noch verstehen: Der lange Sandstrand hier ist besonders schön. Die Strände von Chersónissou jedoch, beide kiesig und nur etwa 300 m lang, sind höchstens Durchschnitt. Mália hat wenigstens noch einen alten Ortskern (im Zentrum südlich der Hauptstraße), Chersónissou jedoch ist völlig planlos entstanden. Beide Urlaubsorte bieten freilich auch Vorteile: Es gibt mehr Diskotheken und (fast immer niveaulose) Souvenirläden als anderswo, auch mehr mitteleuropäisch anmutende Restaurants und Cafés und mehr gute Hotels. Und die Busverbindungen nach Iráklio und Ágios Nikólaos sind ausgezeichnet.

Wer die Vorteile des Nachtlebens und des großen Wassersportangebots nutzen, aber abseits der Massen wohnen möchte, findet mit Koutouloufári und Piskopianó am Berghang hinter Chersónissou zwei schöne Dörfer mit angenehmen Hotels. Ins Zentrum und zum Strand läuft man von dort etwa 30 Min., eine Busverbindung gibt es leider nicht.

SEHENSWERTES
Frühchristliche Basilika I
Westlich von Liménas Chersónissou liegt nahe dem Bootshafen die eingezäunte Ausgrabung einer frühchristlichen Basilika aus dem 5. Jh. Sie besitzt gut erhaltene Fußbodenmosaiken.
Kein Zutritt

Frühchristliche Basilika II
Auch im Osten des Orts hat man eine frühchristliche Basilika aus dem 5. Jh. entdeckt. Ihre Fußbodenmosaike sind stellenweise sehr gut erhalten, man sieht sie auf dem Gelände des Hotels Eri (westlich vom Hoteleingang).
Ständig geöffnet | Eintritt frei

Minoischer Palast von Mália
Der seit 1915 freigelegte sogenannte Palast ist Teil einer minoischen Siedlung, die sich über mehr als einen Quadratkilometer erstreckte. Er stammt aus der Zeit zwischen 1700 und 1450 v. Chr., gleicht in seinen Grundelementen dem Palast von Knossós und hat wie jener einen Westhof, über den Prozessionswege führen, sowie einen Zentralhof für die kultischen Feiern. Man entdeckt wie in Knossós Speicher-

räume und -schächte, Kulträume und eine theaterähnliche Schautreppe. Ein besonders gut erhaltenes Fundobjekt ist der »kernós«, der in der Südwestecke des Zentralhofs zu besichtigen ist: eine steinerne Scheibe mit 35 runden Vertiefungen, in denen den Göttern Opfer dargebracht wurden.

2 km östl. des Ortszentrums zwischen der Hauptstraße in Richtung Ágios Nikólaos und dem Meer | Di–So 8–15 Uhr | Eintritt 6 €

Römischer Brunnen

Im westlichen Teil der Uferpromenade von Liménas ist nahe der Platía Eleftherías im Boden ein großes Loch zu sehen. Darin steht ein römischer Brunnen aus dem 3. Jh. und auf ihm ein schönes Mosaik, das zwischen Fischen und Kraken einen Angler und ein Boot mit einem Krakenstecher zeigt.

Uferstraße Agía Paraskeví | Brunnen frei zugänglich

MUSEEN UND GALERIEN

Lychnostátis

Das kleine, private Freilichtmuseum will die Erinnerung an das Leben auf Kreta in vortouristischen Zeiten wach halten (▶ Im Fokus, S. 26).

Am östlichen Ortsende von Liménas zwischen der Nationalstraße und dem Meer | www.lychnostatis.gr | tgl. So–Fr 9–14 Uhr | Eintritt 5 €

ÜBERNACHTEN

Creta Maris

Erstklassig – Im Stil kretischer Dorfarchitektur. Mit großem Pool, eigenem Sommerkino, Tennisplätzen, Wassersport- und Tauchstation, direkt am Strand.

Liménas Chersónissou | Tel. 28 97 02 70 00 | www.maris.gr | 547 Zimmer | €€€€

Galaxy Villas

Hoch am Hang – Modernes Hotel, terrassenförmig angelegt, mit Meerblick und Pool. Die Villen haben entweder Balkon, Veranda oder Patio.

Koutouloufári, Odós Ag. Konstantínou | Tel. 28 97 02 29 10 | www.galaxy-villas.com.gr | 53 Villen | €–€€

ESSEN UND TRINKEN

RESTAURANTS

Galíni

Antikisierend – Kretische und andere Köstlichkeiten, serviert auf einer Terrasse mitten im alten Dorfzentrum im Schein von Kerzen und Öllampen.

Koutouloufári, Odós A. Minóti (obere Einbahnstraße) | Tel. 28 97 02 10 26 | www.galini-restaurant.gr | tgl. ab 12 Uhr | €€€

Kalesma

Klassiker – Nur abends geöffnete »ouzerí«, in der viele kleine, auch ausgefallene kretische Gerichte serviert werden. Man muss nicht alles auf einmal bestellen, sondern kann je nach Appetit nachordern.

Im alten Ortsteil von Mália | Tel. 28 97 03 31 25 | tgl. ab 18 Uhr | €€

Mýthos

Traditionsreich und gut – Aus all den sehr touristischen Tavernen von Liménas ragt dieses alteingesessene, von der Wirtsfamilie hervorragend geführte Lokal durch seine große Auswahl an täglich frisch zubereiteten Gerichten, deren hohe Qualität und ei-

Zwar ist das Angebot an Stränden in Chersónissou (▶ S. 137) eher klein, doch wer Felsen nicht scheut, wird auch hier ein angenehmes Plätzchen finden.

nen sehr effizienten und freundlichen Service heraus.
Límenas Chersónissou, Odós Sanoudáki Geórgios 19 | Tel. 28 97 02 22 23 | tgl. ab 12 Uhr | €–€€

WELLNESS
Zen Natural Fish Spa
Von außen gut einsehbar, sitzen da Menschen mit den Füßen oder Händen in Aquarien, in denen 100 bis 200 kleine Fische der Gattung »Garra rufa« schwimmen und an der Hornhaut der für diese Fütterung zahlenden Gäste knabbern. Die medizinische Wirkung dieser Behandlung ist zwar umstritten, ein Vergnügen scheint sie aber zu sein.
Límenas Chersónissou, Odós Agías Paraskevís 77 | Tel. 28 97 02 53 01 | www.zenfishspa.gr

Ziele in der Umgebung
CHERSÓNISSOU L4
Was in den Katalogen der Reiseveranstalter oft Chersónissou genannt wird, ist das eigentliche Límenas Chersónissou – ehemals nicht mehr als der Hafenplatz des Dorfs Chersónissou. Dieses existiert auch heute noch, etwa 50 Min. Fußweg vom Badeort entfernt.

Türkisches Erbe: Die noch aus osmanischer Zeit stammende Moschee (▶ S. 142) in der Altstadt von Ierápetra wird heute als Musikschule genutzt.

Der schön gestaltete Dorfplatz mit seinen guten Lokalen ist auf jeden Fall einen Ausflug wert. An jedem Montagabend veranstalten die Tavernen ab etwa 20.30 Uhr auf dem Dorfplatz eine »Greek Night« mit Livemusik.
3 km südwestl. von Liménas Chersónissou

Quirliges Treiben in Chersónissou

Der winzige Dorfplatz gleicht einem einzigen Café-Restaurant, auf dem vom frühen Morgen bis in die Nacht hinein reges Treiben herrscht. Fahrende Händler preisen ihre Waren an, zu Ouzo oder Bier werden kleine Häppchen serviert (▶ S. 14).

◉ KERÁ   L4

Kurz bevor man das Dorf in 560 m Höhe erreicht, steht rechts von der Straße das schöne Kloster Panagía i Kerá mit einer Kirche aus dem 14. Jh., in der prächtige Wandmalereien und eine wundertätige Marienikone zu sehen sind (nicht zu verwechseln mit der bekannten Marienkirche gleichen Namens bei Kritsá).
Mai–Okt. tgl. 8–19 Uhr | Eintritt 2 €
21 km südöstl. von Liménas Chersónissou

◉ KRÁSSI   L4
350 Einwohner

Das hübsche Dorf liegt nur wenige Kilometer abseits der Hauptstraße in 600 m Höhe. Die Platane auf dem Dorfplatz mit seinem venezianischen Brunnen gilt als dickste Kretas.
22 km südöstl. von Liménas Chersónissou

MÍLATOS　　　M 4

2,5 km oberhalb des Binnendorfes Mílatos ist die Höhle Spíleo Milatoú ständig frei zugänglich. Die Höhle ist zweiteilig. In der hinteren, sich zu einer Schlucht hin öffnenden Kammer steht im Dämmerlicht eine kleine Kapelle. Davor bedeckt eine griechische Flagge einen Sarkophag mit menschlichen Knochen hinter Glasscheiben. Hier ruhen die Gebeine der Opfer eines Massakers, das osmanische Truppen 1823 unter Kretern anrichteten, die sich in der Höhle versteckten.

11 km östl. von Mália

MOCHÓS　　　L 4
1150 Einwohner

In dem Bergdorf auf 400 m Höhe geht es noch recht ursprünglich zu, auch wenn sich die Wirte auf die Urlauber aus den Badehotels eingestellt haben. Der Dorfplatz ist mit den Tischen und Stühlen von Cafés und Tavernen voll gestellt, man sitzt im Schatten von Maulbeerbäumen und kann direkt an der Platía auch der tagsüber stets geöffneten Dorfkirche einen Besuch abstatten. An ihrer Ikonostase ist eine Ikone bemerkenswert, die in 24 Bildfeldern die Jungfrau Maria gemäß dem orthodoxen Akathist-Hymnus preist. In jedem Bildfeld ist der Reihe nach ein Buchstabe des griechischen Alphabets zu sehen.

12 km südöstl. von Liménas Chersónissou

SÍSSI　　　M 4

Das Besondere des rasant gewachsenen Badeortes ist eine kleine, fjordartige Bucht, die von Cafés, Tavernen und einem üppigen Palmengarten gesäumt wird. Am westlichen Ufer gibt es einen kleinen Strand, der es ermöglicht, im Fjord zu schwimmen.

7 km östl. von Mália

IERÁPETRA　　　N 5
11 700 Einwohner

Kretas einzige Stadt an der Südküste liegt in einem Stück flachen Schwemmlands an der schmalsten Stelle der Insel. Zur Nordküste bei Pachía Ámmos sind es nur 14 km. Die Umgebung wirkt hier wegen des fehlenden Gebirgshintergrunds langweiliger als in den Städten der Nordküste, die Atmosphäre mutet fast schon nordafrikanisch an. Im Sommer wie im Winter ist Ierápetra die wärmste Stadt der Insel.
Ierápetra lebt überwiegend vom Gemüseanbau. Rings um die Stadt gleißen die Folien der Gewächshäuser im Sonnenlicht, in denen seit den 1960er-Jahren Tomaten und Frühgemüse angebaut werden. Der Tourismus spielt hier immer noch eine untergeordnete Rolle, obwohl es in der Stadt und ihrer Umgebung durchaus gute Strände und Hotels gibt und eine gewisse »aufstrebende Tendenz« spürbar ist. Insgesamt ist Ierápetra eine überwiegend moderne, gesichtslose Stadt. Hübsch sind nur die lange Uferpromenade und die Gassen der kleinen, an die Türkenzeit erinnernden Altstadt: Hier flicken Fischer ihre Netze, hier verbringt man mußevolle Stunden in den »kafenía«. Ierápetra ist zwar keine aufregende Stadt, aber für einen ruhigen Urlaub sehr gut geeignet.
In der Antike lag an der Stelle der heutigen Stadt die befestigte Siedlung Hierapytna. Sie war als Hafen für den Handel mit der Kyrenaika und Palästina von Bedeutung.

SEHENSWERTES

Burg

Die Hafenfestung wurde von den Venezianern im 15. Jh. erbaut. Von ihren niedrigen Mauern aus genießt man einen schönen Blick über die Altstadtdächer und hinüber zur Insel Chrissí.

Odós Samuíl | Di–So 8–15 Uhr | Eintritt frei

Moschee

Im alten türkischen Viertel der Stadt steht eine Moschee samt Minarett und Reinigungsbrunnen. Hübsche »kafenía« auf dem Platz davor laden zum Verweilen ein.

Odós Vitzéntos Kornáros (Zentrum Altstadt) | keine Innenbesichtigung möglich

MUSEEN UND GALERIEN

Archäologisches Museum

Das kleine Museum enthält Funde aus minoischer Zeit, darunter eine spätminoische Töpferscheibe, eine steinerne Gussform für Doppeläxte und einen kleinen Sarkophag mit der Darstellung eines Streitwagens. Highlight des kleinen Museums ist eine Skulptur der Göttin Persephone aus dem 2. Jh.

Platía Kanouáki/Odós Dimokratías | Di–So 8–15 Uhr | Eintritt 2 €

ÜBERNACHTEN

Cretan Villa ▶ S. 24

Petra Mare

Am Libyschen Meer – Großer Hotelklotz direkt am Grobsand-Kies-Strand, rund 1 km östlich des Stadtzentrums. Dorthin und zum Hafen führt eine schöne und autofreie Uferpromenade. Swimmingpool, Sauna, auch Familienzimmer mit bis zu fünf Schlafgelegenheiten. Unbedingt ein Zimmer mit Meerblick nehmen!

Tel. 28 42 02 33 41 | www.petramare.com | 223 Zimmer | €€–€€€

ESSEN UND TRINKEN

Die meisten Tavernen liegen an der Uferstraße zwischen Hafen und Burg. Hier sitzt man schön mit herrlichem Blick aufs Meer.

Levante

Modern – Gepflegtes Restaurant mit Plätzen drinnen und draußen auf der Uferpromenade. Erstklassige griechische Küche, frischer Fisch, gutes Preis-Leistungs-Verhältnis.

Odós Stratigoú Samouíl 38 | tgl. ab 12 Uhr | €€

SERVICE

AUSKUNFT

Info-Kiosk am Hafen

Nur sporadisch im Hochsommer besetzt | www.ierapetra.gr

VERKEHR

Busbahnhof

Odós Lasthénous 35 | Tel. 28 42 02 82 37

Ziele in der Umgebung

ANÁLIPSI UND MAKRIGIALÓS

05

600 Einwohner

Der Ortskern von Makrigialós liegt auf einer kleinen, niedrigen Halbinsel, auf der Grundmauern einer Villa unmittelbar an der markanten Hauptkirche schon von Besiedlung in römischer Zeit zeugen. Der Halbinsel vorgelagert ist der Grobsandstrand Kalamokianá Beach mit einigen Tavernen und Pensionen. Ein kleiner Hafen liegt östlich der Halbinsel, wo mehrere gute Tavernen die Fußgängern vorbehaltene kurze Uferpromenade säumen. Unmittelbar östlich davon beginnt das lang gestreckte Straßendorf Análipsi mit einem über 1 km langen Sandstrand, den zahlreiche Tavernen und kleine Hotels säumen. Ein überwiegend von Skandinaviern besuchtes Großhotel liegt im äußersten Osten von Análipsi. Dessen Gäste kommen allerdings nur selten in den Ort.

24 km östl. von Ierápetra

ÜBERNACHTEN
Áspros Pótamos
In altem Gemäuer – Die elf unverputzten, sich an einem kurzen Hang dicht aneinanderkuschelnden Häuschen des Feriendorfes wirken wie ein Relikt aus längst vergangenen Zeiten. Sie sind in ihren Grundmauern etwa 300 Jahre alt, wurden jedoch zuletzt 2011 gründlich restauriert. Eine Photovoltaikanlage sorgt für heißen Wasser und Strom, Lichtquellen in den Häusern sind aber auch Kerzen und Öllampen. Steckdosen gibt es nur an der Rezeption.

1 km von der Küstenstraße am östlichen Ortsende von Análipsi (ausgeschildert) | Tel. 28 43 05 16 94 | www.aspros potamos.com | 10 Häuser | €€–€€€

White Houses
Ungewöhnlich – Völlig unauffällig mischen sich die weißen Häuser dieser Ferienanlage mit ihren fünf Wohneinheiten für bis zu acht Personen unter die übrige Bebauung am Hafen von Makrigialós. Apartments und Häuser sind äußerst geschmackvoll und hoch-

Von historischem Flair durchdrungen: Die Cretan Villa (▶ S. 24) in Ierápetra verwöhnt ihre Gäste mit modernem Komfort, aber auch mit viel Liebe zum Detail.

Koufoníssi (▶ S. 145), heute ein unbewohntes Eiland, war in der Antike eine wohlhabende Insel, auf der Purpurschnecken zur Farbgewinnung gezüchtet wurden.

wertig möbliert. Der Inhaber veranstaltet direkt vor dem Hotel auch alljährlich Ende Juni ein dreitägiges Musikfestival mit klassischer Musik.
Hafen von Makrigialós | Tel. 28 43 02 91 83 | www.makrigialos.com | 5 Apartments | €€

ESSEN UND TRINKEN
RESTAURANTS
Minás Place
Frisch aus dem Meer – In der alteingesessenen Taverne direkt am Wasser besorgt Inhaber Vangélis den Service, Mutter Eleftería steht in der Küche. Frischer Fisch steht hier im Vordergrund, aber auch das »moussaká«, das Rinder- und das Kaninchen-»stifado« sind ausgezeichnet.
Hafen von Makrigialós | Tel. 28 43 05 19 49 | tgl. ab 10 Uhr | €

◎ CHRISSÍ (GAIDOURONÍSSI)
M 6

Die kleine Insel ist nur im Sommer ständig bewohnt. Während dieser Zeit fahren mehrmals täglich Ausflugsboote von Ierápetra dorthin. Eine Taverne, eine Beach Bar, weiße Sandstrände und menschenleere Dünen locken Urlauber an.
Südl. von Ierápetra

SERVICE
VERKEHR
Schiffe fahren im Sommerhalbjahr mehrmals täglich ab etwa 10 Uhr morgens hinüber, die Fahrzeit beträgt ca. 60 Min. Tickets werden in Ierápetra direkt am Hafen und von zahllosen Agenturen überall im Ort zu sehr unterschiedlichen Preisen bei identischer Leistung verkauft. Wer die Mas-

sen scheut, setzt mit der nur acht Passagiere fassenden Motorjacht »Nautilos« über.
Tel. 2 84 20 89 99 89 | www.ierapetra.net/nautilos | Ticket ca. 28 €

◎ KLOSTER KAPSÁ 05
Das kleine Männerkloster wurde im 15. Jh. an einer niedrigen Felswand errichtet. Den Innenhof ziert ein Brunnen unter Zitronen- und Mispelbäumen. In der Klosterkirche werden die Reliquien des Lokalheiligen Ágios Ioánnis verehrt. Er wirkte im 18. Jh. in diesem Konvent als Wunderheiler.
33 km östl. von Ierápetra

◎ KOUFONÍSSI P 6
Die unbewohnte Insel südöstlich von Makrigialós trug in römischer Zeit einen kleinen, wohlhabenden Ort, dessen Ruinen heute weitgehend von Sand bedeckt sind. Nur die Sitzreihen eines kleinen Theaters ragen heraus. An mehreren Buchten mit feinsandigem hellen, ganz flach ins Meer abfallenden Strand kann man sich meist ganz ungestört sonnen, denn regelmäßige Bootsverbindungen oder -ausflüge hierher gibt es nur sporadisch.
Südöstl. von Ierápetra

SERVICE
VERKEHR
Die Insel ist meistens nur per gechartertem Motorboot zu erreichen. Anbieter: Michális Avgoustinákis, Tel. 69 76 68 31 66, mixalisaugust@mail.gr.

◎ MÍRTOS M 5
440 Einwohner
Einst Geheimtipp von Rucksacktouristen, hat man sich im Dorf Mírtos mittlerweile völlig auf Tourismus eingestellt. Unzählige Privatzimmer und Apartments lassen höchstens im August Platzprobleme auftreten. Langer Strand direkt beim Ort.
Auf dem Pírgos-Hügel am Ortsrand wurden die spärlichen Reste einer minoischen Villa entdeckt; am 3 km östlich gelegenen Foúrnous-Hügel legte man die Reste einer minoischen Siedlung frei. Beide Stätten sind ständig frei zugänglich, Wegweiser an der Küstenstraße machen auf sie aufmerksam.
14 km westl. von Ierápetra

◎ SITÍA 04
8250 Einwohner
Die östlichste Stadt Kretas ist ein schöner Urlaubsort für den, der auf eindrucksvolle Landschaft, eine gewachsene Altstadt und quirliges Leben zugunsten von Ruhe und Beschaulichkeit verzichten kann. Bis in die 1960er-Jahre hinein war Sitía von Ágios Nikólaos aus nur über eine kurvenreiche Erdstraße oder per Schiff zu erreichen. Heute besitzt die Stadt gute asphaltierte Straßenverbindungen nach West, Süd und Ost und sogar einen kleinen Flugplatz. Hier werden die landwirtschaftlichen Erzeugnisse des Hinterlands, vor allem Sultaninen und Zitrusfrüchte, umgeschlagen. Sitía liegt in der westlichen Ecke einer großen Bucht. Die älteren, zumeist weißen Häuser staffeln sich an einem Hang übereinander, die neueren Ortsteile breiten sich im flachen Schwemmland aus. Das Leben konzentriert sich auf die Uferstraße. Fast direkt im Ortszentrum beginnt der schmale Sand-Kies-Strand der Stadt, der sich über 1 km lang nach Osten erstreckt.

SEHENSWERTES
Burg
Das einzige historische Bauwerk im Ort ist das in byzantinischer Zeit erbaute und von den Venezianern erweiterte Kástro, von dem noch die Außenmauern eines Wohngebäudes stehen.
Di–So 8–15 Uhr | Eintritt 3 €

MUSEEN UND GALERIEN
Archäologisches Museum
Das Museum zeigt Funde aus dem Bezirk Sitía, insbesondere aus minoischen Gräbern bei Agía Fotiá nahe der Stadt. Wertvollstes Objekt der Sammlung ist die etwa 30 cm hohe Elfenbeinfigur mit Haaren aus Goldbronze, ein Werk aus der Zeit um 1450 v. Chr. In die Augenhöhlen waren ursprünglich Bergkristalle eingesetzt, Gürtel und Lendenschurz aus Blattgold gefertigt.
Am Ortsausgang an der Straße nach Ierápetra | Di–So 8–15 Uhr | Eintritt 3 €

ÜBERNACHTEN
Archontiko
Deutsche Wirtin – Das kleine Hotel im älteren Teil von Sitía liegt sehr ruhig in einem Wohnviertel. Die Atmosphäre ist familiär; neben Hotelzimmern gibt es auch ein Apartment. Eine kleine, schattige Terrasse vor dem Haus ist Treffpunkt aller Gäste. Nur Etagenduschen. Zum Stadtstrand geht man etwa 10 Min.
Odós I. Kondiláki 16 | Tel. 28 43 02 81 72 | 10 Zimmer | €

Flísvos
Zentral – Modernes Hotel, sehr gutes Preis-Leistungs-Verhältnis, Privatparkplatz hinterm Haus. Der Strand ist 5 Min. entfernt.
Odós K. Karamanlí 4 (Uferstraße) | Tel. 28 43 02 71 35 | www.flisvos-sitia.com | 22 Zimmer | €

Sitia Bay Hotel Apartments ▶ S. 24

ESSEN UND TRINKEN
RESTAURANTS
Balcony
Top-Adresse – Bestes Restaurant der Stadt. Es bietet kreative Mittelmeerküche, exzellente Weine, erstklassigen Service und stilvolles Ambiente.
Odós Kazantzáki/Odós Fountalídou | tgl. 12–15 und ab 19 Uhr | €€€

To Stéki
Hausmannskost – Die Lieblingstaverne von Marktbesuchern vom Lande liegt nicht am Meer, ist dafür preiswert und kocht täglich frisch kretische Gerichte. Abends gibt es meist nur noch Gegrilltes.
Odós A. Papandréou 10 | tgl. ab 10.30 Uhr | €

Zorbás
Riesenkarte – Großes alteingesessenes Restaurant, direkt am Wasser gelegen, das eine große Auswahl an landestypischen Gerichten mit üppigen Portionen bereithält. Was aus der Tiefkühltruhe stammt, ist im griechischen Teil der Speisekarte mit einem Asterisk gekennzeichnet. Stets frisch und köstlich zubereitet sind der Fisch, die Meeresfrüchte und das Grillfleisch. Zur Unterhaltung trägt die deutsche Version der Speisekarte bei: Da wird z. B. ein »Obeirschienensalat« angeboten (Auberginensalat).
Odós El. Venizélou 56 | tgl. ab 12 Uhr | €€

Fischerboote in Sitía (▶ S. 145), dem östlichsten Hafen Kretas. Das Leben in dem beschaulichen Städtchen spielt sich meist in Hafennähe und an der Uferpromenade ab.

SERVICE
AUSKUNFT
Touristenpolizei
– Odós Therisoú 31 | Tel. 0 84 32 42 00 (Mai–Sept.) bzw. 2 22 59 (Okt.–April) | tgl. 8–22 Uhr
– Uferstraße: Info-Kiosk (nur in der Hauptsaison geöffnet)

Ziele in der Umgebung

◎ **AGÍA FOTIÁ** ▶ P 4

200 Einwohner

Zwischen Sitía und Agía Fotiá liegen mehrere archäologische Stätten, die man auch gut im Rahmen einer Tageswanderung erleben kann. Zunächst liegt rechts der Straße der Weiler Petrás. Hier macht ein Schild auf den »Protopalatial Fortification Wall« aufmerksam, eine Befestigungsanlage aus dem 19. Jh. v. Chr. 100 m weiter folgt links der (meist verschlossene) Eingang zu den spärlichen Überresten eines minoischen Palastes.

Links der Hauptstraße steht kurz darauf die hohe Esse einer ehemaligen Olivenpresse. Ein 100 m langer Feldweg führt links oberhalb an ihr vorbei zur mit »Trypitós – Hellenistic Town« ausgeschilderten Ausgrabung einer hellenistischen Siedlung mit teilweise noch hüfthoch erhaltenen Häusermauern.

Am östlichen Ortsende von Agía Fotiá macht ein brauner Wegweiser auf die Ausgrabungsstätte »Saint Fotia Archaeological Site« aufmerksam. Gleich darauf liegen auf Feldern verstreut über 150 einfache Gräber aus der frühminoischen Epoche. Geht man hier den Feldweg 700 m weiter am Hotel Lassion Golden Bay vorbei, erreicht man den 26 m hohen Kouphóta Hill mit

Siedlungsreste aus der Zeit um 2000 v. Chr. und zwei Rundgräbern aus der Zeit um 1800 v. Chr.

Archäologische Stätten frei zugänglich oder zumindest gut einsehbar.
5 km östl. von Sitía

◎ CHANDRÁS-HOCHEBENE
🌿 O4–P5

Diese Hochebene östlich der Straße von Sitía nach Ierápetra liegt abseits aller touristischen Wege. Man verlässt die Hochebene in Páno Episkopí und fährt in Richtung Zíros. Vom Dorf Néa Pressós aus kann man einen Abstecher zu den völlig einsam gelegenen, spärlichen Überresten der antiken Stadt Pressós (auch Praisos) unternehmen. Bevor man das Dorf Chandrás erreicht, erblickt man links der Straße in einiger Entfernung die Ruinen einer venezianischen Siedlung. Eine Straße dorthin zweigt am Kinderspielplatz von Chandrás nach links ab. Vom Dorf Arméni aus gelangt man nach Etiá mit einem gut erhaltenen venezianischen Landsitz. Kurz darauf kehrt man auf die Hauptstraße zurück. Linienbusse fahren morgens von Sitía nach Chandrás und nachmittags zurück. Als Rundfahrt von und nach Sitía ist die Gesamtstrecke etwa 80 km lang.

Nordöstl. von Sitía

◎ ÍTANOS
🌿 P4

Die Bucht an der Ostküste ist eine echte Badealternative zum oft übervollen Palmenstrand von Vái. Von der antiken Stadt Ítanos zeugen die Grundmauern zweier frühchristlicher Basiliken in Strandnähe und Reste der Stadtmauer aus der klassischen Antike.

Glaubt man der Legende, waren es Piraten, die Kerne von Datteln ausgespuckt haben sollen, aus denen der berühmte Palmenwald von Vái (▶ S. 149) entstanden ist.

Die Hafenstadt Ítanos erlebte ihre erste Blütezeit im 7. Jh. v. Chr., prägte im 5. Jh. v. Chr. sogar eigene Münzen, war im 3./2. Jh. v. Chr. ägyptisch-ptolemäischer Flottenstützpunkt und blieb bis ins 9. Jh. hinein eine bedeutende Küstensiedlung. Jetzt soll die Umgebung zu einem der größten Touristenzentren Griechenlands mit über 10 000 Hotelbetten und mehreren Golfplätzen ausgebaut werden. Das Kloster Toploú hat seine Ländereien an einen Großinvestor verpachtet.

26 km nordöstl. von Sitía

◎ KÁTO ZÁKROS ▶ Zákros, S. 149

◎ PALÉKASTRO   P 4
1100 Einwohner

Das nordöstlichste Dorf Kretas ist ein beliebter Treffpunkt jugendlicher Urlauber, die den idyllischen Bergdorfcharakter und die Nähe guter Strände schätzen. Man kann in Hotels der mittleren und unteren Preisklasse sowie in Privatzimmern wohnen. Am Strand von Chióna mit seinen drei Tavernen kann jeder nach seiner Fasson selig werden; auch FKK ist hier üblich. Unmittelbar hinter dem Strand wurden die Ruinen einer großen minoischen Stadt freigelegt.

Ruinen Di–So 8–15 Uhr | Eintritt 2 €
21 km östl. von Sitía

◎ TOPLOÚ-KLOSTER   P 4

Das festungsartige Mönchskloster wurde im 17. Jh. erbaut, kürzlich renoviert und um eine Weinkellerei und ein Museum bereichert. Es beherbergt sehr schöne Ikonen, viele alte Kupferstiche und Holzschnitte mit griechischen Motiven sowie liturgische Gewänder.

Tgl. 9–13 und 14–18 Uhr | Eintritt 3 €
22 km östl. von Sitía

◎ VÁI   P 4

Sein Ruhm hat den Palmenstrand ruiniert. Zwar ist der Palmenhain nach wie vor schön anzusehen, der Besuch des Strands aber kaum noch ein Naturerlebnis: Es gibt hier inzwischen mehr Autos und Busse als Palmen. Vái besucht man am besten erst am späten Nachmittag, wenn die Ausflugsbusse wieder abgefahren sind.

28 km östl. von Sitía

◎ XERÓKAMBOS   P 5

Der winzige und völlig abgelegene Weiler im äußersten Südosten der Insel ist eine Streusiedlung in der Nähe mehrerer kleiner, sandiger Buchten mit nur wenigen Pensionen und Tavernen. Hauptstrand ist der meist menschenleere, 500 m lange und 20 m breite Ámbelos Beach im Süden des Ortes. Dort sind neben der weithin sichtbaren Nikolaus-Kapelle auch Grundmauern einer Siedlung aus hellenistischer Zeit stets frei zugänglich.

49 km südöstl. von Sitía

◎ ZÁKROS   P 5

Zákros wurde 1961 durch die Entdeckung eines minoischen Palastes nahe dem 500 m langen Grobsand-/Kiesstrand von Káto Zákros weltbekannt. Ein Bauer war beim Pflügen seiner Felder auf Quadern und Fragmente gestoßen. Das Bergdorf selbst lohnt nur einen kurzen Stopp, ist aber auch Ausgangspunkt einer leichten, sehr schönen Wanderung entlang eines Baches hinunter zu den Ausgrabungen und zum Strand von Káto Zákros. Dort unten liegen locker in der Landschaft verstreut auch einige schöne Pensionen und kleine Apartmenthäuser, in denen man ruhige Urlaubstage fast wie am Ende der Welt verbringen kann.

38 km südöstl. von Sitía

SEHENSWERTES

Minoischer Palast

Der minoische Palast von Káto Zákros war ein Handelszentrum für den Warenaustausch mit Ägypten und anderen reichen Ländern des Vorderen Orients. Die meisten Baureste stammen aus der Zeit von 1600–1450 v. Chr. Ein Rundgang durch den Palast führt zunächst über die alte Hafenstraße in den älteren Palastteil. Auf der linken Seite fallen vier eigenartig geformte Luftschächte auf, die zu Erzschmelzöfen gehörten, den ältesten der Menschheitsgeschichte. Des Weiteren erblickt man den für minoische Paläste typischen Zentralhof, mehrere Zisternen und Wasserbecken sowie Lager- und Krifträume. Die vielen kleinen Zimmer nördlich des Zentralhofs werden als Wohn- und Werkstatträume gedeutet. Die Funde von Káto Zákros können im Archäologischen Museum von Sitía (▶ S. 146) besichtigt werden.

Mai–Okt. tgl. 8–17.30, Nov.–April Di–So 8.30–15 Uhr | Eintritt 6 €

Tal der Toten

Das Tal der Toten kann man nur zu Fuß erkunden. Eine einfache, auch für kleine Kinder amüsante Wanderung führt in etwa 3 Std. vom Bergdorf Zákros aus durch dieses teilweise canyonartige Tal hinunter nach Káto Zákros. Von der Platía von Zákros aus folgt man den Wegweisern zunächst durch den urigen unteren Dorfteil und durch einen Olivenhain. Dann erreicht man einen Bach, der im weiteren Verlauf mehrmals auf Trittsteinen überquert werden muss. In den Wänden des Canyons sind zahlreiche kleine Grotten zu erkennen, in denen in minoischer Zeit Tote beigesetzt wurden – daher der Name des Tals. Mit etwas Glück sieht man über dem Canyon Geier kreisen; auf jeden Fall begegnet man unzähligen Eidechsen. Im unteren Teil der 8 km langen Schlucht führt der Pfad durch einen üppigen Wald aus übermannshohem Oleander, unter den sich auch die blau blühenden Keuschlammsträucher mischen.

ÜBERNACHTEN

Káto Zákros Palace

Am Hang gelegen – Die kleine, von den Inhabern George und Charoúla persönlich betreute Anlage liegt etwas oberhalb der Bucht und bietet einen fantastischen Ausblick. Ein Mietfahrzeug ist in dieser abgeschiedenen Gegend empfehlenswert.

Tel. 28 43 02 95 50 | www.katozakros-apts.gr | 8 Zimmer | €

Yiánnis Retreat

Toller Service – 800 m vom Strand entfernt liegen die im traditionellen Stil erbauten, aber technisch modern eingerichteten Natursteinhäuser in einem üppigen Garten mit Liegestühlen und Schaukeln. Mountainbikes stehen kostenlos zur Verfügung. Die Inhaber Yiannis und Katerina kümmern sich herzlich um ihre Gäste und halten viele gute Tipps parat.

Tel. 28 43 02 57 26 | www.katozakros-rooms.com | 5 Zimmer | €

ESSEN UND TRINKEN
Nostós
Gut und günstig – Mit dieser modernen Taverne an der Uferstraße hat sich der ehemalige Bankdirektor Chrístos seinen Lebenstraum von einem Restaurant erfüllt. Seine Frau Eléni kocht traditionelle kretische Küche in einer relativ leichten, fettärmeren Version, Sohn Kóstas hilft im Service. Die Preise sind übrigens außerordentlich günstig.
Káto Zákros | Tel. 28 43 02 68 90 | tgl. ab 10 Uhr | €

EINKAUFEN
REGIONALE ERZEUGNISSE
Mélion
Die Patisserie in einem alten Kaufmannsladen auf der Platía gehört der Frauenkooperative des Dorfes, die hier neben allerlei köstlichem süßem Gebäck auch Marmeladen, Gelees, Liköre und andere Spezereien wie Honig, aromatische Kräuter und Tees anbietet.
Platía von Zákros | Mo–Sa 8.30–13.30 und 17–21 Uhr

> ### Durch den Oleanderwald nach Zákros
> 9
> Im äußersten Osten der Insel führt ein schmaler Wanderpfad durch Oleanderwälder vor roten Felswänden, die mit antiken Grabhöhlen durchsetzt sind. Er quert dabei mehrmals auf wackligen Trittsteinen einen schmalen Bach, bevor er einen minoischen Palast erreicht und kurz darauf einen langen Kieselsteinstrand (▶ S. 15).

Wer den minoischen Palast in der Ausgrabungsstätte von Káto Zákros (▶ S. 149) besichtigen will, kann dies gut mit einer Wanderung verbinden.

Im Fokus
Kretas private Museen – Sammeln als Leidenschaft

In ganz Griechenland gibt es fast 1000 Museen, über 35 davon stehen auf Kreta. Zur Vielfalt dieser Museumslandschaft tragen auch viele private Enthusiasten bei, für die das Sammeln Leidenschaft und Lebensinhalt ist. Meist sind sie selbst vor Ort anzutreffen.

Allein acht Museen auf Kreta widmen sich der Archäologie und den hier gemachten Bodenfunden. Das in Iráklio besitzt Weltrang, aber auch die anderen sieben sind von überregionaler Bedeutung. Das kann man von den übrigen Inselmuseen kaum sagen. Ihre Betreiber sind die Universität von Kreta, Klöster, Stiftungen oder örtliche Kulturvereine. Sie zeigen Volkskundliches aus der jüngeren kretischen Geschichte und Ikonen, widmen sich der Seefahrtsgeschichte Griechenlands oder seiner Natur. Die Eintrittspreise sind niedrig, ein Besuch lohnt immer und überall.

PRIVATFÜHRUNG

Zum besonderen Erlebnis wird meist der Gang durch eins der privaten Museen der Insel. Da wird der Gast oft noch vom Museumsgründer oder seinen Nachfahren persönlich durch die Sammlungen geführt. Zum Bei-

◀ Ein Kleinod: das Museum des Dorfpriesters Papa Michális in Asómatos (▶ S. 155).

spiel von Andréas Hatzidákis im weltabgeschiedenen Dorf Karés auf der Askífou-Hochebene. Sein 2007 verstorbener Vater Geórgios hat den Zweiten Weltkrieg als Teenager miterlebt. Das unsägliche Leiden, das der Krieg mit sich brachte, und der mutige Widerstand der Kreter gegen die deutsche Besatzung prägten den Jungen. Er begann, alles zu sammeln, was mit diesem Krieg in Verbindung stand und schuf daraus ein einzigartiges »War Museum« mit über 2000 Objekten wie Gewehren und Bomben, Stahlhelmen und Feldtelefonen, Fotos, Fahnen und Dokumenten. Nichts wird hier wissenschaftlich aufgearbeitet, doch zu fast allen Gegenständen weiß Andreas eine Geschichte zu erzählen.

HOMMAGE AN DEN FUSSBALL

Níkos Flékkas und Manólis Despotákis in Chaniá haben ihr erst 2012 eröffnetes Privatmuseum dem friedlichen Wettstreit gewidmet. Ihre ganze Begeisterung gilt der griechischen Fußball-Nationalmannschaft, seitdem sie im Juli 2004 völlig überraschend mit Trainer Otto Rehhagel den Europameistertitel in und gegen Portugal gewann. Níkos fährt zu jedem Spiel seines Teams, wenn er nur irgendwie das Geld dafür zusammenbekommt, zu einem der drei großen kretischen Fußballclubs aber möchte er sich nicht bekennen. Das Greek National Football Museum ist weitgehend ein Ein-Mann-Betrieb; wenn Níkos mal zum Arzt muss oder familiäre Verpflichtungen hat, bleibt es geschlossen. Wenn er aber da ist, zeigt er dem Besucher begeistert die Trikots vieler Nationalspieler, ein Ticket fürs EM-Endspiel 2004 und als Höhepunkt eine Nachbildung des 2004 gewonnenen Pokals.

VOM HOMO ERECTUS ZUM HOMO COSMICUS

Für Giórgos Petrákis war der erste Mensch auf dem Mond das zentrale Lebensereignis. Er war 1969 erst 16 Jahre alt, als Neil Armstrong am 21. Juli um 4.56 Uhr griechischer Zeit seinen Fuß auf den Erdtrabanten setzte. Sein Großvater hatte ihn extra geweckt, damit er das Ereignis am Schwarz-Weiß-Bildschirm mitverfolgen konnte. Giórgos wurde in diesem Moment eins schlagartig klar: »Hier erobert kein Einzelner den Weltraum für sich – hier vollziehen wir alle einen Riesenschritt in der Menschheitsgeschichte.« Ein »Museum of Mankind« wurde zu seinem Lebenstraum.

Den hat er inzwischen in langwieriger Eigenarbeit verwirklicht. Das Museum liegt an einem steilen Hang neben der Straße von der Nordküste zur Lassíthi-Hochebene hinauf dicht unterhalb der Passhöhe Séli Ambéliou. An vielen weißen Windmühlen ist es schon von Weitem gut zu erkennen. Alles, was man hier sieht, hat der ehemalige Zollbeamte selbst erdacht und finanziert, mit eigenen Händen geschaffen und gestaltet. Giórgos sitzt fast immer selbst an der Kasse. Darauf legt er großen Wert, »denn wer außer mir kann entscheiden, welcher Besucher eine Ermäßigung oder gar freien Eintritt erhält?«. Ihm ist es nämlich wichtig, dass sich hier jeder Kreta-Besucher »weiterbildet«. Da lässt er trotz des ohnehin niedrigen Eintrittspreises Zaudernde auch gern einmal für die Hälfte oder umsonst hinein.
Der Zugang erfolgt durch einen labyrinthartigen Gang.

NEANDERTALER VERSUS KOSMONAUT

Am Anfang stehen die Statuen eines Neandertalers und des Kosmonauten Jurij Gagarin. Am Ende ist ein 180 Mio. Jahre alter, versteinerter Baumstamm von der Insel Lesbos zu sehen. Dann beginnt die Darstellung der Stationen der Menschheitsentwicklung vom in Höhlen lebenden Menschen der Altsteinzeit über die Sesshaftwerdung bis zur Erschaffung des griechischen Götterhimmels. Alle zwölf Olympier sind als Statuen präsent. Damit ist für Giórgos die erste Stufe der Menschheitsentwicklung abgeschlossen. Ein besonderes Indiz der Weiterentwicklung ist dabei die Steigerung der durchschnittlichen Lebenserwartung von Epoche zu Epoche: Sie ist jeweils auf den sehr knapp gehaltenen Informationstafeln angegeben.
Nun steht man vor einer kleinen Kapelle, für deren Bau Giórgos rund fünf Monate benötigt hat. »Und dann kam Jesus Christus«, verkündet eine Tafel in sechs Sprachen. Gegenüber zeigt eine kleine Sonderausstellung die Entwicklung des Rades, die für Giórgos mit der Einführung der Leichtmetallfelge endet. Aus den folgenden fast 2000 Jahren hat er dann nichts zu vermelden – bis zu dem Tag, als Jurij Gagarin 1961 ins Weltall flog. Mit ihm ist für Giórgos die dritte Stufe der Menschheitsgeschichte erreicht: »Vom Homo erectus über den Homo sapiens zum Homo cosmicus«, wie er sagt. Dem weiteren Ausbau seiner Raumfahrt-Abteilung hat sich Giórgos in den letzten Jahren besonders intensiv gewidmet. Er erinnert an die Hündin »Laika«, die als erstes Lebewesen überhaupt 1957 ins All geschossen wurde und hat zuletzt auf Anregung einer russischen Touristin sogar Walentina Tereschkowa ein Denkmal gesetzt, die 1963 als

erste Frau im Weltraum unterwegs war. Den Abschluss bildet für Giórgos ein Denkmal, das er für weltweit einzigartig hält. Es führt fünf Unfälle auf und nennt die Namen von 21 Männern und Frauen. Auf der Gedenktafel bezeichnet er sie als »Space Heroes«. Wenn Giórgos ihre Namen vorliest, treten ihm meist Tränen in die Augen – und er erzählt gern von den vielen Russen, die sich bei ihm dafür bedanken, dass ein Kreter auch ihrer Toten aus der Sowjetzeit gedenkt.

An der zum Museum gehörenden Cafe-Bar, wo Giórgos Partnerin Olga den angeblich besten Cappuccino Kretas zubereitet, kommt man leicht mit Giórgos ins Gespräch. Dann erfährt man auch, was ihn am meisten an der Menschheitsentwicklung fasziniert: »Der Mensch hatte keine Flügel, keinen Pelz, kein Raubtiergebiss. Er hatte nur Hirn, Hände und Visionen. Damit allein hat er es bis zur Eroberung des Weltraums gebracht.«

EIN PRIESTER AUF »BEUTEZUG«

Für die Welt jenseits des Weltraums fühlte sich Papa Michális zeitlebens zuständig. Er war eine Autorität in Asómatos bei Plakiás. Sein Hobby war das Sammeln. Darum hatte er es seinen Schäfchen verboten, irgendetwas aus ihrem Haushalt zu entsorgen, ohne es ihm vorher gezeigt zu haben. So bewahrte er allerlei Haushaltsgegenstände, Möbel, landwirtschaftliche Geräte und sogar Spielzeug vor der Vernichtung. Zudem war er ein leidenschaftlicher Flohmarktbesucher, reiste deshalb sogar einmal ins ferne Athen. Wenn es etwas für seine Sammlung zu erbeuten galt, schreckte er vor kaum etwas zurück. Im Krieg zog er gefallenen Partisanen sogar einmal die Stiefel aus, nahm getöteten deutschen Soldaten die Erkennungsmarke ab. All seine »Beute« bewahrte er in seinem großen Haus mitten im Dorf auf, bis ihn seine deutsche Schwiegertochter Romi auf die Idee brachte, daraus ein Museum, das »Oriseum«, zu machen.

Seit 2008 weilt Papa Michális bei seinem Herrn. Geórgios, ein Sohn des Priesters, führt das Museum mit seiner Frau Romi weiter. Sie haben darin jetzt auch ein kleines Café eingerichtet, das das ganze Jahr über bei kretischer Livemusik und »mezedákia« Treffpunkt für Einheimische und in der Gegend von Plakiás wohnende Ausländer ist, verkaufen hier auch Produkte befreundeter Bauern und Hausmütter. Geórgios steht zudem Wandergruppen als Führer ins Psilorítis-Gebirge zur Verfügung, in seiner kleinen Pension außerhalb des Dorfes können Gäste wohnen. Das Museum wird dankbar als Nebenerwerbsquelle angenommen, ist für Romi und Geórgios aber vor allem eins: Lebensinhalt und Hommage an den eigenwilligen Papa Michális.

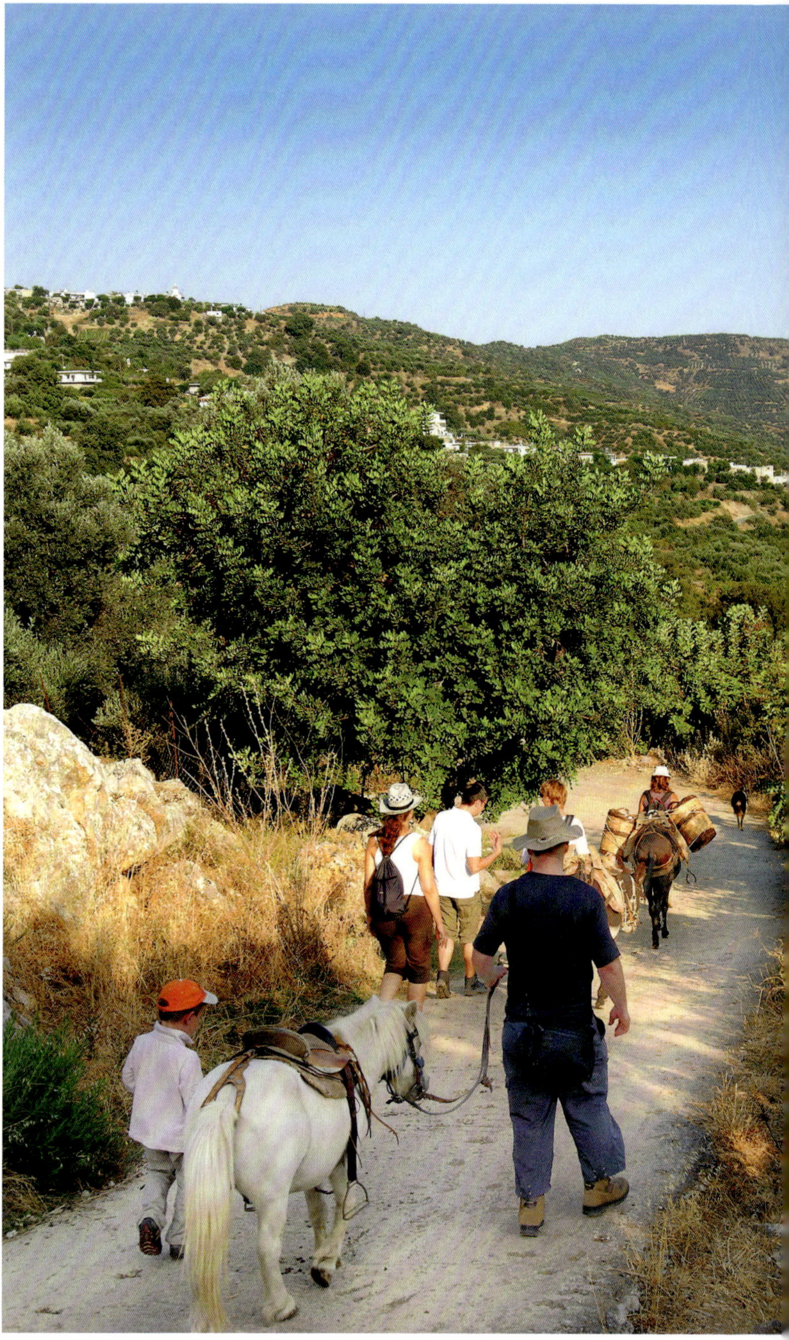

Die Hänge des Psilorítis (▶ S. 162) lassen sich auch auf einem Eselsrücken erkunden.

QUER DURCH
KRETA

DURCH DIE SAMARIÁ-SCHLUCHT 10 – VON DEN WEISSEN BERGEN BIS ANS LIBYSCHE MEER

CHARAKTERISTIK: lange Wanderung, bei der festes Schuhwerk mit rutschfesten Sohlen erforderlich ist. Trinkwasser, Sonnenschutz und Kopfbedeckung mitnehmen! **DAUER:** 4–6 Std. **LÄNGE:** 14 km **START:** Ómalos-Hochebene, Xilóskala **ZIEL:** Agía Rouméli **EINKEHRTIPP:** Taverne Tára, Agía Rouméli, Am Anleger, Tel. 28 25 09 12 31, tgl. ab 9 Uhr € **AUSKUNFT:** Tourist-Information, Odós Kriári 40, Chaniá, Tel. 28 21 05 80 05 und White Mountains National Park Information Center am Schluchteingang, Schlucht geöffnet vom 1. Mai–15. Okt., 7–16 Uhr, je nach Wetterbedingungen auch etwas länger, Eintritt 5 €
D 4

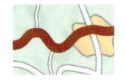

Der 14 km lange Fußweg bis zur Küste beginnt in 1229 m Höhe an einer »xilóskala«, also Holztreppe genannten Stelle am Rand der Ómalos-Hochebene. Schon bevor die Schlucht und ihre Umgebung 1962 zum Nationalpark erklärt wurden, hatten Hirten hier Holzbohlen in den Boden eingefügt, um sich den Weg etwas bequemer zu gestalten – daher der Name.

Eingang der Schlucht ▶ Agía Rouméli

Am Kassenhäuschen löst man seine Eintrittskarte, die am Schluchtausgang wieder abgegeben werden soll. So kann überprüft werden, ob am Abend auch alle Besucher wieder heil herausgekommen sind oder ob gar jemand verbotenerweise in der Schlucht zu campieren gedenkt. Das ist wegen Waldbrandgefahr nämlich nicht erlaubt.

Nach etwa 30 Min. steht rechter Hand das kleine Kirchlein **Ágios Nikólaos**. Angeblich wurde es an der Stelle eines kleinen antiken Artemis-Heiligtums erbaut. Am Ende der Holztreppe befindet sich der Besucher auf dem Grund der Schlucht. Bis zu 2000 m ragen die umliegenden Berge auf. Die meisten Hänge sind noch bewaldet, obwohl schon die Minoer hier Zypressen für ihre Säulen fällten, Venezianer und Türken für ihre Boote, die sie in den Werften von Agía Rouméli bauen ließen. So ist denn auch das heute verfallene Dorf Samariá ein Hirten- und Holzfällerdorf gewesen, bis es seine Bewohner 1962 aufgeben mussten. Das ehemalige Dorf mit seiner Quelle, Toiletten und einer Erste-Hilfe-Station ist heute der Hauptrastplatz auf knapp halbem Wege. Wenige Meter hinter dem Dorf steht die Kirche **Óssia María** aus dem 14. Jh. mit einigen sehr schlecht erhaltenen Wandmalereien.

Bald darauf wird die Schlucht immer enger, bis sie an ihrer schmalsten, nur 3 m breiten Stelle – den »sideróportes«, den **Eisernen Pforten** – den touristischen Höhepunkt des Weges bietet. Die Felswände ragen hier 350 m hoch steil auf, auf dem Grund der Schlucht bahnt sich ein Bach seinen Weg, der im Winterhalbjahr und nach der Schneeschmelze jedes Passieren unmöglich macht. Kurz danach ist die schattenlose Küstenebene erreicht, die man jetzt noch etwa 30–45 Min. durchqueren muss, bis man ins Küstendorf **Agía Rouméli** mit seinem Kiesstrand, vielen Tavernen und einigen Übernachtungsmöglichkeiten kommt. Wer individuell unterwegs ist, kauft sich am besten zunächst ein Schiffsticket für die Weiterfahrt nach Chóra Sfakíon, wo Linienbusse zur Rückfahrt nach Chaniá und Réthimno an der Nordküste warten. Alternativ gibt es auch ein Linienschiff nach Paleóchora im Südwesten der Insel. Wer in Agía Rouméli übernachtet und nimmermüde ist, kann auch noch eine etwa einstündige Wanderung hinauf zur venezianischen Festung über Agía Rouméli unternehmen – doch das tut kaum jemand nach den Mühen der Samariá-Durchwanderung.

Wer die lange schweißtreibende Wanderung durch die gesamte Schlucht nicht wagen will, kann dennoch einen Eindruck von ihr gewinnen. Man fährt morgens mit dem ersten Linienbus von Chaniá nach Chóra Sfakíon und mit dem nächsten Schiff weiter nach Agía Rouméli. Dort läuft man dann durch die schattenlose Küstenebene etwa 40 bis 50 Min. bis zu den Eisernen Pforten und je nach Kondition noch ein Stück weit in die Schlucht hinein, um danach auf gleichem Weg an die Küste zurückzukehren. Auch diese Touren werden von den Reisebüros an der Nordküste organisiert.

Besucher, die mit dem Schiff anreisen, werden schon von weitem von den weißen Häusern des kleinen Küstenortes Chóra Sfakíon (▶ S. 159) begrüßt.

EIN LANGER TAG IM SÜDEN – EINGERAHMT VON HÜGELN UND WEINBERGEN

CHARAKTERISTIK: Mietwagen-Rundfahrt ab Badeorten zwischen Réthimno und Chaniá/Plataniás **DAUER:** mind. 10 Std. **LÄNGE:** ab/bis Schnellstraße 110 km. Badesachen nicht vergessen! **START:** Schnellstraßenausfahrt Vrísses zwischen Chaniá und Réthimno **ZIEL:** Schnellstraße zwischen Réthimno und Georgioúpolis **EINKEHRTIPP:** Taverne Anatolí/Sunrise, oberhalb des Orthi Ammos Beach, ca. 400 m östlich der Burg von Frangokástello, Tel. 28 25 09 20 41, tgl. ab 9 Uhr €

◢ E/F 3

Der Startpunkt dieser Tour, Vrísses, ist über die gleichnamige Schnellstraßenausfahrt von Chaniá, Réthimno und Georgioúpolis aus in weniger als 30 Min. zu erreichen. Das große Dorf zu Füßen der Weißen Berge ist für seinen guten Joghurt bekannt und lohnt ein zweites Frühstück in einem der vielen Cafés und Tavernen. Am besten lässt man ihn sich mit Honig servieren.

Vrísses ▶ Chóra Sfakíon

Hinter Vrísses steigt die gut ausgebaute, kurvenreiche Straße schnell zur wilden **Askífou-Hochebene** mit ihren vier Dörfern an. Sie ist das Herz der rauen Sfakiá, einer Landschaft, die wegen ihrer mutigen Kämpfer gegen die Türkenherrschaft auf ganz Kreta einen hohen Ruf genießt. Diesen Ruf pflegt auch ein privates »Kriegsmuseum« (tagsüber geöffnet) im Dorf **Karés**. Die von Hügeln eingefasste Ebene auf etwa 730 m Höhe ist dank eines hohen Grundwasserspiegels recht fruchtbar. Angebaut werden vor allem Wein und Getreide. Die Ruinen zweier türkischer Forts am Rande der Ebene zeugen vom Versuch der Osmanen, die Sfakioten in Schach zu halten.

Am südlichen Ende der Hochebene wird das Dorf **Ímbros** passiert, von wo Wanderer durch die Ímbros-Schlucht zu Fuß in etwa 3–4 Std. zur Küste hinabsteigen können. Die Straße senkt sich jetzt, dem Gewinde eines Korkenziehers gleich, in zahllosen Serpentinen hinab zur Südküste, wo der Hauptort der Sfakiá, **Chóra Sfakíon**, das nächste Etappenziel ist. Der kleine, halbkreisförmige Hafen ist der ideale Platz für einen Kaffee oder ein frühes Mittagessen, bevor die Fahrt weiter geht in Richtung Osten. Wer früh aufgebrochen ist, kann mit dem Bootstaxi hinüberfahren zum einsamen Sandstrand **Gliká Nerá** oder zum autofreien, nur zu Fuß oder übers Wasser zu erreichenden Badeort **Loutró**. Mutige fahren an Sommerwochenenden 10 km hinauf ins Bergdorf **Arádena** und wagen dort den zweithöchsten Bungee-Sprung Europas.

Chóra Sfakíon ▶ Argiroúpolis

Durch Komitáes, wo die Durchwanderer der Ímbros-Schlucht ankommen, führt die Straße in die weite Küstenebene von **Frangokástello**. Unterhalb der venezianischen Burg kann man im

Besonders reizvoll ist die Landschaft um das Dorf Karés (▶ S. 160) im Frühjahr, wenn unzählige Mohnblumen sie in ein leuchtendes Rot tauchen.

ruhigen, flachen Wasser baden und vom Sandstrand aus den Blick übers Libysche Meer Richtung Afrika schweifen lassen. Danach geht es wieder in rasantem Anstieg in die Berge hinauf. Die Straße nach Kallikrátis kann sich der engsten Serpentinen der Insel rühmen, der Blick ist so grandios wie aus einem steil steigenden Flieger.

Im Little Café am Ortseingang von **Kallikrátis** lässt es sich gut verschnaufen und Öko-Shoppen. Als gut ausgebaute Bergstrecke senkt sich die Straße bald wieder zur Südküste hinab. Einen längeren Stopp lohnt das große Dorf **Argiroúpolis** mit seiner Forellenzuchtstation, dem alten venezianische Dorfkern, römisch-antiken Gräbern und einem Atelier für auf Avocado basierender Naturkosmetik. In Episkopí ist die alte Nationalstraße erreicht. Nach links geht es am größten natürlichen Binnensee Kretas, dem **Kournás-See**, vorbei nach Georgioúpolis und Chaniá, nach rechts vorbei an uralten Dörfern wie **Káto Valsamónero** mit einer freskenreichen Kapelle aus der Zeit um 1400 und wie **Frantzeskianá Metochí**, das einmal einem Franziskanerkloster gehörte, direkt nach Réthimno.

AN DEN HÄNGEN DES PSILORÍTIS – DORFLEBEN UND MINOISCHE ÜBERRESTE

CHARAKTERISTIK: Mietwagen-Rundfahrt ab Badeorten zwischen Réthimno und Iráklio **DAUER:** mindestens 10 Std. **LÄNGE:** ab/bis Iráklio 200 km, ab/bis Réthimno 250 km **START:** Schnellstraßenausfahrt Míres **ZIEL:** Schnellstraßenausfahrt Péram/Panórmo **EINKEHRTIPP:** Taverne Zygóna, Anógia, an der Hauptstraße kurz unterhalb vom Rathaus, tgl. ab 10 Uhr €
H 4

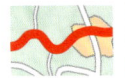

Schon 10 Min. nach Verlassen der Schnellstraße umfängt den Reisenden schönste Natur. An den Hängen, auf den Kämmen und Kuppen stehen Dörfer, die noch ihre einstige Wehrhaftigkeit erkennen lassen. Überall reihen sich dunkelgrüne Rebstöcke aneinander und in schütterem Abstand silbrig glänzende Olivenbäume fein ordentlich in Reih und Glied. Aber die Grundstücke sind nicht rechteckig geschnitten wie nach einer Bodenreform, sondern geformt, wie es das Erbe ergab.

Einen ersten Stopp könnte man in einem der »kafenía« von **Voútes** einlegen. Danach liegt **Ágios Mirónas** wie ein Adlernest auf einer Hügelkuppe voraus. Auf der anderen Seite des Tals zieht sich **Krousónas** in etwa 450 m Höhe am Hang entlang. Nächstes Ziel ist **Korfés** mit seiner urigen Platía. Von hier geht es weiter nach Tilissós mit den stattlichen Überresten eines minoischen Gutshofs am Dorfrand.

Tilissós ▶ Melidóni

Auf der Weiterfahrt passiert die Straße die durch ein braunes Schild markierte Ausgrabung von **Sklavokámbos**. Sie ist eingezäunt und kann nicht betreten werden. Freigelegt wurden hier die Grundmauern eines weiteren minoischen Gutshofs aus der Zeit um 1500 v. Chr. Die Straße nach Anógia führt dann in und an einer Schlucht entlang dem Psilorítis entgegen. Am Ortsanfang von Anógia zweigt eine 22 km lange Straße ab in die Hochgebirgseinsamkeit der **Nída-Hochebene**. **Anógia** selbst lohnt ein längeres Verweilen. Am besten parkt man auf Höhe des Rathauses und geht von hier zu Fuß ins sehr viel traditioneller gebliebene Unterdorf hinunter.

Der Weg zurück an die Küste führt zunächst nach **Axós**. Kurz hinter dem Ortseingang steht links die kleine Kreuzkuppelkirche Agía Iríni. Ein paar Schritte von ihr entfernt macht ein brauner Wegweiser mit der Aufschrift »Ancient Axos« auf den Pfad zur etwa fünf Gehminuten entfernten Friedhofskirche aufmerksam. Ihre Fresken sind schlecht erhalten, aber im Innern sind Reste des Mosaikfußbodens einer frühchristlichen Basilika zu sehen. Die unteren Mauerteile und die Umfassungsmauer des Friedhofs sind aus Blöcken von Gebäuden der antiken dorischen Stadt Axós erbaut.

Folgt man in Axós dem Wegweiser ins Nachbardorf Zonianá, kommt man als Nächstes zur 550 m langen **Tropf-**

steinhöhle **Zonianá** (April–Okt. tgl. 9–18, Nov.–April Fr–So 9.30–16 Uhr, Eintritt 6 €). Im Dorf selbst steht an der Platia das **Wachsfigurenmuseum Potamiós**. Mit lebensgroßen Wachsfiguren sind dort zahlreiche Szenen aus der kretischen Geschichte nachgestellt (tgl. 10–18 Uhr, Eintritt 4 €).

An der Hauptstraße folgt kurz darauf das Dorf **Garázo**, Zentrum des kretischen Anbaus von Zitronatszitronen. Die Schalen der großen Früchte werden zu Zitronat verarbeitet.

In **Mourtzaná** ist dann das grüne Tal des Geropótamos-Flusses erreicht. 1,5 km weiter zweigt nach rechts im spitzen Winkel eine Straße in Richtung Agía und Melidóni ab. Zwischen Agía und Melidóni passiert sie mehrere traditionelle Köhlereien, wo Holzkohle unter freiem Himmel hergestellt wird. In **Melidóni** lohnen dann die gleichnamigen kleinen Tropfsteinhöhlen (tgl. 9–18 Uhr, Eintritt 3 €), der idyllische Dorfplatz und die Olivenölfabrik Paráskis einen längeren Aufenthalt, bevor es über das große Dorf Pérama zurück zur Küstenschnellstraße geht.

Korfés – Dem alten Kreta begegnen

Im Dorf Korfés ist man ganz im ländlichen Kreta angekommen. Vor der Kirche sitzen alte Männer, im »kafenío« gegenüber hat wahrscheinlich seit Monaten niemand mehr aufgeräumt. Neben der Tür ist das Brennholz für den nächsten Winter gestapelt (▶ S. 15).

Bei der Fahrt durch den Psilorítis Natural Park kommt man auch nach Axós (▶ S. 162), einem Bergdorf mit blau-weiß getünchten Häusern und reichem Blumenschmuck.

AUF DER LASSÍTHI-HOCHEBENE 9 – WINDMÜHLEN, KLÖSTER UND 21 DÖRFER

CHARAKTERISTIK: Mietwagen-Rundfahrt ab Badeorten zwischen Iráklio und Ágios Nikólaos **DAUER:** mind. 10 Std. **LÄNGE:** ab/bis Iráklio 160 km, ab/bis Ágios Nikólaos 125 km **START:** Schnellstraßenausfahrt Chersónissou/Kastélli **ZIEL:** Neápoli **EINKEHRTIPP:** Taverne Good Morning Lassithi, im Dorf Ágios Charálambos, Tel. 69 83 96 64 87, tgl. ab 9 Uhr €
N/O 5

Die Lassíthi-Hochebene ist eins der meist besuchten Ausflugsziele auf Kreta. Wer sie statt mit dem Ausflugsbus mit dem Mietwagen ansteuert, kann auch schon bei der Fahrt hinauf und bei der Rückfahrt hinunter Interessantes sehen und erleben. Von der Schnellstraße aus führt die Straße zunächst durch ein Tal mit Golfplatz und dem großen Spaßbad Aqua Plus. Kurz darauf gabelt sich die Straße. Geradeaus geht es nach Kastélli, wo Kretas neuer Großflughafen gebaut werden soll, links zunächst nach Potamiés.

Potamiés ▶ Neápoli

Am Ortseingang von **Potamiés** führt ein Wegweiser zur 1 km entfernten Marienkirche Panagía Gouverniótissa aus dem 14. Jh. (10–14 Uhr). Vorbei an **Avdoú** mit sehr ursprünglichem Ortskern und an **Krássi** mit seiner uralten Platane auf dem Dorfplatz geht es nun nach **Goniés**, wo kurz vor dem Ortsanfang das Kloster **Moní Kerá** steht. Jetzt steigt die Straße steiler an und passiert das auffällige **Museum of Mankind** (tgl. 10–18 Uhr, Eintritt 3 €). Dann ist die Passhöhe **Ámbelos Afín** erreicht: Hier stehen einige restaurierte und viele ruinöse Windmühlen aus Naturstein, in denen früher das auf der Lassíthi-Hochebene geerntete Getreide gemahlen wurde. Zwei von ihnen können meist tagsüber kostenlos besichtigt werden. Der Blick über die Ebene mit ihren 21 Dörfern von hier oben ist genial. Manchmal kreisen über der Passhöhe auch einige der letzten Bartgeier Kretas; Europas seltenste und größte Greifvogelart mit einer Spannweite bis zu fast 3 m.

Die Hochebene umrundet man am besten entgegen dem Uhrzeigersinn, zweigt also, unten angekommen, nach rechts ab. Hier wurden einige der einst über 20 000 mit Segeltuch bespannten Windräder wieder aufgebaut, die noch vor 50 Jahren das in der Ebene reichlich vorhandene Grundwasser zur Feldbewässerung förderten. Heute haben Elektropumpen ihre Aufgabe übernommen. Das erspart den Bauern viel Arbeit, denn sie müssen die Leinensegel nicht mehr abends einholen und morgens wieder spannen.

Rechts der Straße lädt das ehemalige Kloster **Moní Vidianís** aus dem 19. Jh. zu einem kurzen Besuch ein. Einige Ikonen in der Klosterkirche weisen hier Einschüsse aus dem Zweiten Weltkrieg auf. Durch fast menschenleere Dörfer geht es weiter nach **Psychró** mit der Díkti-Höhle, in der Göttervater Zeus seine frühe Kindheit verbracht haben soll. Größtes Dorf der Hochebene ist dann **Ágios Geórgios** mit zwei kleinen Museen: Das Volkskundliche Museum zeigt den Wohnstil der Lassíthi-Bauern vor etwa 100 Jahren, das Venizélos-Museum erinnert mit Fotos und Dokumenten an den kretischen Staatsmann (beide tgl. 10–16 Uhr, Eintritt 3 €).

Beim idyllisch auf einem kleinen Fels gelegenen **Kloster Kroustallénias** kann man die Hochebene verlassen. Die Straße passiert zwei große Aussichtslokale und erreicht auf 1000 m Höhe die Passhöhe, hinter der es auf schmaler, kurvenreicher Straße hinuntergeht Richtung Küste. In **Mésa Potámi** lohnt die Taverne Mariánna wegen ihrer einzigartig dekorierten Terrasse zumindest für eine Kaffeepause. Unbedingt halten sollte man auch am Ortsausgang von **Zénia** am »Gesamtkunstwerk« von Manólis Farsáris, das er »moutsounás« genannt hat. Es besteht aus einer einfachen Café-Taverne, mehreren Souvenirgeschäften, einem kleinen volkskundlichen Museum und fällt durch die vielen originellen Ideen seines Inhabers ins Auge: Kinder können mit einer Zwille auf eine Zielscheibe schießen, wer mag, kann mit leeren grünen und weißen Flaschen auf einem aufgemalten Spielbrett Dame spielen. Wer wiederkommen will, wirft eine Münze in den Wunschbrunnen, alle Fahrzeuge, die die Familie je besaß, sind museal am Straßenrand aufgereiht. Nach weiteren 20 Min. kurvenreicher Fahrt sind dann das Städtchen Neápoli und die Schnellstraße erreicht.

Das Kloster Moní Kerá (▶ S. 164) birgt eine wundertätige Marienikone, die schon mehrmals entwendet wurde, aber auf wundersame Weise immer wieder den Weg zurück fand.

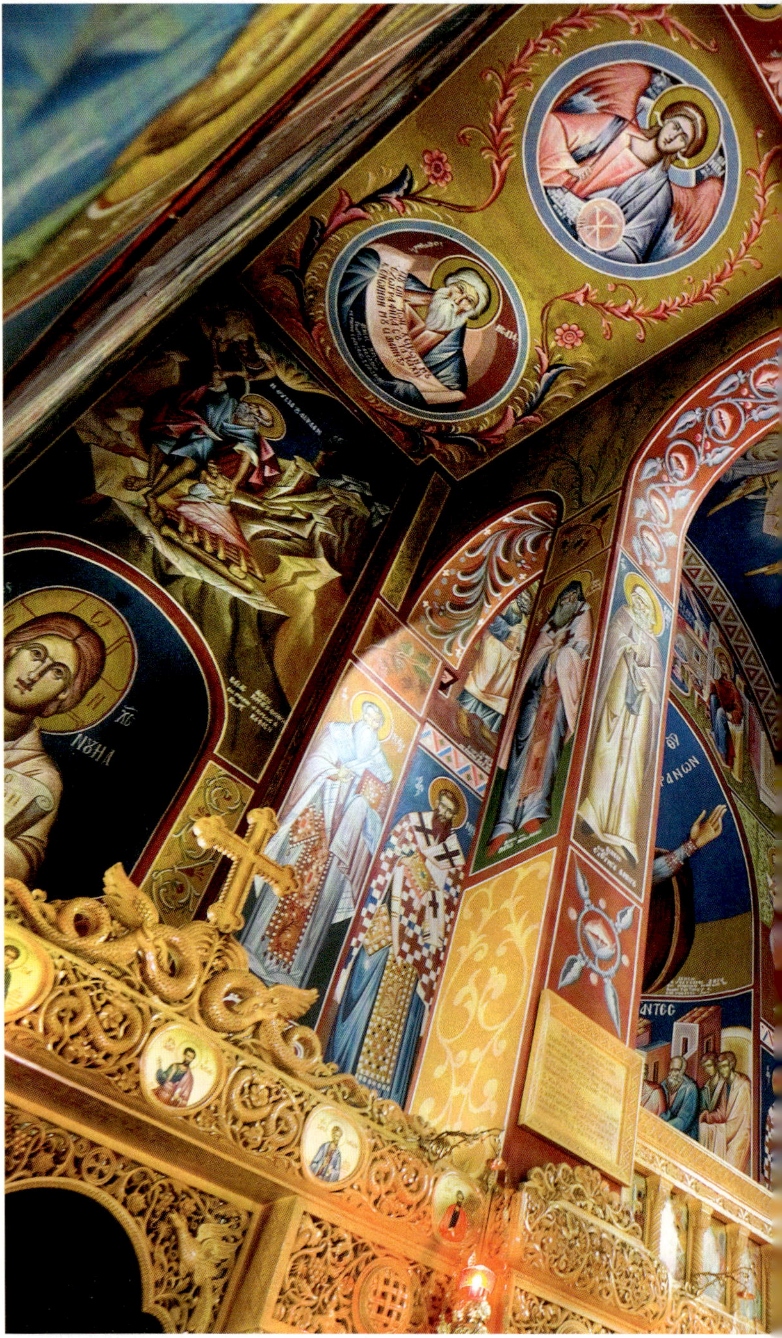

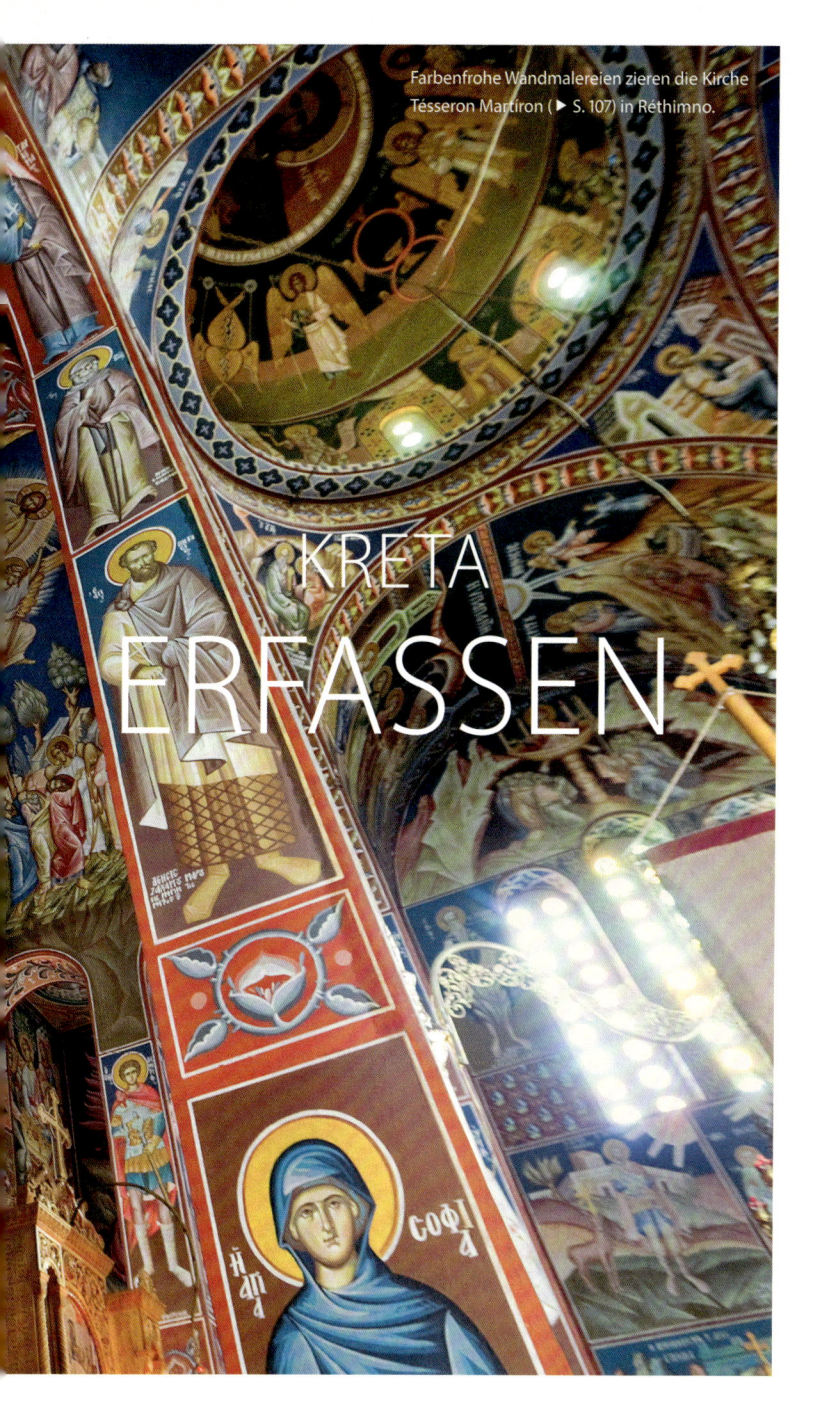

Farbenfrohe Wandmalereien zieren die Kirche Tésseron Martíron (▶ S. 107) in Réthimno.

KRETA ERFASSEN

KRETA KOMPAKT

Hier erfahren Sie alles, was Sie über die Insel Kreta wissen müssen – kompakte Informationen über Land und Leute, von Bevölkerung und Geografie über Politik und Religion bis Sprache und Wirtschaft.

BEVÖLKERUNG

Mit 74,8 Einwohnern/km^2 ist Kreta relativ dünn besiedelt. Gut ein Drittel der Bevölkerung lebt in den fünf größten Städten, fast ein Viertel allein im Großraum Iráklio.

LAGE UND GEOGRAFIE

Die nach Sizilien, Sardinien, Zypern und Korsika fünftgrößte Mittelmeerinsel liegt in etwa auf gleicher Höhe mit Lárnaca auf Zypern und der tunesischen Insel Djerba. 245 km Luftlinie trennen Ost- und Westküste voneinander, 12–60 km Nord- und Südküste. Drei jeweils über 2000 m hohe Gebirge durchziehen Kreta von West nach Ost, höchster Gipfel ist der Psilorítis im Ída-Gebirge mit 2456 m. Fast gleich hoch ist der Pachnés (2053 m) in den Weißen Bergen.

POLITIK UND VERWALTUNG

Kreta bildet eine von sieben griechischen Verwaltungsdirektionen mit Sitz in Iráklio, die in vier Regionalbezirke unterteilt ist: Chaniá, Réthimno, Iráklio und Lassíthi/Ágios Ni-

◀ In den Bergdörfern verläuft das Leben für Mensch und Tier noch recht gemächlich.

kólaos. Das griechische Parlament hat seinen Sitz in Athen. Seit Januar 2015 bilden das Linksbündnis SYRIZA und die rechtspopulistische ANEL eine Koalitionsregierung unter Aléxis Tsípras, die die Spardiktate von EU, Eurogruppe und IWF durchsetzt. Stärkste Oppositionspartei ist die konservative Néa Dimokratía. Ebenfalls im Parlament vertreten sind Kommunisten (KKE), Sozialdemokraten (PASOK) und Rechtsradikale (Chrissí Avgí).

RELIGION

98 % aller Kreter sind griechisch-orthodoxe Christen. Orthodoxe Priester dürfen vor der Priesterweihe heiraten. Mönche, Nonnen und Bischöfe müssen ledig sein. Orthodoxe Kirchen zeichnen sich durch einen reichen Ikonenschmuck und häufig auch durch Wandmalereien aus. Der orthodoxe Gottesdienst dauert 2–3 Std. Es herrscht dabei ein emsiges Kommen und Gehen, sodass auch Urlauber der Messe für einige Zeit beiwohnen können, ohne zu stören. Aus theologischer Sicht unterscheidet sich der orthodoxe Glaube stark vom Protestantismus und vom römischen Katholizismus. So war der theologische Anlass für die Kirchenspaltung im Jahre 1054 die Frage, ob der Heilige Geist nur von Gottvater ausgeht (orthodoxe Position) oder auch von Gottsohn (römisch-katholische und protestantische Auffassung). Die orthodoxen Christen erkennen den Papst nicht als Oberhaupt der Kirche an und müssen nicht an die leibliche Himmelfahrt Mari-

ens glauben (weswegen am 15. August auch nur »Mariä Entschlafung« gefeiert wird).

SPRACHE

Das Griechische ist eine indoeuropäische Sprache, die mit keiner anderen Sprache direkt verwandt ist. Die griechische Schrift ist etwa 2600 Jahre alt, die im slawischen Raum verwendete kyrillische Schrift wurde aus ihr abgeleitet.

WIRTSCHAFT

Neben dem Tourismus ist die Landwirtschaft die wichtigste Erwerbsquelle. Angebaut werden vor allem Oliven, Wein und Getreide, in zahlreichen Gewächshäusern darüber hinaus Frühgemüse, Tomaten und Gurken. In der Viehzucht überwiegen Schafe und Ziegen. Große Industriebetriebe fehlen, die Universität von Kreta verteilt sich mit ihren Fakultäten auf die Standorte Iráklio, Chaniá und Réthimno. Ein wichtiger Bestandteil des Arbeitsmarkts vor allem in der Land- und Bauwirtschaft sind seit 1990 legale Einwanderer aus Albanien, Bulgarien und anderen osteuropäischen Staaten.

AMTSSPRACHE: Neugriechisch
EINWOHNER: 623 000
FLÄCHE: 8331 km^2
GRÖSSTE STADT: Iráklio, 131 000 Einwohner
HÖCHSTER BERG: Psilorítis, 2456 m
INTERNET: www.crete.gov.gr
RELIGION: Griechisch-orthodox
VERWALTUNG: Provinz mit vier Regierungsbezirken
WÄHRUNG: Euro

GESCHICHTE

War es im 3. Jahrtausend v. Chr. das geheimnisvolle Volk der Minoer, deren prachtvolles Erbe Kreta noch heute zur Ehre gereicht, so prägten in späteren Zeiten Römer und Sarazenen, Venezianer und Osmanen die wechselvolle Geschichte der Insel.

2600–1450 v. Chr. Minoische Epoche

Kurz vor Mitte des 3. Jahrtausends wanderten neue Siedler aus **Kleinasien** ins steinzeitliche Kreta ein. Diese Siedlerwelle brachte erste Kenntnisse der **Metallverarbeitung** (Kupfer, Bronze) mit. Das führte zu einem kulturellen und wirtschaftlichen Aufschwung: Bald bildeten sich Eliten heraus, alle wichtigen Funktionen der Gesellschaft wurden jetzt in großen Siedlungen konzentriert, den sogenannten **Palästen**. Dort entwickelte sich die erste Hochkultur auf europäischem Boden. Es entstanden bis zu sieben Stockwerke hohe Gebäude und Kunstwerke von großer Feinheit und bunter Vielfalt. Auch entwickelten die Minoer eine erste Schrift. Im 17. Jh. erschütterten schwere **Erdbeben** die Insel, die alten Paläste brannten ab. Über deren Mauern errichteten die Minoer binnen kurzer Zeit neue, noch prächtigere Paläste, auch regelrechte Städte bildeten sich heraus. Die Schrift wurde modernisiert. Der **Handel** florierte, reichte bis nach Ägypten und Vorderasien sowie weit in die Ägäis hinein. Allem Anschein nach führten die Minoer nie Kriege, ihre Siedlungen und Paläste waren immer unbefestigt. Um 1450 v. Chr. wurden auch die neuen Paläste und Siedlungen – wahrscheinlich wiederum durch Naturkatastrophen – zerstört und diesmal nicht wieder aufgebaut.

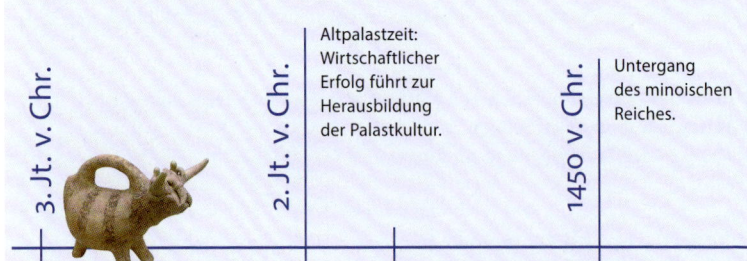

3. Jt. v. Chr. — Vorpalastzeit: Siedler aus Kleinasien führen die Kupfer- und Bronzebearbeitung ein.

2. Jt. v. Chr. — Altpalastzeit: Wirtschaftlicher Erfolg führt zur Herausbildung der Palastkultur.

1. Jt. v. Chr. — Neupalastzeit: Nach einer Naturkatastrophe entstehen noch prächtigere Paläste.

1450 v. Chr. — Untergang des minoischen Reiches.

1450–900 v. Chr. Zeiten des Übergangs

Inzwischen war auf dem Peloponnes der griechische Volksstamm der **Achäer** zur vorherrschenden Macht aufgestiegen. Deren Zentrum Mykene wurde zum Namensgeber für die erste Hochkultur auf dem europäischen Festland, die mykenische Kultur. Die Achäer drangen ins geschwächte Kreta ein. Ihre Kultur durchdrang nun die minoische. Um 1200 v. Chr. erlosch die mykenische Kultur, geschwächt durch den langen Trojanischen Krieg und durch die Einwanderung des griechischen Stamms der Dorer auf den Peloponnes. Sie ließen sich auch auf Kreta nieder. Kunsthandwerk und Wirtschaft erlebten einen nahezu totalen Niedergang.

900–67 v. Chr. Griechische Antike

Dann aber entwickelten die **Dorer** neue Stadtstaaten, die handwerkliche Produktion stieg wieder an. Die Bedeutung der dorischen Stadtstaaten auf Kreta blieb aber das ganze Jahrtausend über immer weit hinter der auf anderen Inseln und auf dem Festland zurück; Kreta spielte fortan in der griechischen Geschichte der Antike nur noch eine bescheidene Nebenrolle. Hier stand kein einziger Tempel im Stil des klassischen Griechenlands.

67 v. Chr.–395 Römische Zeit

Schon im 2. Jh. v. Chr. begann die Unterwerfung Griechenlands durch die **Römer**. Auf Kreta fassten sie 67 v. Chr. Fuß und machten **Górtis** im Inselsüden zu ihrer Hauptstadt. Größere römische Bauten entstanden nur dort, ansonsten war die Insel vor allem Bauernland und eine Kornkammer Roms. Bereits in der Mitte des 1. Jh. hatte der Apostel **Paulus** Kreta besucht und eine erste christliche Gemeinde gegründet. Etwa 330 Jahre später wurde das **Christentum** im gesamten Römischen Reich zur Staatsreligion erhoben. Als es dann 395 zur endgültigen Teilung des Römischen Reichs kam, gelangte Kreta wie das übrige Griechenland an **Ostrom**, das von Konstantinopel aus regiert wurde, dem heutigen Istanbul.

---

9. Jh. v. Chr. — Einwanderung griechischer Dorer und Herausbildung neuer Stadtstaaten.

59 n. Chr. — Der Apostel Paulus besucht Kreta.

1400–1100 v. Chr. — Nachpalastzeit: Kreta steht unter mykenischem Einfluss.

395 — Kreta wird Teil des Oströmischen Reiches.

395–1204 Oströmisch-Byzantinische Zeit

Nun entstanden überall auf Kreta große christliche Kirchen vom Typus der Basilika. Unter **Kaiser Justinian** (527–565) erreichte das Oströmische Reich seine größte Ausdehnung. Es umfasste weite Teile Kleinasiens, der Mittelmeer- und Schwarzmeerküsten. Kreta war in diesem Weltreich nur eine relativ unbedeutende Insel, die über 130 Jahre lang sogar unter arabischer Kontrolle stand. Mehrfach versuchte Byzanz, die Insel zurückzuerobern und scheiterte zuletzt im Jahre 865. Erst 961 gelang es dem Feldherrn und späteren Kaiser **Nikiphóros Fókas**, die Sarazenen endgültig zu vertreiben. Zahlreiche byzantinische Adelsfamilien wanderten ein, erhielten Landbesitz und ließen in den folgenden Jahrhunderten viele kleine Kirchen erbauen und mit Fresken ausmalen. Auch zahlreiche noch heute bestehende **Klöster** wurden gegründet. In diese Zeit fiel 1054 die **Kirchenspaltung**, das Schisma. Das Kaiserreich im Westen und das Byzantinische Reich wurden nun Erzfeinde.

1204–1669 Venezianische Herrschaft

1204 lenkten die Venezianer einen von ihnen finanzierten Kreuzzug nach Konstantinopel um. Die Stadt wurde geplündert, das Byzantinische Reich entscheidend geschwächt. Große Teile Griechenlands teilten Kreuzritter und Venezianer unter sich auf. 1210 übernahmen die **Venezianer** Kreta und machten **Chaniá** zu dessen Hauptstadt. Die orthodoxe Geistlichkeit wurde den römisch-katholischen Bischöfen unterstellt, über 370 römisch-katholische Klöster gegründet und zahlreiche Kirchen im Stil der Gotik erbaut. Die orthodoxen Gläubigen unterdrückte man wirtschaftlich, ließ ihnen jedoch ihren Glauben. Als die Osmanen 1453 Konstantinopel eroberten und damit das Byzantinische Reich unterging, flohen viele **Christen** aus der Reichshauptstadt nach Kreta und brachten der Insel einen wirtschaftlichen und vor allem kulturellen Aufschwung. Zahlreiche neue orthodoxe Kirchen und Klöster entstanden (die Epoche der Byzantinischen Renaissance).

---

824 — Islamische Sarazenen erobern Kreta.

961 — Byzanz gewinnt Kreta von den Arabern zurück.

1204 — Nach der Eroberung der byzantinischen Reichshauptstadt Konstantinopel durch Venedig gelangt die Insel in dessen Besitz.

1453 — Die Türken nehmen Konstantinopel ein.

Der wirtschaftliche Niedergang Venedigs begann im 16. Jh. wegen der Entdeckung Amerikas und des Seewegs nach Indien. Das Mittelmeer war zum Randmeer geworden. Zugleich blieb der Expansionsdrang der **Osmanen** ungebremst. 1645 eroberten sie Chaniá, 1648 begann eine 21-jährige Belagerung der Stadt **Iráklio**. Auf dem Höhepunkt der Kämpfe standen sich 29 000 Christen mit etwa 108 000 Türken gegenüber.

1669–1898 Osmanische Zeit

1669 fiel Iráklio. Nur die Festungsinseln Soúda und Spinalonga blieben noch bis 1715 in venezianischem Besitz, die Festungsinsel Gramvoússa bis 1692. Die Osmanen verstärkten die Rechte der orthodoxen und jüdischen Inselbewohner, verwandelten Kirchen in Moscheen und verteilten vor allem den fruchtbaren Landbesitz nahe den Küsten unter ihren Soldaten. Einige **Moscheen** wurden neu gebaut, Festungen ausgebessert. Ins Alltagsleben der Christen griff man wenig ein, solange sich diese ruhig verhielten und ihre hohen Steuern zahlten. Kulturell wurde Kreta zur absoluten Provinz.

Immer wieder gab es unter den Osmanen regionale kretische **Aufstände**, die blutig niedergeschlagen wurden. Am 25. März 1821 begann dann auf dem Peloponnes die griechische Erhebung gegen die osmanische Unterdrückung. 1829 war es soweit: Im **Frieden von Adrianopel** wurde die Gründung eines neugriechischen Staates vereinbart, der im Londoner Vertrag von 1830 völkerrechtlich anerkannt wurde. Kreta musste aber im Osmanischen Reich verbleiben. Als die Osmanen eine kretische Revolte im **Kloster Arkádi** blutig beendeten, wurde die christliche Weltöffentlichkeit auf Kretas Schicksal aufmerksam. Nach einem von den Griechen 1896/97 auf dem Festland gegen den Sultan geführten und gewonnenen Krieg stimmten die europäischen Großmächte einer Autonomie Kretas unter osmanischer Oberherrschaft zu. **Prinz Georg**, Sohn des griechischen Königs Georg I., wurde von ihnen zum Hochkommissar Kretas ernannt. Sein Amtssitz war Chaniá.

1645–1646 Die Türken erobern 1645 Chaniá, nehmen 1646 Réthimno und 1669 Iráklio ein.

1821–1829 Während des griechischen Unabhängigkeitskriegs kommt es auf Kreta zu zahlreichen Aufständen. Kreta bleibt türkisch.

1898 Auf Verlangen der Großmächte ziehen die Türken von Kreta ab; die Insel wird autonom.

1898–1913 Kreta als Protektorat

Im kretischen Politiker **Elefthérios Venizélos** fanden Hochkommissar und Großmächte einen Gegenspieler, der weiterhin um den Anschluss Kretas an Griechenland kämpfte. Zweimal organisierte er einen bewaffneten Aufstand. Prinz Georg musste 1906 zurücktreten. 1910 wurde Venizélos im freien Griechenland zum Ministerpräsidenten gewählt. Ohne jede rechtliche Basis nahm er kretische Abgeordnete ins griechische Parlament auf. Zusammen mit Serbien, Bulgarien und Montenegro initiierte er einen Krieg gegen das Osmanische Reich. Als Folge seiner Niederlage musste der Sultan Kreta 1913 an Griechenland abtreten.

1913–1974 Unruhige Jahre

Nun folgten für Kreta über 35 von Kriegen geprägte Jahre. 1917 trat Griechenland auf Seiten der Alliierten in den Ersten Weltkrieg ein. 1921/22 nahmen auch kretische Soldaten am erfolglosen griechischen Versuch teil, Kleinasien zu erobern. Beim sich anschließenden »Bevölkerungsaustausch« mussten die letzten 22 000 Moslems die Insel verlassen und im Gegenzug Kreta 32 000 aus Kleinasien stammende griechische Vertriebene aufnehmen. 1932 errichtete der griechische Generalstabschef **Ioánnis Metaxás** eine faschistoide Militärdiktatur in Griechenland. Im Oktober 1940 sagte er jedoch Nein zum Verlangen des italienischen Duce Benito Mussolini, sich Italien kampflos zu ergeben. Daraufhin trat Griechenland auf Seiten der Alliierten in den **Zweiten Weltkrieg** ein. Im April 1941 besetzte die deutsche Wehrmacht weite Teile Griechenlands. Am 20. Mai begann eine deutsche Luftlandeoperation auf Kreta; am Monatsende war Kreta in deutscher Hand. Während der bis September 1944 anhaltenden Besatzungszeit stießen die Nazi-Truppen jedoch stets auf heftigen Widerstand durch Partisanen. Sie beantworteten deren Anschläge mit grausamen Massenerschießungen kretischer Zivilisten und der völligen Zerstörung vieler Dörfer. Schon kurz nach dem Abzug der deutschen Truppen kam es auf Kreta wie in ganz Griechen-

1908 — Die kretische Nationalversammlung proklamiert die Vereinigung der Insel mit Griechenland.

1922/1923 — Der griechische Versuch, Teile der Türkei zu erobern, endet mit einer Katastrophe. Zahlreiche Kleinasien-Flüchtlinge kommen nach Kreta.

20. Mai 1941 — Deutsche Invasion, anschließend rege Partisanen-Tätigkeit.

1945–1949 — Griechischer Bürgerkrieg.

land zum **Bürgerkrieg** zwischen linken Partisanen und bürgerlichen, stark von den Briten unterstützten Truppen, der mehr Opfer forderte als die deutsche Besatzungszeit. Noch einmal hatten die Kreter dann 1967–1974 unter einer griechischen **Militärdiktatur** zu leiden. Erst danach begann die Entwicklung einer modernen **Demokratie** im westlichen Sinn.

Seit 1974 Modernes Griechenland

Die **Monarchie** wurde 1974 durch einen Volksentscheid abgeschafft. Zwei **Volksparteien** wurden neu gegründet, die seit 2012 erstmals in der griechischen Geschichte in einer Koalition das Land regieren: die konservative Néa Dimokratía und die sozialdemokratische PASOK. Beide Parteien sind maßgeblich für die 2010 offenkundig gewordene **Wirtschafts- und Finanzkrise** Griechenlands verantwortlich. Bis dahin war die kommunistische KKE die einzige konstante Oppositionspartei. Seit Ausbruch der Krise sind zwei andere Parteien groß geworden: die neofaschistische Chrissí Avgí (Goldene Morgenröte) und die linksradikale SYRIZA, die viele der seit 2010 dem Land von EU und Internationalem Weltwährungsfond IWF aufoktroyierten Sparmaßnahmen rückgängig machen will und dafür sogar einen Ausstieg aus dem Euro in Kauf nehmen würde.

Prägend für die kretische Wirtschaft war in den Jahren seit 1974 vor allem der rasante Anstieg des **Tourismus** und die Exportorientierung der **Landwirtschaft** durch das Anlegen zahlreicher Gewächshäuser, in denen Tomaten und Frühgemüse für den europäischen Markt gezogen werden.

Von kultureller Bedeutung war vor allem die Gründung einer auf drei Standorte verteilten **Universität** von Kreta und einer **Technischen Hochschule** in Iráklio. Die Absolventen dieser Bildungseinrichtungen haben jetzt ebenso wie Jung-Akademiker im ganzen Land besonders unter der hohen Arbeitslosigkeit zu leiden, die bei fast 30 % – und bei der Jugend sogar bei über 50 % – liegt.

1967 Beginn einer siebenjährigen Militärdiktatur in Griechenland.

1971 Iráklio löst Chaniá als Inselhauptstadt ab.

2002 Der Euro ersetzt die Drachme als Landeswährung.

2010–2016 Griechenland kann nur durch internationale Finanzhilfen, Steuererhöhungen und Sparmaßnahmen vor dem Staatsbankrott bewahrt werden.

REISEINFORMATIONEN

Anreise
MIT DEM FLUGZEUG

Charterflugzeuge verbinden im Sommer nahezu alle Verkehrsflughäfen in den deutschsprachigen Ländern mit der Inselhauptstadt; von einigen Flughäfen aus kann man auch direkt nach Chaniá fliegen. Über Athen erreicht man Iráklio, Sitía und Chaniá ganzjährig an jedem Tag per Linienflug. Die griechischen Fluggesellschaften Aegean Airlines und Olympic Air sind Mitglieder der Star Alliance; man kann also auch mit ihnen Lufthansa-, Swiss- oder Austrian-Meilen sammeln.

Auf www.atmosfair.de und www.myclimate.org kann jeder Reisende durch eine Spende für Klimaschutzprojekte für die CO_2-Emission seines Fluges aufkommen.

MIT DEM SCHIFF

Direktverbindungen zwischen Italien und Kreta gibt es nicht. Man fährt von Venedig oder Ancona nach Patras und von dort nach Piräus. Ganzjährig sind Autofähren täglich zwischen Piräus, Chaniá und Iráklio unterwegs, im Sommer auch zwischen Réthimno und Piräus.

Ankunft
IN IRÁKLIO

Vom Flughafen der Hauptstadt fährt man am besten per Taxi ins Hotel. Wer erst einmal zum Stadtzentrum oder zum Busbahnhof möchte, kann auch den Linienbus nehmen, der alle 5 bis 10 Min. 100 m vor dem Flughafengebäude abfährt. Wenn Sie einen Leihwagen benötigen: Viele Autovermieter, z. B. Rental Cars, Avis, Sixt, Europcar, Sunny Cars und Budget, haben Empfangsschalter am Flughafen.

Der Fährhafen von Iráklio liegt etwa 3 km östlich des Stadtzentrums und des zentralen Busbahnhofs, zu dem vom Anleger aus auch Busse fahren.

IN CHANIÁ

Der Flughafen liegt 15 km außerhalb der Stadt auf der Halbinsel Akrotíri. Von hier aus fahren Linienbusse ins Stadtzentrum. Auch Taxis und Mietwagen stehen zur Weiterreise bereit.

Der Fährhafen von Kretas zweitgrößter Stadt liegt in der Soúda-Bucht, 7 km östlich von Chaniá. Zu den Schiffsankünften und -abfahrten besteht Busanschluss ins Zentrum.

IN DEUTSCHLAND, ÖSTERREICH UND DER SCHWEIZ

Griechische Zentrale für Fremdenverkehr (EOT)

– Holzgraben 31, 60313 Frankfurt/Main | Tel. 0 69/2 57 82 70 | info@visitgreece.com.de
– Opernring 8, 1015 Wien | Tel. 01/5 12 53 17 | info@visitgreece.at

AUF KRETA

Tourismusinformation

Odós Xanthoudídou 1, Iráklio | Tel. 28 10 22 60 81

Weitere Informationsbüros gibt es in den Städten Réthimno, Chaniá, Ágios Nikólaos und Sitía

Buchtipps

Klaus Bötig/Hans-Jürgen Gaudeck: Tage auf Kreta (HSB, 2009) Ein Band mit Aquarellen eines Berliner Malers und poetischen Texten zu Kreta vom Autor dieses Reiseführers.
Helmut Fischer: Die Welt der Ikonen (Insel, 1996) Die beste Einführung in Technik, Stilgeschichte und vor allem theologische Hintergründe orthodoxer Sakralmalerei.
Níkos Kazantzákis: Alexis Sorbas (Anaconda, 2008) Der Klassiker unter der Kreta-Literatur, der auch durch seine Verfilmung mit Anthony Quinn einer breiten Öffentlichkeit bekannt geworden ist. Auf Kreta kann man auch viele seiner weiteren Werke in deutscher Übersetzung kaufen. Freiheit oder Tod (Rowohlt, 1989) Der Roman spielt in dem von Türken besetzten Iráklio des 19. Jh. und schildert den kretischen Befreiungskampf.
Pandelis Prevelakis: Chronik einer Stadt (Suhrkamp, 1988) Der 1909 in Réthimno geborene Autor beschreibt in diesem 1938 erstmals veröffentlichtem Büchlein das Réthimno seiner Jugendzeit. Nur noch antiquarisch oder auf Kreta selbst als Nachdruck erhältlich.
Michaela Prinzinger: Kreta (Insel, 2006) Ein literarischer Reisebegleiter mit Texten u. a. von Christa Wolf, Marie Luise Kaschnitz, Henry Miller und Níkos Kazantzákis.
Außerdem ist zu Kreta ein MERIAN-Magazin im Handel erhältlich (TRAVEL HOUSE MEDIA, 2010).

Diplomatische Vertretungen

Deutsches Konsulat ▶ S. 63, b 3
– Odós Dikeossínis 7, Iráklio | Tel. 28 10 22 62 88 | Iraklio@hk-diplo.de
– Odós Digéni Akríta 1, Chaniá | Tel. 28 21 06 88 76 | chania@hk-diplo.de

Österreichisches Konsulat ▶ S. 63, b 2
Odós Mafsólou 201, Iráklio | Tel. 28 10 33 14 97 | austrianconsul@cretanholidays.gr

Schweizer Botschaft
Odós Iassiou 2, Athen | Tel. 21 07 23 03 64 | www.eda.admin.ch/athens

Feiertage

An den nationalen Feiertagen sind alle Büros, Behörden, Banken und die meisten Geschäfte geschlossen. Reisebüros, Autovermietungen und Souvenirläden hingegen haben wie gewohnt geöffnet.

1. Januar Neujahr und Fest des hl. Vassilis
6. Januar Dreikönigstag
19. Februar Rosenmontag 2018
27. Februar Rosenmontag 2017
25. März Nationalfeiertag (Unabhängigkeitstag)
6. April Karfreitag 2018
9. April Ostermontag 2018
14. April Karfreitag 2017
17. April Ostermontag 2017
1. Mai Tag der Arbeit
28. Mai Pfingstmontag 2018
5. Juni Pfingstmontag 2017
15. August Mariä Himmelfahrt
28. Oktober Ochi-Tag: Nationalfeiertag
9. November (nur auf Kreta ein Feiertag)
25./26. Dezember Weihnachten

FKK

Offiziell ist Nacktbaden nur an ausgewiesenen Stränden erlaubt. Der einzige offizielle FKK-Strand Griechenlands ist der Vritomartis Beach östlich von Chóra Sfakíon an der Südküste unterhalb des Hotels Vritomartis Naturist Resort, des einzigen FKK-Hotels von ganz Kreta.

Geld

Landeswährung ist der Euro (Ewró ausgesprochen; statt Cents sagen die Griechen Leptá). Bargeld kann mit EC-/Maestro-Karte oder Kreditkarten an den zahlreichen Bargeldautomaten der Banken abgehoben werden. Man muss dazu die PIN-Nummer eingeben. Die Banken sind Mo–Do 8–14, Fr 8–13.30 Uhr geöffnet.

Links und Apps

LINKS

www.visitgreece.gr
Die offizielle Homepage der Griechischen Zentrale für Fremdenverkehr mit vielen Links (englisch).
www.culture.gr
Die Homepage des Kultusministeriums zeigt ausführliche Darstellungen von Museen und Ausgrabungsstätten (englisch).
www.explorecrete.com
Umfangreiche touristische Infos, Landkarten, Nachrichten und Klimatabelle.
www.west-crete.com
Sehr informative und ausführliche Website zur westlichen Inselhälfte.
www.kretaforum.info und
www.kreta-welt.de
Zwei sehr aktive deutschsprachige Chat-Foren zu allen Themen rund im die Insel.

APPS

Cretan Beaches
Gratis-App mit etwa 400 ausführlichen Beschreibungen und Fotos von Stränden rund um Kreta. Englischsprachig.
Crete Street Map
Nach dem kostenpflichtigen Download stehen aktuelle Kreta-Karten mit vielen Details auch offline zur Verfügung. Auch eigene Punkte wie das Urlaubshotel und der jeweilige Parkplatz können abgespeichert werden. Englischsprachig.
Meet and Eat in Crete
Gratis-App mit ausführlichen Beschreibungen von Restaurants auf Kreta, wahlweise sortiert nach Orten, Stil oder Preisniveau. Englischsprachig.

Medizinische Versorgung

KRANKENVERSICHERUNG

Zwischen Deutschland, Österreich und Griechenland besteht ein Sozialversicherungsabkommen. Gegen Vorlage einer Europäischen Krankenversicherungskarte (EHIC) werden zu Hause gesetzlich Krankenversicherte von den Vertragsärzten der griechischen gesetzlichen Krankenkassen sowie in staatlichen Krankenhäusern kostenlos behandelt. Als zusätzlicher Versicherungsschutz empfiehlt sich aber dringend der Abschluss einer Auslandskrankenversicherung, da auch Kassenärzte gegen Bargeld bevorzugt behandeln und eine Krankenrücktransportversicherung inbegriffen ist.

KRANKENHAUS

Staatliche Krankenhäuser befinden sich in Iráklio, Chaniá, Réthimno, Ágios Nikólaos, Ierápetra und Sitía. Notfallbehandlungen sind für alle

Patienten, also auch für Nicht-EU-Bürger, kostenlos.

APOTHEKEN

In Urlauberzentren sind sie in der Regel von Mo–Fr ganztägig geöffnet. Nachts und an Wochenenden gibt es einen Notdienst. Aushänge informieren über die diensthabenden Apotheken; meist wissen auch die Taxifahrer gut darüber Bescheid.

Museen und Ausgrabungen

Öffnungszeiten von Museen und Ausgrabungen ändern sich häufig. Die in diesem Buch gemachten Angaben gelten für Mai bis Oktober und können nur als Anhaltspunkt dienen. Kernöffnungszeiten von staatlichen Museen und Ausgrabungen sind auch im Winter 8.30–15 Uhr; montags ist oft Ruhetag. Eintrittsermäßigungen gibt es für Senioren ab 65 Jahren. Freier Eintritt wird Kindern, Jugendlichen und Studenten aus EU-Ländern gewährt. Freier Eintritt für alle wird zwischen November und März jeweils am ersten Sonntag eines Monats sowie ganzjährig an allen gesetzlichen Feiertagen gewährt.

Nebenkosten

1 Tasse Kaffee	2,00–4,00 €
1 Bier	ab 2,50 €
1 Cola	ab 1,80 €
1 Brot (ca. 1 kg)	1,30 €
1 Schachtel Zigaretten	4,00 €
1 Liter Benzin	1,60 €
Mietwagen/Tag	ab 31,00 €

Notruf

Euronotruf Tel. 112
(Polizei, Feuerwehr, Rettungsdienst)

Post

Postämter sind von Mo–Fr 7.30–14 Uhr geöffnet. Postkarten nach Mitteleuropa werden mit 0,80 € frankiert. Wegen der sich häufig ändernden Portogebühren tragen viele griechische Briefmarken seit 2013 meist keine Wertangabe mehr, stattdessen ist eine Preiskategorie eingedruckt. Die Briefkästen sind gelb. Die Postlaufzeit nach Mitteleuropa beträgt 2–3 Tage.

Rauchen

Offiziell ist das Rauchen in allen öffentlichen Gebäuden und Verkehrsmitteln, in Flughäfen, Tavernen, Diskotheken, Cafés und Bars verboten. Hotels dürfen jedoch Raucherzimmer anbieten. De facto wird das Rauchverbot nur teilweise eingehalten.

Reisedokumente

Deutsche, Österreicher und Schweizer können mit einem gültigen Reisepass oder Personalausweis (Identitätskarte) einreisen, Kinder bis zu zwölf Jahren benötigen einen Kinderpass.

Reiseknigge

Die überwiegende Mehrheit der Kreter kleidet sich ganz und gar (mittel-)europäisch. Nur alte Männer sieht man gelegentlich noch in der traditionellen Tracht: Pluderhose (»vráka«), Schaftstiefel, schwarzes Hemd, breite Bauchbinde, in der ein Messer stecken kann, um den Kopf gewunden ein mit Fransen besetztes Kopftuch (»saríki«).

Von Urlaubern sind die Kreter inzwischen jede Art der Bekleidung gewohnt. Wer Rücksicht auf die Einheimischen nehmen will, geht nicht mit nacktem Oberkörper durch Städte und

Dörfer. Badehose und Bikini trägt man nur am Strand.
Bei der Besichtigung von Kirchen und Klöstern sollte man keine Shorts tragen. Kopf- und Schulterbedeckung werden hingegen nicht verlangt. In Kirchen wendet man Ikonen nicht den Rücken zu, wenn man unmittelbar vor ihnen steht.
Über Politik sollte man gerade jetzt in Zeiten der Krise besser nicht diskutieren. Wer Partei für Angela Merkel ergreift, wird fast immer auf Unverständnis stoßen.

Reisezeit

Die Saison beginnt mit den deutschen Osterferien und endet im Oktober. Am kältesten ist es im Januar, am heißesten im August. Die regenreichsten Monate sind Dezember und Januar. Fast regenlos sind Juni, Juli und August. Zwischen Mai und August wehen häufig heiße, trockene Südwinde. Im Hochsommer kann das Thermometer auf über 40 °C steigen; an der Südküste ist es immer ein paar Grad wärmer. Hier kann man schon im April baden.

Sicherheit

Kreta ist trotz der griechischen Wirtschafts- und Finanzkrise immer noch eine der sichersten Urlaubsinseln Europas. Die Kriminalitätsrate ist niedrig, auch Frauen sind keinen besonderen Gefährdungen ausgesetzt. Wie überall auf der Welt sollte man sich besonders im Gedränge vor Taschendieben in Acht nehmen und keine Wertgegenstände sichtbar im Auto liegen lassen. Wird tatsächlich einmal etwas gestohlen und man geht zur Polizei, um aus Versicherungsgründen Anzeige zu erstatten, muss man allerdings auf umfangreiche Formalitäten und mindestens einen halben Tag Zeitaufwand gefasst sein.

Strom

Die elektrische Spannung beträgt 220 Volt Wechselstrom. Deutsche Stecker passen meist.

Telefon

VORWAHLEN
D, A, CH ▶ Griechenland 00 30
Griechenland ▶ D 00 49

Klima (Mittelwerte)

	Januar	Februar	März	April	Mai	Juni	Juli	August	September	Oktober	November	Dezember
Tagestemperatur	16	16	17	20	24	28	29	29	27	24	21	17
Nachttemperatur	9	9	10	12	15	19	21	22	19	16	14	11
Sonnenstunden	3	5	6	8	10	12	13	12	10	7	6	4
Regentage pro Monat	12	7	8	4	2	1	0	0	2	6	6	10
Wassertemperatur	16	15	16	16	19	22	24	25	24	23	20	17

Griechenland ▶ A 00 43
Griechenland ▶ CH 00 41

Anschließend für Griechenland die zehnstellige Teilnehmerrufnummer wählen, für deutschsprachige Länder die Vorwahl der gewünschten Stadt ohne Null wählen. Am einfachsten telefoniert man von Kartentelefonen aus. Telefonkarten für 4 € sind an allen Kiosken und in den meisten Supermärkten erhältlich. Es gilt ein spezieller Mondscheintarif von Mo–Fr, 22–8 Uhr und Sa/So den ganzen Tag über.

Die Mobilfunkversorgung ist selbst in entlegenen Bergdörfern gut. Wer sein Mobiltelefon auch auf Kreta viel nutzen will, kauft sich am besten in einem der vielen Telekommunikationsgeschäfte (Cosmote, vodafone, Wind) für wenig Geld eine griechische SIM-Card mit griechischer Handynummer und nutzt dann den günstigen Prepaid-Tarif. Nicht verbrauchtes Prepaid-Guthaben bleibt verfügbar, wenn damit mindestens alle sechs Monate einmal telefoniert wird.

Tiere

Hunde und Katzen benötigen zur Einreise einen EU-Heimtierausweis (stellt der Tierarzt aus) mit Nachweis einer Tollwutimpfung. Das Tier muss durch einen Mikrochip identifizierbar sein.

Trinkgeld

Im »kafenío« und in ländlichen Gaststätten noch nicht üblich. In gehobenen Restaurants lässt man etwa 10 % auf dem Tisch liegen. Fremdenführer, Gepäckträger und Zimmermädchen erhalten ca. 1 € Trinkgeld pro Tag.

Verkehr

AUTO

Der nationale Führerschein genügt. Das Mitführen der internationalen grünen Versicherungskarte ist jedoch empfehlenswert, wenn man mit dem eigenen Auto einreist.

Die Hauptstraße entlang der Nordküste, die sogenannte New Road, ist gut ausgebaut; die meisten übrigen Straßen indes sind schmal und kurvenreich. Tankstellen gibt es zur Genüge; die Kfz-Werkstätten sind Meister im Improvisieren. Ein Problem ist in den Städten allerdings das Parken: Bewachte Parkhäuser gibt es kaum, Parkplätze sind selten.

BUSSE

Busse fahren auf der Insel nach festen Fahrplänen und sind im Allgemeinen pünktlich. Fahrpläne sind meist an den Busbahnhöfen erhältlich. In den Städten kauft man die Fahrkarten im Voraus an den Busbahnhöfen, wo für viele Verbindungen auch nummerierte Sitzplätze ausgegeben werden. Wer unterwegs zusteigt, löst seine Fahrkarte direkt im Bus. Innerstädtische Buslinien gibt es in Iráklio, Réthimno, Chaniá und Ágios Nikólaos.

Das Busfahren ist preiswert: Pro Kilometer werden etwa 16 Cent berechnet, Kinder von vier bis zwölf Jahren zahlen die Hälfte. Rückfahrkarten, preisgünstige Wochenkarten oder Touristenpässe allerdings gibt es nicht. Die aktuellen Busfahrpläne für alle Haupt- und viele Nebenstrecken findet man auch im Internet unter:

www.bus-service-crete-ktel.com
(für West-Kreta)
www.ktelherlas.gr (für Ost-Kreta)

MIETWAGEN/-FAHRRÄDER

Mietwagen, -motorräder und -fahrräder werden in allen Urlaubsorten und Städten in großer Zahl angeboten. Zur Kraftfahrzeuganmietung genügt der nationale Führerschein.

TAXIS

Taxifahrten in Griechenland sind preiswert. In den Städten sind Taxis mit Taxameter ausgerüstet. Auf dem Lande heißen sie »agoraíon« und fahren zum Kilometer-Festpreis. Taxis nehmen maximal vier Passagiere auf. Zwischen 0 und 5 Uhr sowie für Fahrten zu und von Flughäfen und Häfen, für Gepäckstücke über 10 kg sowie für telefonische Bestellungen wird ein geringer Zuschlag erhoben, ebenso an einigen Tagen vor Weihnachten und Ostern.

Zeit

In Griechenland gilt die Osteuropäische Zeit (MEZ +1 Std.). Die Umstellung zwischen Sommer- und Winterzeit erfolgt zum gleichen Termin wie bei uns (letzter So im März und letzter So im Oktober).

Zoll

Reisende aus Deutschland und Österreich dürfen Waren abgabenfrei mit nach Hause nehmen, wenn diese für den privaten Gebrauch bestimmt sind. Bestimmte Richtmengen sollten jedoch nicht überschritten werden (z.B. 800 Zigaretten, 90 l Wein, 10 kg Kaffee). Weitere Auskünfte unter www.zoll.de und www.bmf.gv.at/zoll.

Reisende aus der Schweiz dürfen Waren im Wert von 300 SFr abgabenfrei mit nach Hause nehmen, wenn diese für den privaten Gebrauch bestimmt sind. Tabakwaren und Alkohol fallen nicht unter diese Wertgrenze und bleiben in bestimmten Mengen abgabenfrei (z.B. 250 Zigaretten, 5 l Wein). Weitere Auskünfte gibt es unter www.zoll.ch.

Entfernungen (in Kilometern) zwischen wichtigen Orten

	Ágios Nikólaos	Chaniá	Chóra Sfakíon	Ierápetra	Iráklio	Kíssamos-Kastélli	Mália	Paleóchora	Réthimno	Sitía
Ágios Nikólaos	–	202	216	35	63	244	29	282	145	70
Chaniá	202	–	74	237	139	42	173	84	57	272
Chóra Sfakíon	216	74	–	251	153	116	187	158	71	286
Ierápetra	35	237	251	–	98	279	64	317	180	63
Iráklio	63	139	153	98	–	181	34	223	82	133
Kíssamos-Kastélli	244	42	116	279	181	–	215	82	99	314
Mália	29	173	187	64	34	215	–	257	116	99
Paleóchora	282	84	158	317	223	82	257	–	141	356
Réthimno	145	57	71	180	82	99	116	141	–	215
Sitía	70	272	286	63	133	314	99	356	215	–

Erlesene Ziele

Auf den Spuren berühmter Persönlichkeiten

Jede großartige Metropole wird in erster Linie von den Menschen geprägt, die dort leben und arbeiten. Entdecken Sie mit **MERIAN porträts** aufregende Städte ganz neu und begeben Sie sich auf die Spuren berühmter Persönlichkeiten!

MERIAN
Die Lust am Reisen

ORTS- UND SACHREGISTER

Wird ein Begriff mehrfach aufgeführt,
verweist die **fett** gedruckte Zahl auf die Hauptnennung.
Abkürzungen: Hotel [H] · Restaurant [R]

Adam's E-Bikes 19, 68
Adéspoto [H, Chaniá] 86
Adults only [H, Plataniás] 92
Ágia Ekateriní [Iráklio] 65
Agía Fotiá 146, **147**
Agía Galíni 8, 24, 49, 52, 79, **120**, 127, 128
Agía Iríni-Schlucht 29, **100**
Agía Pelagía 69
Agía Rouméli 158, **159**
Agía Triáda 65, 89, **121**
Ágii Patéres [Polirrinía] 98
Agíon Patéron [Azogirés] 100
Ágios Geórgios 165
Ágios Márkos [Iráklio] 61
Ágios Minás [Iráklio] 61
Ágios Mirónas 162
Ágios Nikólaos [Insel] 149
Ágios Nikólaos [Kirche/Kloster] 122, 158
Ágios Nikólaos [Ort] 9, 11, 36, 49, 53, **129**
Ágios Nikólaos und der Osten 128
Ágios Pávlos 47
Ágios Pétros [Iráklio] 62
Ágios Títos [Iráklio] 17, 62
Akropolis [Archéa Eléftherna] 115
Akrotíri-Halbinsel 89
Alcanea [H, Chaniá] 85
Aléxandros [R, Ágios Nikólaos] 132
Amári-Tal 41, 104, **114**
Ámbelos Afín 164
Amnissós 47
Análipsi 142
Ano Viánnos 104
Anógia **112**, 162

Anópolis 94
Anreise/Ankunft 176
Antikes Stadtzentrum [Archéa Eléftherna] 116
Apartments 23
Apodoúlou [Amári-Tal] 114
Apóstoli 69
Áptera 89
Arádena **43**, 94, 160
Aravánes [R, Thrónos] 114
Archánes 69
Archäologisches Bezirksmuseum [Ágios Nikólaos] 130
Archäologisches Bezirksmuseum [Réthimno] 108
Archäologisches Museum [Chaniá] 9, **84**
Archäologisches Museum Eléftherna 17, 116
Archäologisches Museum [Ierápetra] 142
Archäologisches Museum [Iráklio, MERIAN TopTen] 9, **64**
Archäologisches Museum [Sitía] 146
Archéa Eléftherna 115
Archontiko [H, Sitía] 146
Argiroúpolis 13, **116**, 160
Aristéa [H, Anógia] 114
Arkádi [R, Georgioúpolis] 90
Arméni 117
Arsenale [Iráklio] 62
Askífou-Hochebene 160
Asómatos **125**, 126, 155
Áspros Pótamos [H, Análipsi] 143
Astéria [Réthimno] 112
Asteroússia-Gebirge 35

Auf einen Blick 168
Ausgrabungen [Chaniá] 81
Auskunft 178
Aussichtspunkt Profítis Ilías [Chaniá] 81
Avdoú 164
Avlí [R, Réthimno] 32
Avlí Lounge Hotel [H, Réthimno] 23
Avocado-Kosmetik 39
Axós 162
Azogirés 100

Balcony [R, Sitía] 146
Bálos **48**, 98
Bembo-Brunnen [Iráklio] 62
Bestellung im Restaurant 31
Bevölkerung 168
Bezauberndes Kafenio [Gavalochóri] 56
Blanc de Nil [Ágios Nikólaos] 18, 133
Bogazi [R, Móchlos] 136
Bohème [R, Chaniá] 17, 86
Botanischer Garten [Foúrnes] 55
Braoudákis Family Store [zwischen Vrísses und Georgioúpolis] 38
Buchtipps 177
Bungee-Jumping 43, **44**, 94, 160
Burg [Ierápetra] 142
Burg [Paleóchora] 99
Burg [Sitía] 146
Byzantinische Sammlung [Chaniá] 84

Cabrio-Busse [Iráklio, Chaniá, Réthimno] 68, 87, 112

Orts- und Sachregister

Café Kípos [R, Chaniá] 86
Capsis Astoria [H, Iráklio] 66
Casa Delfino Suites [H, Chaniá] 85
Cellar, The [R, Kíssamos-Kastélli] 97
Chamési 9
Chandrás-Hochebene 148
Chaniá 81
Chaniá und der Westen 80
Chersónissou 7, 14, **139**, 140
Chóra Sfakíon 8, **92**, 159, 160
Chrissí/Gaidouroníssi 144
Chrissoskalítissa-Kloster 97
Church of Michael Archangel [Sarakiná] 101
Club Aldiana [Móchlos] 136
Contessa [H, Chaniá] 85
Corissia Princess [H, Georgioúpolis] 23
Creta Maris [H, Liménas Chersónissou] 138
Creta Natura [Stalída] 38
Cretan Villa [H, Ierápetra] 24
CretAquarium [Goúrnes] 70

Daskalantonákis, Níkos 38
Déspina Bolioudaki [R, Gerakári] 115
Díkti-Höhle [Lassíthi-Hochebene] **134**, 165
Diplomatische Vertretungen 177
Dipolo, O [R, Iráklio] 18, 67
Dorfbäckerei [Megáli Vrissí] 56
Draft [R, Iráklio] 66
Du Lac [H, Ágios Nikólaos] 130

Einkaufen 40
Einkaufsstraßen [Iráklio] 68
Eiserne Pforten [Samariá-Schlucht] 158
Elafónissos, Strand von [MERIAN TopTen] 8, **48**, 97, 98
Elaiónas [H, Zarós] 124
Elena Beach Hotel [H, Kíssamos-Kastélli] 97

Eloúnda 133
Erdbeben-Simulator [Iráklio] 55
Essen und Trinken 30
Eva-Marina [H, Mátala] 119
Evans, Arthur 71

Falássarna **48**, **97**
Fantastische Welt in Plataniás 55
Feiertage 177
Ferienhäuser 23
Fermor, Patrick Leigh 104
Feste feiern 50
Festivals 51, 52, 53
Festós 9, **121**
Festung [Gramvoússa] 98
Fish-Spa [Liménas Chersónissou, Iráklio] 68, 139
FKK 178
Flísvos [H, Sitía] 146
Fódele 70
Folklore-Museum 108
Fortezza [H, Réthimno] 109
Fortezza [Réthimno] 107
Frangokástello 8, **94**, 160
Frantzeskianá Metochí 161
Fres 90
Frühchristliche Basilika I/II [Liménas Chersónissou] 137

Gaidouroníssi/Chrissí 144
Galaxy Villas [H, Koutouloufári] 138
Galíni [R, Koutouloufári] 138
Garázo 163
Gästehäuser 23
Gastfreundschaft 26
Gávdos 98, **100**
Géfira [R, Préveli] 126
Geld 178
Georg, Prinz [Hochkommissar von Kreta] 80, 89, 173, 174
Georgioúpolis 9, **89**, 160
Geschichte 9, **170**
Getränke 32
Giamboudákis, Kostas 107
Glasbläserei Tzomanákis [Kókkino Chorió] 39

Gliká Nerá/Sweet Water Beach **48**, 160
Glossítses [R, Chaniá] 86
Glykería [H, Chrissoskalítissa] 97
Good Morning Lassithi [R, Ágios Charálambos] 164
Golf 44
Goniés 164
Górtis 9, **121**, 171
Götterwelt 76
Goúrnes 70
Gourniá 133
Gouvernéto [Kloster] 89
Gramvoússa-Halbinsel [MERIAN TopTen] **98**, 173
Greco, El [Doménikos Theotokópoulos] 65, **69**
Griechische Antike 171
Griechischer Kaffee 33
Grüner reisen 34
Guest Inn 23

Hafen [Chaniá] 82
Hafenmole [Chaniá] 12, **82**
Herb's Garden [R, Iráklio] 66
Historisches Museum [Iráklio] 65
Horizon Beach [H, Plakiás] 124
Hotelportale 22

Ikonen **41**, 97, 114, 130, 132, 141, 149, 152, 164, 169
Ikonenmuseum 65
Iliáki/Sunshine [H, Mátala] 120
Ílias [R, Agía Galíni] 121
Ímbros 94
Iméri Gramvoússa 98
Indien, L' [R, Ágios Nikólaos] 17, 132
Inselhauptstadt Iráklio 60
Iráklio 61
Irenéos, Bischof 98
Ítanos 48, **148**
Ítanos [R, Ágios Nikólaos] 132

Kaffeehäuser 32
Kalesma [R, Mália] 138
Kalidón **134**, 136
Kalíves 90
Kallikrátis 161
Kalýves Beach [H, Kalíves] 90
Kándanos 101
Kapsá [Kloster] 145
Karés 7, **153**, 160
Karfreitag 51
Karneval in Réthimno 51
Katharina II., Zarin 93
Katharó-Hochebene 134
Káto Valsamónero 161
Káto Zákros 8, **149**, 150
Káto Zakrós Palace [H, Káto Zakrós] 150
Kazanatzákis, Níkos [Iráklio] **62**, 65
Kazanatzákis-Grab [Iráklio] 62
Kerá **140**, 164
Keramik **41**, 111, 117, 132
Kirche Agía Triáda [Ágios Nikólaos] 129
Kirche Ágios Nikólaos [Chaniá] 82
Kirche Tésseron Martíron [Réthimno] 107
Kirchweihfeste 50, 53
Kíssamos-Kastélli 95
Kládos [R, beim Kloster Asómaton] 115
Kloster Asómaton [Amári-Tal] 115
Kloster Moní Arkádi [MERIAN TopTen] 107, **117**
Knossós [MERIAN TopTen] 9, 61, **70**, 77, 104
Knossós [R, Réthimno] 32
Kókkino Ámmos/Red Beach **48**, 119
Kolimbári 90
Kómo/Kalamáki 48
Korfés **15**, 162, 163
Kosmadákis, Pétros 18
Koufoníssi 145
Koúles [Iráklio] 64
Kournás-See **91**, 161

Kourosménos 48
Kourtaliátiko-Schlucht [Préveli] 126
Krássi **140**, 164
Kreipe, Karl **104**, 112
Kreta-Diät 34, 52
Kretische Küche 33
Kretische Mythen 76
Kritsá 134
Krousónas 162
Kroustallénias [Kloster] 165
Kulinarisches Lexikon 190
Kulturverein [Paleóchora] 99
Kuschfahrten [Chaniá] 88

Ladókolla [R, Iráklio] 66
Lage und Geografie 168
Láppa Apartments [H, Argiroúpolis] 117
Laréntzo [R, Réthimno] 32
Lassíthi-Hochebene [MERIAN TopTen] 6, 14, 53, **136**, 164
Lató 9, **136**
Lebena 122
Léfka Óri [R, Chóra Sfakíon] 93
Léna [H, Iráklio] 66
Léndas 122
Léndas-Ditiktí 48
Léntas Bungalows [H, Lendas] 122
Levante [R, Ierápetra] 142
Liménas Chersónissou 14, **137**
Links und Apps 178
Living Room [R, Réthimno] 111
Loggia [Iráklio] 64
Lounge Caffè [R, Chaniá] 86
Loutró 95
Lychnostátis [Liménas] 138

Maístros [R, Réthimno] 110
Makrigialós 142
Máleme 9, **91**, 103
Mália 9, 129, **136**
Mandy Suites [H, Kíssamos-Kastélli] 97
Margarítes 118

María [H, Ágios Geórgios] 135
Maria's Studios [H, Frangokástello] 94
Marienkirche/Panagía i Kerá [Kritsá, MERIAN TopTen] 11, **134**
Marina [H, Anógia] 114
Markt [Iráklio] 68
Marktgasse [Iráklio] 68
Markthalle [Chaniá] 87
Martinéngo-Bastion [Iráklio] 63
Mátala 8, 27, 48, 51, 77, **119**
Mátala Beach Festival 51
Medizinische Versorgung 178
Mein Kreta 6
Melidóni 163
Melína [R, Réthimno] 110
Meltémi [H, Móchlos] 136
MERIAN Momente 12
Metaxás, Ioánnis 174
Metóhi Vái Village [H, Metóhi Vái] 55
Mietwagen 182
Mílatos 9, **141**
Miliá Mountain Retreat [H, Vlátos-Miliá] 35, **37**
Minás Place [R, Makrigialós] 144
Minoische Kultur 9, 12, 15, 61, 64, 69, 70, 75, 77, 79, 162, 170
Minoischer Palast [Káto Zakrós] 150
Minoischer Palast von Mália 137
Minoisches Schiff [Chaniá] 84
Minos Beach Art Hotel [H, Ágios Nikólaos] 130
Minos und Zeus 76
Mirabello, Bucht von [MERIAN TopTen] 128
Mirtiá 74
Mírtos 145
Mit allen Sinnen 54
Mittelalterlicher Ortskern [Argiroúpolis] 117
Móchlos 17, **136**
Mochós 141

Monastiraki [R, Chaniá] 86
Moní Arkádi [MERIAN TopTen] 107, **118**, 172, 192
Moní Káto Préveli [Préveli] 126
Moní Kerá [Kloster] **140**, 164
Moní Píso Préveli [Préveli] 126
Moní Préveli [Kloster] **125**, 126
Moní Vidianís [Kloster] 164
Monika's Garden [R, Paleóchora] 100
Morosini, Francesco 64
Morosini-Brunnen [Iráklio] 64
Moschee [Chaniá] 82
Moschee [Ierápetra] 142
Moschee Kará Moússa Paschá [Réthimno] 107
Moschee Nerantzes Tzámi [Réthimno] 107
Moss, Stanley 104
Mountainbiking 44
Mourtzaná 163
Müller, Friedrich Wilhelm 104
Museen und Ausgrabungen 179
Museum der griechischen Fußball-Nationalmannschaft [Chaniá] 85
Museum der Menschheitsgeschichte/Museum of Mankind [Lassíthi] 7, **153**, 164
Museum of Contemporary Art of Crete [Réthimno] 108
Museum of Mankind/ Museum der Menschheitsgeschichte [Lassíthi] 7, **153**, 164
Mýthos [H, Réthimno] 109
Mýthos [R, Liménas Chersónissou] 138

Nationalfeiertag 51
Naturhistorisches Museum [Iráklio] 65
Nautisches Museum [Chaniá] 9, **84**
Nautisches Museum [Chaniá] 85
Nebenkosten 179
Neos Omalós Hotel [H, Máleme] 91
Neu entdeckt 16
Nída-Hochebene 112, **119**, 162
Nostós [R, Káto Zakrós] 151
Notruf 179

Orgon Organic Farm [H, Apóstoli] 17, 69
Orthi Pétra [Archéa Eléftherna] 116
Osmanische Zeit 173
Óssia María [Kirche] 158
Ostern 51
Oströmisch-Byzantinische Zeit 172
Outdoor Activities 45

Pachía Ámmos 141
Pagogoieíon [R, Iráklio] 18, 66
Palazzino Di Corina [H/R, Réthimno] 110
Palékastro 149
Paleóchora 8, 43, **98**, 99
Paléos Mýlos [H, Argiroúpolis] 117
Panagía i Kerá/Marienkirche [Kritsá, MERIAN TopTen] 11, **134**
Pántheon [R, Iráklio] 67
Paralía [R, Iráklio] 33
Paréa [Tischgemeinschaft] 31
Paulus, Apostel 121, 171
Pélagos [R, Ágios Nikólaos] 33
Pension Stélios Kokolákis [H, Georgioúpolis] 89
Perípou [R, Ágios Nikólaos] 132
Petra Mare [H, Ierápetra] 142
Péza 74
Picknick zwischen antiken Ruinen [Archéa Eléftherna] 56
Pláka 48, 133, **137**
Plakiás 8, 29, 49, 105, **125**, 155
Plataniás 91
Políritzos 48
Polirrinía 98
Politik und Verwaltung 168
Porto Loutró [H, Loutró] 95
Post 179
Potamiés 164
Pressós [Chandrás-Hochebene] 148
Préveli 14, 26, 47, 49, 104, 121, **125**, 126, 127
Privatmuseen 7, 8, **152**
Psilorítis 104, 114, **162**
Psychró [Geburtshöhle des Zeus] **134**, 164

Radsport 43, 44
Rakádika [R, Réthimno] 17, 32, 66, 111
Rauchen 179
Rea [H, Paleóchora] 99
Regionale Spezialitäten 33
Reisedokumente 179
Reiseknigge 179
Reisezeit 180
Reiten 43, **45**
Religion 169
Restaurant Agreco [R, Ádele bei Réthimno] 38
Restaurant The Third Eye [R, Paleóchora] 162
Réthimno [MERIAN TopTen] 11, 13, 103, **107**, 108, 159, 160, 162, 168
Réthimno und die Inselmitte 106
Rimondi-Brunnen [Réthimno] 108
Rithimna Beach [H, Réthimno] 109
Romantika Apartments [H, Agía Galíni] 24
Römische Epoche 171
Römische Gräber [Argiroúpolis] 117
Römischer Brunnen [Liménas] 138
Rooms Chaniá [H, Chaniá] 85

Samariá [R, Réthimno] 111

Samariá-Schlucht [MERIAN TopTen] 95, **158**
Sammelleidenschaft 152
Santa Irene [H, Soúgia] 101
Sarakiná 101
Scala [R, Mátala] 120
Schluchten 8, **26**, 43, 94, 100, 126, 158
Schmuck 41
Schnitzereien aus Olivenholz 41
Schuschnigg [R, Kapetanianá] 35
Sensimar Minos Palace [H, Ágios Nikólaos] 130
Sicherheit 180
Síssi 17, 44, **141**
Sitía **145**, 150
Sitia Bay Hotel Apartments [H, Sitía] 24
Skalídi, Georgína [Chaniá] 18, 87
Sklavokámbos 162
Skoulás, Alkiviádes 112
Skoulás-Museum [Anógia] 113
Sofía [H, Irákli0] 66
Sofía [H, Móchlos] 136
Soldatenfriedhof [Máleme] 9, **91**, 103
Soúda Bay 82, 89, 103, 178
Soúgia 100, **101**
Souvenirs 40
Spíli 127
Spinalonga [Festung, Kalidón] 133
Spitikó [R, Archánes] 70
Sport und Strände 8, **42**
Sprache 169
Stachí, To [R, Chaniá] 37
Städtische Pinakothek [Chaniá] 85
Stadtmauer [Irákli0] 64
Stadtmauern und Arsenale [Chaniá] 82
Stadtpark [Chaniá] 82
Stavrís [H, Chóra Sfakíon] 92
Strände 47
Strom 180
Sweethouse [R, Georgioúpolis] 90

Synagoge Etz Hayyim [Chaniá] **85**, 105

Tal der Toten [Zákros] 150
Tasomanólis [R, Plakiás] 125
Tauchen 46
Taverne Mariánna [R, Mésa Potámi] **36**, 165
Taverne Natural [R, zwischen Kavoúsi und Lástros] 36
Telefon 180
Tennis 43
Thálassa Beach [H, Plataniás] 92
Theater Periplous [Réthimno] 112
Theotokópoulos, Doménikos [El Greco] 65, **69**
Thérisso 92
Thólos Beach 49
Thrónos [Amári-Tal] 115
Tiere 181
Tilissós 9, 12, 65, **75**, 162
To Stéki [R, Sitía] 146
Toploú-Kloster 149
Tou Terzaki [R, Irákli0] 67
Touren auf Kreta 156
Touren mit Dimítris Kornáros [Profítis Ilías] 19, 75
Touristische Hochburgen 8
Traditional Hotels 23
Trekking 43
Trinkgeld 181
Tropfsteinhöhle Zonianá 162/163
Tsichláki [R, Irákli0] 67

Übernachten 22

Vái 8, **49**, 55, 149
Vámos Village [H, Vámos] 36
Vathípetro 75
Venezianische Herrschaft 172
Venizélos, Eleftherios 81, 92, 174
Verkehr 181
Viláéti [H, Ágios Konstantínos] 135

Villa Eurooa [H, Paleóchora] 99
Villa Marise [H, Paleóchora] 99
Vizári [Amári-Tal] 114
Vláchos, Giánnis [Daskalogiánnis] 93
Volkskundliches Museum [Chaniá] 85
Volkskundliches Museum [Chersónissou] 8
Volkskunstmuseum [Ágios Nikólaos] 130
Vóri 122
Vouliskméni-See 129, **130**
Voútes 162
Vrísses 38, **160**
Vrondísi [Kloster bei Zarós] 124

Wachsfigurenmuseum Potamiós [Áxos] 163
Wandern 47
Wasser 42, **47**
Wehrmacht auf Kreta 58, **102**, 113
Wellness 19, 57, 68, 138
White Houses [H, Makrigialós] 143
Wind und Wellen spüren [Chaniá] 57
Wirtschaft 169

Xerókambos 49, **149**
Xiloúris, Níkos 113
Xiloúris-Museum [Anógia] 113

Yiánnis Retreat [H, Káto Zakrós] 150
Yoga-Küste 57

Zákros 15, **149**, 152
Zarós 124
Zeit 182
Zénia 165
Zisternen [Archéa Eléftherna] 115
Zoll 182
Zorbás [R, Sitía] 146

Impressum | 189

Liebe Leserinnen und Leser,

vielen Dank, dass Sie sich für einen Band aus unserer Reihe MERIAN *momente* entschieden haben. Wir freuen uns, wenn Ihnen der Reiseführer gefällt. Wenn Sie aber Anregungen, Korrekturen oder Kritik haben, zögern Sie bitte nicht, uns zu schreiben. Denn das hilft uns, MERIAN *momente* noch besser zu machen.

Alle Angaben in diesem Reiseführer sind gewissenhaft geprüft. Preise, Öffnungszeiten usw. können sich aber schnell ändern. Für eventuelle Fehler übernimmt der Verlag keine Haftung.

© 2017 TRAVEL HOUSE MEDIA
GmbH, München
MERIAN ist eine eingetragene Marke der
GANSKE VERLAGSGRUPPE.

TRAVEL HOUSE MEDIA
Postfach 86 03 66
81630 München
merian-momente@travel-house-media.de
www.merian.de
Tel. 0 89/4 50 00 99 41

Alle Rechte vorbehalten. Nachdruck, auch auszugsweise, sowie die Verbreitung durch Film, Funk, Fernsehen und Internet, durch fotomechanische Wiedergabe, Tonträger und Datenverarbeitungssysteme jeglicher Art nur mit schriftlicher Genehmigung des Verlages.

BEI INTERESSE AN MASSGESCHNEIDERTEN MERIAN-PRODUKTEN:
veronica.reisenegger@travel-house-media.de

BEI INTERESSE AN ANZEIGEN:
KV Kommunalverlag GmbH & Co KG
Tel. 0 89/9 28 09 60
info@kommunal-verlag.de

2. Auflage 2017

REDAKTIONSLEITUNG
Susanne Kronester
REDAKTION
Juliane Helf
LEKTORAT
Rosemarie Elsner
BILDREDAKTION
Dr. Nafsika Mylona
SCHLUSSREDAKTION
Christiane Gsänger
HERSTELLUNG
Bettina Häfele, Gloria Schlayer
SATZ
Nadine Thiel, kreativsatz, Baldham
REIHENGESTALTUNG
Independent Medien Design, Horst Moser, München (Innenteil), La Voilà, Marion Blomeyer & Alexandra Rusitschka, München und Leipzig (Coverkonzept)
KARTEN
Kunth Verlag GmbH & Co. KG für MERIAN-Kartographie
DRUCK UND BINDUNG
Printer Trento, Italien

TRAVEL HOUSE MEDIA

Ein Unternehmen der
GANSKE VERLAGSGRUPPE

PEFC
PEFC/18-31-506

BILDNACHWEIS
Titelbild (Hafen von Chania), mauritius images: K. Petersen/imageBROKER
agefotostock: I. Pendjakov /Avenue Images 128 | Alamy Stock Photo: H. Milas 144, R. Wilkinson 18 | Anzenberger: R. Haidinger 168 | Bildagentur Huber: J. Huber 95, R. Schmid 34 | Bilderberg: K. Francke, La Phototheque/Avenue Images 113, S. Martin/La Phototheque/Avenue Images 80 | K. Bötig 9 | CC BY 3.0: O. Tausch 170l | Cretan Villa 143 | Das Fotoarchiv: O. Stadler 147 | C. Dehnicke 192 u | M. Deininger 19 | Dipolo 16 | dpa Picture-Alliance: W. Dieterich 135, SZ Photo 102 | F1online 76 | fotolia: MozZz 174, strangeways70 175, Zsolt Biczó 14 | gemeinfrei 172 | Getty Images: Collection/AFP 53 | Glow Images 173r, M. Siepmann, imagebroker 20/21 | Interfoto: D. Delimont/Scott T. Smith 166/167 | Jahreszeiten Verlag: A. Selbach 4/5, 13l, 25, 42, 46, 71, 99, 132, 139, 148, 159, 173l | J. Jepsen 151 | V. Kotrotsos 37 | laif: J. Degas/hemis 54, 60, 88, 156/157, 163, T. Gerber 6, 12, 15, 26, 33, 40, 58/59, 67, 87, 91, 114, 118, 140, 152, Grecotel/Invision 50, F. Guiziou/Hemisphere 96, D. Schwelle 120, G. Standl 45, 161 | mauritius images: Alamy 2, 84, 93, 192 o | B. Parschau 49 | seasons.agency/Jalag/Wolfgang Schardt 30 | Shutterstock: Anastasios71 174r, O. Bellini 127, De Visu 57u, Gelia 57o, Hang Dinh 55, hlphoto 17, mountainpix 171, MSPhotography 39, V. Rauch 13r, R. Siemieniec 170r | vario images 106, 165 | I. Wandmacher 124 | www.avli.com 22 | www.avli.gr 110

KULINARISCHES LEXIKON

A
achládi (αχλάδι) – Birne
aláti (αλάτι) – Salz
angináres (αγγινάρες) – Artischocken
angúrja saláta (αγγουροσαλάτα) – Gurkensalat
arnáki (αρνάκι) – Lamm
arní (αρνί) – Hammel
áspro krassí (άσπρο κρασί) – Weißwein
astakós (αστακός) – Hummer
awgó, awgá (αυγό, αυγά) – Ei, Eier

B
bakaljáros (μπακαλιάρος) – gekochter Stockfisch
bamjés (μπάμιες) – Okraschoten
barbúnja (μπαρμπούνια) – Rotbarben
biftéki (μπιφτέκι) – Frikadelle
bíra (μπύρα) – Bier
bríám (βριάμ) – eine Art Ratatouille mit Auberginen
brisóla (μπριζόλα) – Kotelett

C
chirinó (χοιρινό) – Schwein
choriátiki (χωριάτικη) – Bauernsalat mit Schafkäse

D
dolmadákja (ντολμαδάκια) – mit Reis gefüllte, kalte Weinblätter
dolmádes (ντολμάδες) – gefüllte Wein- oder Kohlblätter
domátes jemistés (ντομάτες γεμιστές) – gefüllte Tomaten
dsadsíki (τζατζίκι) – Joghurt mit geriebener Gurke, Knoblauch, Zwiebeln und Olivenöl

E
eljés (ελιές) – Oliven

F
fakí (φακή) – Linsen
fassoláda (φασολάδα) – Bohnensuppe
féta (φέτα) – weißer Schafkäse
fráules (φράουλες) – Erdbeeren
frúta (φρούτα) – Obst

G
garídes (γαρίδες) – Tiefseekrabben
gála (γάλα) – Milch
gávros (γαύρος) – Sardine
gígandes (γίγαντες) – Saubohnen
gliká (γλυκά) – Süßspeisen
gurunópulo (γουρουνόπουλο) – Spanferkel

I/J
ja'úrti (γιαούρτι αγελάδος) – Joghurt
jemistés (γεμιστές) – gefüllte Tomaten und Paprikaschoten

K
kafés (καφές) – griechischer Kaffee
– glikó (γλυκό) – süß
– métrio (μέτριο) – leicht gesüßt
– skétto (σκέτο) – ungesüßt
kalamarákja (καλαμαράκια) – Tintenfische
karpúsi (καρπούι) – Wassermelone
katsíki (κατσίκι) – Zicklein
kefalotíri (κεφαλοτύρι) – Hartkäse
keftédes (κεφτέδες) – Hackfleischkugeln
kimá (κιμά) – Hackfleisch
kléftiko (κλέφτικο) – im Backofen gegartes Lamm- oder Zickleinfleisch

kokkinistó (κοκκινιστό) – geschmort
kokorédsi (κοκορέτσι) – am Spieß gegrillte Innereien
kolokithákja (κολοκυιάκια) – Zucchini
kotópulo (κοτόπουλο) – Huhn
krassí (κρασί) – Wein
kréas (κρέας) – Fleisch
kunupídi (κουνουπίδι) – Blumenkohl
kunéli (κουνέλι) – Kaninchen

L

lachaniká (λαχανικιά) – Gemüse
láchano saláta (λαχανοσαλάτα) – Krautsalat
ládi (λάδι) – Öl
lithríni (λισρίνι) – Meerbrasse
lukánika (λουκάνικα) – Würstchen
lukanikópitta (λουκανικόπιττα) – Würstchen im Schlafrock aus Blätterteig

M

manúri (μανούρι) – Schafkäse
marídes (μαρίδες) – Sardellen
marúli saláta (μαρούλι σαλάτα) – Römersalat
máwro krassí (μαύρο κρασί) – Rotwein
méli (μέλι) – Honig
melidsánes (μελιτζάνες) – Auberginen
melidsánosaláta (μελιτζάνοσαλάτα) – kaltes Auberginenpüree
metallikó neró (μεταλλικό νερό) – Mineralwasser ohne Kohlensäure
mídja (μύδια) – Muscheln
mílo (μήλο) – Apfel
moss'chári (μοσχάρι) – Kalb
mussakás (μουσακάς) – Auberginenauflauf

N

neró (νερό) – Wasser
nescafé (νεσκαφέ) – Instant-Kaffee

– frappé (φραππέ) – kalt
– sestó (ζεστό) – heiß

P

pagotó (παγωτό) – Eiscreme
paλdakja (παϊδάκια) – Lammkoteletts
pastídsjo (παστίτσιο) – Makkaroni-Hackfleisch-Auflauf
patátes (πατάτες) – Kartoffeln
peppóni (πεπόνι) – Honigmelone
portokaláda (πορτοκαλάδα) – Orangeade
psári (ψάρι) – Fisch
psomí (ψωμί) – Brot

S

sáchari (ζάχαρη) – Zucker
saganáki (σαγγανάκι) – gegrillter Schafkäse
sikóti (συκώτι) – Leber
skórdo (σκόρδο) – Knoblauch
spanakópitta (σπανακόπιττα) – Spinatpastete
stifádo (στιφάδο) – geschmortes Rindfleisch mit Zwiebelgemüse
sudsukákja (σουτζουκάκια) – Hackfleischwürstchen in Soße
suwlákja (σουβλάκια) – Schweinefleischspießchen

T

taramosaláta (ταραμοσαλάτα) – Fischrogenpüree
timokatálogos (τιμοκατάλογος) – Speisekarte
tirjá (τυριά) – Käse
tirópitta (τυρόπιττα) – Käsepastete
tónnos (τόννος) – Thunfisch
tsai (τσάϊ) – Tee

X

xídi (Ξύδι) – Essig
xifías (Ξιφίας) – Schwertfisch

KRETA GESTERN & HEUTE

So friedlich wie heute gestaltete sich das Leben im abgeschiedenen **Kloster Moní Arkádi** (▶ S. 118) nicht immer. Im November 1866 wurde es Schauplatz des kretischen Freiheitskampfes. Rund tausend Bewohner hatten sich vor den türkischen Truppen hierher geflüchtet. Als die Lage immer aussichtsloser wurde und abzusehen war, dass das Kloster nicht zu halten ist, versammelten sich die verzweifelten Menschen im Pulvermagazin und sprengten sich – der Freiheit zuliebe – in die Luft.